Olimpiadi di Informatica
Guida per le selezioni territoriali

Alessandro Bugatti

Nonostante il particolare regime di copyright di questo libro ti consenta di riprodurlo liberamente, considera l'ipotesi di acquistarne una copia originale. Il prezzo di copertina particolarmente basso fa sì che l'originale costi meno di una copia artigianale. Avresti così un oggetto più gradevole e maneggevole e contemporaneamente sosterresti questo tipo di editoria.

Puoi trovare informazioni su come acquistare il libro cartaceo a questo indirizzo:

http://www.imparando.net/guida

o direttamente andando sul sito www.lulu.com/it e facendo una ricerca per autore o titolo.

ISBN 978-0-244-76804-1

AGGIUNTA ALLA SESTA EDIZIONE

Sono stati aggiunti i problemi dell'edizione 2018 e corretto qualche errore. Prendo anche l'occasione per ricordare che questa guida è autoprodotta, sottraendo tempo ad altre cose che potrei fare, quindi non sempre posso permettermi di rileggere con attenzione quanto scrivo (senza parlare poi del fatto che le mie competenze tecniche non sempre mi garantiscono di fornire soluzioni precise). Sono quindi gradite osservazioni, commenti, suggerimenti, che potete inviarmi direttamente al mio indirizzo di posta elettronica o come *issue* sulla pagina GitHub del libro (https://github.com/alessandro-bugatti/guida_territoriali).

AGGIUNTA ALLA QUINTA EDIZIONE E MEZZA

Questa edizione è solo di passaggio, sono stati aggiunti i problemi dell'edizione 2017 e una parte che spiega come funziona il nuovo sistema di sottoposizione che verrà utilizzato per la prima volta nell'edizione 2018 (grazie Edoardo, Luca e William).

AGGIUNTA ALLA QUINTA EDIZIONE

Rispetto alla quarta edizione questa contiene le soluzioni delle ultime due edizioni delle territoriali, una serie di nuovi problemi nel capitolo finale e qualche aggiornamento rispetto alle modalità di gara.

AGGIUNTA ALLA QUARTA EDIZIONE

Nonostante quanto scritto all'inizio, in tre anni di edizione di questa guida le vendite non hanno mai superato le 5 copie all'anno (nel picco di vendita): quest'anno avevo quindi deciso di non pubblicare più questa guida, ma poi qualcuno mi ha richiesto se era possibile averne una copia "originale" e quindi ho cambiato idea: ho deciso di pubblicarla su Lulu.com, perchè mi sembra offra qualche vantaggio in più sui metodi di pagamenti e la qualità del libro, spero possa interessare a qualcuno.

A Cristina

Ai tre mostriciattoli Daniele, Chiara e Andrea

(senza offesa, s'intende)

Indice

Introduzione

Questa guida è stata scritta come supporto per chi ha intenzione di impegnarsi seriamente per affrontare la competizione delle Olimpiadi di Informatica, in particolare come preparazione al livello delle selezioni territoriali, che è il primo livello in cui gli atleti si misurano nella scrittura di codice per la soluzione di problemi. Viene quindi data per scontata una conoscenza di base del linguaggio C/C++, che comprende almeno l'utilizzo dei costrutti di selezione, iterazione e sequenza e la capacità di scrivere programmi minimali. Questa guida potrebbe quindi essere usata:

- sia in maniera autonoma, per quegli studenti che, provenendo da istituti in cui la programmazione non è affrontata in maniera approfondita, vogliono comunque conoscere velocemente quanto viene richiesto

- sia come supporto agli insegnanti delle scuole iscritte, che per vari motivi hanno bisogno di una traccia per impostare dei corsi per i propri allievi

Quanto verrà presentato riguarda principalmente aspetti algoritmici e tecniche risolutive che di norma non sono affrontate (o solo in parte) all'interno dei normali curricoli di scuola superiore, in dipendenza anche dal tipo di scuola, ma che sono necessari per ottenere dei buoni risultati in questo tipo di competizioni.

Qualcuno potrebbe domandarsi perché non si faccia cenno al Pascal come linguaggio da conoscere, anche se esso è elencato tra i tre linguaggi (C, C++ e Pascal) che possono essere utilizzati per partecipare alle Olimpiadi. Esistono sostanzialmente due ragioni: la principale è che il materiale presentato si basa sulla mia esperienza di referente per le Olimpiadi e di insegnante di Informatica e in entrambi questi contesti non ho mai fatto uso del Pascal, che quindi di fatto conosco poco; la seconda è che statisticamente il Pascal è poco usato al livello delle selezioni territoriali e praticamente sparisce ai livelli superiori (nazionali, internazionali). Questo non vuol dire che chi abbia solo conoscenza del Pascal non possa trarre beneficio dall'utilizzo di questo manuale; è anzi mia convinzione che sia possibile comprendere comunque i fondamenti teorici e con poco sforzo adattare i codici mostrati, traducendoli in Pascal, prendendo anche l'occasione per imparare un nuovo linguaggio.

Il testo è strutturato in capitoli, ognuno dei quali può essere affrontato in maniera indipendente dagli altri, poiché focalizzato su tecniche risolutive diverse. É anche vero che l'ordine dei capitoli è stato pensato per presentare gli argomenti in ordine crescente di difficoltà, quindi chi affronta queste tematiche per la prima volta o vuole approfondirle, potrà trarre beneficio da una lettura sequenziale.

I primi due capitoli sono pensati come un'introduzione agli strumenti e alle tecniche minime per poter svolgere la gara e quindi possono essere saltati da chi ha già esperienza in questo tipo di competizioni. Il terzo capitolo fornisce degli strumenti teorici che possono servire di supporto all'analisi degli algoritmi risolutivi, ma che in senso assoluto non sono necessari per poter affrontare la competizione, almeno a questo livello.

I capitoli dal 4 all'8 sono invece una piccola "cassetta degli attrezzi" indispensabile per ottenere buoni piazzamenti nella competizione: si parte dai vettori e dai classici algoritmi di ordinamento e ricerca, per passare poi attraverso tecniche e strutture dati meno note come la *ricorsione*, la tecnica *greedy*, la *programmazione dinamica* e i *grafi*. Ognuno di questi capitoli presenta una piccola introduzione teorica (per approfondimenti si rimanda alla bibliografia 11.4) e poi vengono affrontati e risolti alcuni problemi delle edizioni passate, spiegandone la strategia risolutiva e mostrando il codice sorgente di una possibile soluzione.

Il capitolo 9 è una raccolta di tutti i problemi territoriali non affrontati in precedenza, completa di suggerimenti, spiegazioni e soluzioni. Il capitolo 10, non presente nella prima edizione, raccoglie altri problemi, sempre dello stesso livello di difficoltà, che raccoglierò man mano avrò il tempo di farlo e che in generale sono stati scelti perchè mostrano qualche aspetto interessante.

Completa il testo una breve Appendice che contiene alcuni suggerimenti pratici per la gara, la classificazione completa di tutti i problemi degli scorsi anni secondo le strutture dati e le tecniche risolutive necessarie per risolverli e una bibliografia essenziale per chi volesse approfondire il materiale trattato, ben oltre allo stretto indispensabile per la gara.

Questo libro è un *work in progress*, nel senso che, sempre nei limiti del tempo che riuscirò a dedicargli, è pensato per essere aggiornato di anno in anno, aggiungendo via via nuovi problemi, sia delle selezioni territoriali che di altre gare, ed eventualmente correzioni e modifiche.

Tutti i codici mostrati in questo libro sono stati scritti da me e testati sul correttore ufficiale delle Olimpiadi di Informatica, passando tutti i casi di test: questo non garantisce in senso assoluto che siano corretti né tantomeno che siano il modo migliore (in un qualche senso) di risolvere il problema. In generale durante la scrittura ho favorito la comprensibilità rispetto ad altre caratteristiche e ovviamente questo dipende dal mio modo di vedere le cose e dalla mia esperienza di programmazione: spero che tutto sia corretto, ma se così non fosse potete contattarmi per correzioni o suggerimenti. Sul mio sito www.imparando.net troverete una sezione con tutti i codici contenuti nel libro e altri materiali utili.

Alcuni ringraziamenti

Dopo la prima edizione vorrei ringraziare in particolare due allievi, Luca dal Veneto e Alfio Emanuele dalla Sicilia, che mi hanno detto che a loro la guida è servita: spero possa essere servita anche ad altri (più timidi), ma anche fosse solo per loro due ne è valsa la pena.

Ringrazio anche i referenti Carlo di Veneto 1 e Lorenzo di Veneto 2, il primo per le precise osservazioni fatte alla prima versione (mi spiace di non aver potuto modificare tutto quanto avevi segnalato, in particolare sulla formalizzazione delle dinamica, ma il tempo è quello che è, appena posso lo farò), il secondo perchè quando ci incontriamo ai Nazionali mi mette sempre di buon umore (lo so che puoi pensare "Ma che diavolo di ringraziamento è, non sono mica un pagliaccio", difatti non è un pagliaccio e apprezzo sempre le sue competenze tecniche e didattiche, ma apprezzo ancora di più il suo spirito allegro e positivo).

Ringrazio anche il mio fido amico Roberto Ciroli, eccellente artista che con i suoi acquarelli ha reso almeno la copertina memorabile.

Infine un ringraziamento a mia moglie, per tutto il tempo che le ho rubato nella stesura di questa guida (te ne ruberò ancora un po', ma solo un pochino, ogni tanto...)

Buone Olimpiadi a tutti

Alessandro Bugatti

Capitolo 1

Prerequisiti

"Ho aperto i cassetti della scrivania, che contenevano i miei attrezzi da lavoro, le penne, le bottigliette dei vari inchiostri, fogli ancora bianchi (o gialli) di epoche e formati diversi."

Umberto Eco, Il cimitero di Praga

Per partecipare con successo alle selezioni territoriali delle Olimpiadi di Informatica è necessario avere delle basi di programmazione che questa dispensa vorrebbe contribuire a rendere più solide e vaste. Inoltre, siccome la gara (e anche tutte le eventuali fasi successive) consistono nella risoluzione di problemi al computer, cioè nella scrittura di codice funzionante per la soluzione di un particolare problema, è necessario fare molta pratica, per capire come applicare concretamente quanto appreso in teoria. Per far ciò bisogna avere a disposizione un ambiente di sviluppo installato e funzionante sul proprio computer, in modo da poter trasformare in codice le idee e gli algoritmi pensati e verificarne la correttezza. Come già detto nell'introduzione, questa dispensa si concentra esclusivamente sui linguaggi C e C++ e quindi anche gli ambienti di sviluppo qui proposti sono quelli relativi a tali linguaggi.

1.1 Ambienti di sviluppo

Solitamente per ambiente di sviluppo si intende un insieme di strumenti software, tra cui compilatori, editor, debugger e altro che vengono "impacchettati" per permettere al programmatore di svolgere i suoi compiti nel modo più agevole e comodo possibile. La scelta di un ambiente di sviluppo dipende fortemente dalle esigenze e anche dalle preferenze di ogni programmatore; per le gare come le Olimpiadi dove i programmi da sviluppare sono molto contenuti in termini di linee di codice scritte, più o meno qualsiasi ambiente può andar bene, l'importante è che si utilizzi un compilatore C/C++ (o Pascal) aderente agli standard.

Tanto per chiarire e per fare in modo che ognuno possa utilizzare correttamente la terminologia legata allo sviluppo software vediamo una breve lista dei termini utilizzati e del loro significato[1]:

- **codice sorgente**: è il codice scritto dal programmatore nel linguaggio scelto, per produrre un programma funzionante deve essere corretto sintatticamente, cioè rispettare le regole del linguaggio usato

- **compilatore**: in C/C++ è il software che prende il codice sorgente e attraverso un processo di "traduzione" lo trasforma in un codice oggetto, cioè un file in linguaggio macchina non ancora pronto per essere mandato in esecuzione. Se il codice sorgente presenta degli errori sintattici, viene emesso un messaggio d'errore e non viene prodotto niente

---

[1]Anche se la maggior parte delle definizioni posso essere applicate a vari linguaggi, alcuni particolari sono legati al linguaggio C/C++

- **linker**: unisce i vari file oggetto, nella forma più semplice il file contenente il *main* con i file delle librerie, per produrre un eseguibile funzionante. Se mancano dei riferimenti alle librerie produce un messaggio d'errore (tipicamente *Undefined reference*) e non produce l'eseguibile (nelle Olimpiadi un'eventualità del genere non può succedere perché non vengono linkate librerie esterne)

- **editor**: è il software che permette di scrivere il codice sorgente. In linea di massima qualsiasi editor di testo, ad esempio il Blocco Note di Windows, può essere usato per questo compito, ma in pratica esistono degli editor specifici per la programmazione, con delle caratteristiche studiate apposta per facilitare il lavoro di sviluppo, come ad esempio il *syntax highlighting*, cioè la possibilità di mostrare le varie parole del codice con colori diversi a seconda del loro significato (parole chiave, variabili, stringhe, ecc.)

- **debugger**: è un software che permette di controllare il comportamento del programma sviluppato, ad esempio fermando l'esecuzione in alcuni punti particolari e visualizzando i valori delle variabili in tempo di esecuzione.

Al momento della stesura di questo manuale il sito ufficiale delle Olimpiadi indica come ambienti di gara il DevCpp versione 4.9 per il C/C++ e il DevPascal versione 1.9 per il Pascal, entrambi completi di compilatore e editor (il debugger può essere installato separatamente, ma personalmente lo trovo abbastanza inutile in questo tipo di gare). L'installazione e l'utilizzo sotto Windows sono molto semplici, anche per chi dovesse provenire da ambienti di sviluppo differenti. Ovviamente entrambi gli ambienti sono liberamente scaricabili. Per chi volesse utilizzare il sistema operativo Linux[2] questi due ambienti non sono presenti, ma per il C/C++ è possibile usare CodeBlocks (installabile anche sotto Windows) oppure uno tra i molteplici editor evoluti per programmatori (vi, gedit, geany, ecc.)

1.2 Il correttore

In tutte le fasi di gara delle Olimpiadi dalle territoriali in poi (quindi anche le nazionali e le internazionali), è previsto che il punteggio assegnato sia dato in base a quanti casi di test il programma scritto è in grado di risolvere, secondo lo schema in figura 1.1.

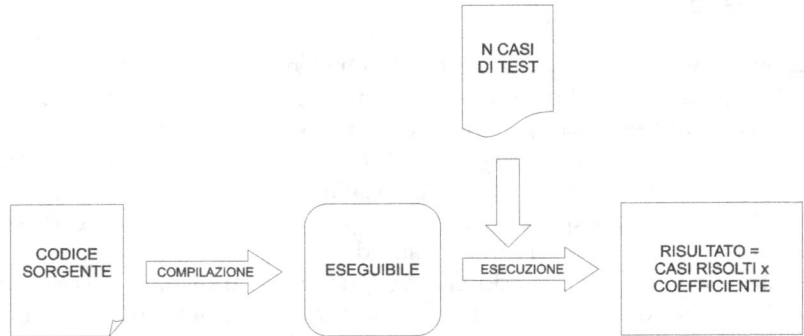

Figura 1.1: Schema di valutazione

Quindi non viene valutata l'eleganza del codice scritto o la qualità dei commenti o l'organizzazione del codice per renderlo modulare e estendibile, quanto se risolve il problema oppure no (e come vedremo in seguito anche quanto è "rapido" a risolverlo).

Anche se può sembrare strano questo sistema non garantisce che il programma sia corretto in senso assoluto, ma solo che risolva correttamente i casi proposti: nella realtà questa distinzione è più teorica che pratica, in quanto i casi proposti in genere sono scelti per verificare il comportamento del programma su tutte le diverse condizioni in cui si può trovare l'input, compresi casi limite e situazioni particolari.

---

[2]Dalle selezioni nazionali 2011 l'ambiente Linux è diventato l'unico ambiente di gara possibile per tale livello e a breve lo potrebbe diventare anche nelle selezioni territoriali.

Perché viene fatto così? Perché in questo modo è possibile dare una valutazione oggettiva, in termini di punti, ad ogni atleta e la modalità di valutazione mostrata in figura 1.1 può essere facilmente automatizzata facendola svolgere a un computer. I programmi che svolgono la valutazione delle prove sono in gergo chiamati *correttori* e, pur essendo software scritti da persone diverse (a seconda delle nazioni e del livello di gara), svolgono tutti sostanzialmente la stessa attività.

Volendo allenarsi per le Olimpiadi è quindi sensato provare a usare un correttore, sia per testare la correttezza delle proprie soluzioni che per "simulare" la situazione di gara. Recentemente l'organizzazione italiana che cura le Olimpiadi ha messo a disposizione un correttore online che si può trovare all'interno del portale italiano delle Olimpiadi Italiane di Informatica all'indirizzo `http://www.olimpiadi-informatica.it`, nella sezione *Allenamenti*. Tramite una semplice registrazione sarà quindi possibile testare la comprensione del presente manuale in tempo reale, sottoponendo al correttore le proprie soluzioni e verificandone la correttezza. Allo stato attuale (settembre 2011) l'unico neo di questo correttore è che non è *semantico*, cioè non è in grado di valutare correttamente soluzioni corrette che però non siano esattamente uguali a quelle che si aspetta, come verrà mostrato in seguito con alcuni esempi presi dalle gare territoriali. **Aggiornamento (gennaio 2014)**: è stato messo online e reso disponibile per gli allenamenti il nuovo correttore CMS, quello sviluppato dal team degli allenatori italiani e usato anche per le Olimpiadi Internazionali. Il nuovo correttore, che si trova all'indirizzo https://cms.di.unipi.it, è più completo e più stabile rispetto al precedente e quindi si invitano i ragazzi a usarlo per allenarsi.

L'aspetto sicuramente più importante del correttore italiano è che contiene un insieme di problemi di test che sono presi direttamente dalle selezioni territoriali e nazionali degli anni passati, permettendo quindi di testare il livello a cui ci si troverà di fronte in gara. Oltre a questi sono inclusi anche molti altri problemi divisi in categorie in base alla difficoltà, che ampliano ulteriormente la possibilità di allenarsi.

1.3 Gare online

Per chi volesse cimentarsi a fare una gara online sulle stile delle Olimpiadi esistono molti siti che permettono di farlo: anche se per la preparazione alla selezione territoriale una gara online può non essere necessaria, si tratta comunque di un buon campo di prova perché viene dato un numero di problemi e un tempo limite di scrittura delle soluzioni che pongono chi le affronta in una situazione di stress più simile a quella che incontrerà durante una gara "vera".

I due siti generalmente indicati anche dall'organizzazione italiana per cimentarsi con delle gare online sono i seguenti:

USACO: USA Computing Olympiad, è il sito utilizzato dagli Stati Uniti per selezionare gli atleti che partecipano di anno in anno alla finale internazionale delle Olimpiadi di Informatica. Contiene una sezione per le gare online che vengono tenute di norma un fine settimana al mese e una sezione per gli allenamenti simile al nostro correttore.

COCI: Croatian Competition in Informatics, è il sito delle Olimpiadi croate, le gare vengono tenute di norma un sabato al mese, ogni gara è composta da sei problemi di difficoltà crescente in modo molto graduale (i primi tre in genere sono fattibili senza troppo sforzo).

Ovviamente entrambi i siti richiedono una conoscenza basilare dell'inglese in quanto i testi di gara sono in quella lingua (in realtà esistono anche versione dei testi in altre lingue, ma, almeno finora, l'italiano non è contemplato).

Capitolo 2

Per iniziare

"Non fatevi prendere dal panico."

Douglas Adams, Guida galattica per autostoppisti.

La prima cosa necessaria per affrontare una gara è conoscere la struttura dei problemi proposti, che è abbastanza costante a tutti i livelli e tra tutte le gare online. Come esempio vediamo un testo delle territoriali, precisamente il problema *nimbus* delle territoriali 2007, mostrato nella pagina seguente. Guardiamo quali sono gli elementi che ne contraddistinguono la struttura e il loro significato:

- **Titolo**: nella prima riga c'è un titolo lungo (Giri sulla scopa Nimbus3000) e uno breve (nimbus). Il titolo lungo serve solo per "folklore", in modo da dare un indizio della storia che seguirà, mentre quello breve è usato per dare il nome al codice sorgente della soluzione che dovremo sottoporre al correttore (in questo caso, supponendo di scrivere il codice in C++, il file si chiamerà nimbus.cpp)

- **Difficoltà**: l'indicatore della difficoltà ha un duplice scopo. Da una parte permette a chi sta svolgendo la prova di capire quale esercizio è più semplice e orientarsi di conseguenza (ad esempio partendo prima dalla soluzione dell'esercizio più semplice), dall'altra è il coefficiente che viene utilizzato nel meccanismo di valutazione mostrato in figura 1.1, quindi gli esercizi con difficoltà più alta danno un punteggio maggiore, se risolti correttamente. Pur essendo un parametro oggettivo, che quindi rispecchia piuttosto esattamente la difficoltà di ogni problema, può essere che soggettivamente la valutazione di ogni singolo problema possa essere diversa. In questo caso viene posto anche un tempo limite di esecuzione, cioè il tempo massimo entro il quale il programma sottoposto deve dare una risposta al caso di test da risolvere, il cui scopo verrà meglio spiegato nel capitolo 3

- **Descrizione del problema**: tutti i problemi, a qualsiasi livello, vengono presentati attraverso una "storiella" di fantasia, che spiega quale tipo di problema bisogna risolvere attraverso una prosa in generale leggera e di facile comprensione. Lo scopo di questa spiegazione è quello di chiarire, con un linguaggio il più semplice e chiaro possibile, qual è lo scopo dell'algoritmo che bisogna progettare. Pur con questi obbiettivi non sempre lo scopo viene raggiunto pienamente, quindi anche dopo averla letta possono rimanere dei dubbi sulla comprensione esatta del testo, cosa che è fondamentale per poter avere almeno la possibilità di arrivare alla soluzione corretta del problema (è ovvio che se non si è capito il testo sarà impossibile arrivare a una soluzione corretta). Per evitare questo problema si vedrà poi che vengono aggiunti ulteriori "indizi".

- **Dati di input**: come già detto la valutazione avverrà dando in pasto al programma dei casi di test che servono a rappresentare un'istanza specifica del problema ed è quindi necessario specificare esattamente cosa dovrà aspettarsi il vostro programma, per permettere al programmatore di acquisire correttamente i dati da elaborare. Questo punto e quello successivo verranno trattati in modo approfondito nel paragrafo 2.2.

- **Dati di output**: anche qui, sempre per le considerazioni espresse al punto precedente, viene spiegato l'esatto formato della risposta che dovrà fornire il programma.

- **Esempi di input/output**: questa sezione è molto utile per verificare se la descrizione del problema è stata compresa correttamente o, nel caso che non la si sia compresa, per arrivare a una comprensione esatta del problema. Attraverso una tabella vengono fornite una o più istanze (in questo caso una sola) di casi di test del problema, tramite i casi di input (nella colonna input.txt) e le relative soluzioni (nella colonna output.txt).

- **Nota/e**: quest'ultima sezione contiene delle note di vario genere relative o al problema o ai meccanismi di attribuzione del punteggio (come in questo caso). A volte non è presente.

Giri sulla Scopa Nimbus3000 (nimbus)

Difficoltà D = 2 (tempo limite 1 sec).

Descrizione del problema

Al celebre maghetto Harry Potter è stata regalata una scopa volante modello Nimbus3000 e tutti i suoi compagni del Grifondoro gli chiedono di poterla provare. Il buon Harry ha promesso che nei giorni a venire soddisferà le richieste di tutti, ma ogni ragazzo è impaziente e vuole provare la scopa il giorno stesso. Ognuno propone ad Harry un intervallo di tempo della giornata durante il quale, essendo libero da lezioni di magia, può fare un giro sulla scopa, e per convincerlo gli offre una fantastica caramella Tuttigusti+1. Tenendo presente che una sola persona alla volta può salire sulla Nimbus3000 in ogni istante di tempo, Harry decide di soddisfare, tra tutte le richieste dei ragazzi, quelle che gli procureranno la massima quantità di caramelle (che poi spartirà coi suoi amici Ron e Hermione). Aiutalo a trovare la migliore soluzione possibile.

Dati di input

Il file input.txt contiene nella prima riga un intero positivo N, che indica il numero di richieste, che sono numerate da 1 a N. Ognuna delle successive N righe contiene una coppia di interi. Ciascuna di tali righe contiene una coppia di interi positivi A e B, separati da uno spazio, a rappresentare la richiesta di poter utilizzare la scopa dall'istante iniziale A fino all'istante finale B, in cambio di una caramella (dove $A < B$). A tal fine, il tempo è diviso in istanti discreti numerati a partire da 1 in poi.

Dati di output

Il file output.txt è composto da una riga contenente un solo intero, che rappresenta il massimo numero di caramelle che Harry può ottenere. Assunzioni
$1 < N < 1000$ Gli interi nelle N coppie sono distinti l'uno dall'altro (non esistono due interi uguali, anche in coppie diverse).

Esempi di input/output

File input.txt	File output.txt
5	
1 5	
3 7	
9 11	
10 12	
6 13	2

> **Nota/e**
>
> Un programma che restituisce sempre lo stesso valore, indipendentemente dai dati in input.txt, non totalizza alcun punteggio rilevante.

2.1 Nuova modalità di sottomissione (a partire dalle Territoriali 2018)

In questo paragrafo viene presentata la nuova modalità di sottoposizione delle soluzioni, che diventerà ufficiale dalle territoriali 2018.

Una premessa: perchè si è scelta questa nuova modalità? Una delle critiche più frequenti che venivano fatte dai referenti e dagli studenti rispetto alla modalità di sottoposizione era quella di non avere nessun tipo di feedback rispetto ai codici sottoposti, se non che l'upload avesse funzionato e che i nomi dei file fossero quelli giusti. Questo in qualche caso portava alla non qualificazione a causa di errori banali (vedi ad esempio 11.2 a pagina 243), che probabilmente sarebbero stati corretti se lo studente avesse avuto accesso a qualche tipo di feedback, come succede ai Nazionali. Purtroppo però non era possibile utilizzare il correttore delle selezioni Nazionali, per due ordini di motivi:

- utilizzo da remoto su un server centrale: difficoltà per le scuole a isolare le postazioni degli atleti da Internet e, cosa peggiore, nel caso di non funzionamento del collegamento a Internet il giorno della prova nella scuola sede di gara, la gara non si sarebbe potuta disputare

- utilizzo in locale su un server della scuola: pur non essendo particolarmente complesso, il software CMS non è semplicissimo da usare nella parte di gestione/amministrazione, quindi poteva comportare dei problemi durante la gara se si fosse dovuto intervenire. Inoltre la struttura di correzione prevede comunque un certo carico di lavoro sul server: se la macchina o il network di macchine che fungono da correttore sono abbastanza potenti non ci sono problemi perchè è progettato per scalare bene, ma dovendo girare su una macchina virtuale nelle sedi territoriali, avrebbe presumibilmente creato problemi. Fa ricordato infatti che i limiti sul tempo di esecuzione dei problemi del livello territoriale sono fissati a 5 minuti, quindi le soluzioni non corrette che al proprio interno creassero dei cicli infiniti, andrebbero a utilizzare le risorse del server in maniera molto pesante.

Il team di supporto alle Olimpiadi ha così pensato di risolvere i problemi creando un software che utilizzasse un meccanismo già presente in altre competizioni, ad esempio Google Code Jam.

L'idea di base è quella di dare allo studente un file di input contenente tutti i test case e permettergli di creare, tramite il proprio programma, un file di output con tutte le risposte.

Il file di input che l'utente dovrà scaricare sarà fatto ad esempio in questo modo e dovrà produrre un file di output strutturalmente simile a quello mostrato:

Figura 2.1: Nuova modalità di sottoposizione

Successivamente il file di output verrà caricato sul server che risponderà con il numero di punti ottenuti, indicando anche quali test case hanno avuto una risposta corretta e quali no[1].

Nel caso di risposte non corrette o solo parzialmente corrette, lo studente avrà quindi la possibilità di individuare gli errori attraverso l'analisi dei casi che non hanno dato una risposta corretta e correggere il proprio programma. Una volta arrivato a una soluzione soddisfacente, lo studente chiederà al sistema un altro file di input, con una serie di test case differenti dai precedenti e lo risolverà con il nuovo programma, spedendo il nuovo file di output, iterando il processo fino a che arriverà alla soluzione del problema (o comunque al massimo di punti che riesce a ottenere).

In questo modo è possibile fornire allo studente un feedback preciso su quanto fatto e allo stesso tempo fornire alle varie sedi territoriali una macchina virtuale su cui fare girare il server, che a questo punto non ha più problemi di carico, dovendosi sostanzialmente limitare a creare e confrontare file, senza dover far eseguire le soluzioni dei concorrenti in una sandbox locale.

Questa nuova modalità prevede sostanzialmente due modi per poter ottenere delle soluzioni da sottoporre:

1. il programma utilizza l'input/output da file, come nella precedente modalità

2. il programma sfrutta la ridirezione di I/O messa a disposizione dai terminali dei sistemi operativi (anche in quello di Windows, che notoriamente ha delle funzionalità molto limitate).

2.1.1 Lettura/scrittura da codice

Come nella modalità in uso fino al 2017, il programma si occupa di aprire il file *input.txt*, che è quello che il sistema permette di scaricare. Questo file, a differenza della modalità precedente, contiene generalmente un primo intero T che rappresenta il numero di test case, dopodiché seguono i dati di input di ognuno dei singoli test case, come se i casi che una volta venivano dati su file separati fossero stati tutti accodati nello stesso file.

Per fare un esempio si faccia riferimento al testo del problema 9.27, di cui qua vengono riportati per brevità le definizioni degli input/output.

Dati di input

La prima riga del file di input contiene un intero **T**, il numero di testcase. Le successive **T** righe contengono un intero ciascuna: il valore intero **N** del relativo testcase.

Dati di output

Il file di output deve essere composto da **T** righe, ciascuna delle quali contenente la dicitura `Case #x:  y` dove x è il numero del testcase (a partire da 1) e y è una sequenza di cifre binarie corrispondente al valore di N del testcase, che termina con '1'.

Esempi di input/output

File input.txt	File output.txt
2	Case #1: 1011001
19	Case #2: 11101
9	

Dovendo leggere un file di input definito nel modo precedente è necessario scrivere del codice simile al seguente:

---

[1]Al momento della scrittura di questo paragrafo (19/02/2018) esiste una piattaforma di prova all'indirizzo https://territoriali.olinfo.it/ su cui si possono fare dei test relativi ai problemi dei territoriali 2017.

```
1   int main()
2   {
3       int T, N;
4       ifstream in("input.txt");
5       ofstream out("output.txt");
6       in >> T;
7       for (int i = 0; i < T; i++)
8       {
9           //Esegue le elaborazioni richieste
10          out << "Case #" << i+1 << ": ";
11          out << "Risultati dell'algoritmo ..." << endl;
12      }
13      return 0;
14  }
```

Come si può vedere la soluzione del problema si trova all'interno del ciclo *for* e viene eseguita T volte su casi di input diversi contenuti all'interno del file *input.txt*.

2.1.2 Ridirezione dell'I/O

La seconda possibilità è quella di leggere/scrivere come se si lavorasse normalmente con *scanf/-printf* o *cin/cout* e passare il file utilizzando la ridirezione in questo modo:

`./mio_programma < input.txt > output.txt`

I segni di minore e maggiore indicano rispettivamente che il file *input.txt* verrà utilizzato per fornire l'input e il file *output.txt* conterrà l'output. Facendo sempre riferimento all'esempio del paragrafo precedente, il codice che permette di creare il file che dopo dovrà essere sottoposto al server sarà simile al seguente:

```
1   int main()
2   {
3       int T, N;
4       cin >> T;
5       for (int i = 0; i < T; i++)
6       {
7           //Esegue le elaborazioni richieste
8           cout << "Case #" << i+1 << ": ";
9           cout << "Risultati dell'algoritmo ..." << endl;
10      }
11      return 0;
12  }
```

Come si può notare la lettura/scrittura avviene attraverso i normali canali di I/O e tramite il comando indicato sopra viene creato il file di output da sottoporre. L'unica difficoltà può essere quella di sapere dove scrivere quel comando, per chi non fosse avvezzo all'utilizzo del terminale. Come prima cosa è necessario portarsi nella cartella dove è contenuto l'eseguibile, nell'esempio `mio_programma`, copiare nella stessa cartella il file di input e dopo aver eseguito il comando apparirà il file di output (se queste istruzioni risultassero incomprensibili si consiglia di chiedere al proprio professore o utilizzare la prima modalità).

2.2 Input/output su file (valido fino alle Territoriali 2017)

Sebbene dalle territoriali 2018 il meccanismo di sottomissione cambierà, questo paragrafo è stato mantenuto per giustificare il modo con cui sono gestiti input e output fino ai problemi del 2016[2], che altrimenti risulterebbe incomprensibile ai nuovi lettori. Viene lasciato il tempo presente nel testo perchè renderlo adeguato al fatto che è una modalità ormai passata avrebbe richiesto un lavoro che ritengo inutile.

---

[2]I problemi del 2017 sono stati proposti in gara con la modalità "vecchia", ma su questa guida vengono risolti utilizzando la nuova modalità, per far vedere almeno un esempio concreto di come saranno i problemi dal 2018 in poi.

ATTENZIONE: rimane solo come riferimento "storico", adesso non è più così.

Il meccanismo di valutazione del correttore prevede che i programmi debbano leggere il proprio input da un file chiamato *input.txt* e debbano stampare il proprio output su un file chiamato *output.txt*[3]. Questa richiesta è molto rigida poiché siccome il correttore è a sua volta un programma, non può gestire errori formali di nessun tipo[4].

Si vedrà comunque come la scrittura/lettura da file abbia davvero poche differenze con i meccanismi normalmente utilizzati per leggere da tastiera e scrivere a video, anche perché nelle Olimpiadi viene usata solo una parte delle possibilità di accesso ai file.

L'I/O su file prevede sempre tre passi:

1. apertura del file

2. operazioni sul file

3. chiusura del file

Dovendo ad esempio leggere da un file di nome *input.txt* un unico numero intero, in C si farà in questo modo:

```
1  FILE *in;                //puntatore alla struttura FILE
2  int n;
3  in = fopen("input.txt","r");//apertura del file
4  fscanf(in,"%d",&n);      //operazione sul file
5  fclose(in);              //chiusura del file
```

Vediamo gli aspetti principali di questo breve listato:

- riga 1: ogni file aperto deve avere un "reference" che verrà usato nel resto del codice per riferirsi a quel file (nel caso del C questo sarà un puntatore a struttura, mentre nel caso del C++ sarà un oggetto di una classe standard)

- riga 3: l'apertura avviene attraverso la chiamata alla funzione *fopen*, passandogli due parametri: il nome del file completo e la modalità di apertura, che nel caso di lettura sarà *r* (read), mentre per la scrittura sarà *w* (write). La funzione ritorna il "reference" che viene assegnato al parametro *in*. A questo punto sarebbe buona norma di programmazione controllare se l'apertura del file è andata a buon fine, cosa che potrebbe non essere vera e che porterebbe in generale a comportamenti anomali del programma, ma nel caso di una gara si può omettere questo passaggio perché viene assicurato che il file è presente con il nome dichiarato

- riga 4: vengono effettuate una o più operazioni sul file, utilizzando le funzioni opportune. In questo esempio viene utilizzata la *fscanf*, che ha una sintassi del tutto identica alla *scanf*, a parte il primo parametro che è il "reference" acquisito all'apertura del file, per indicargli dove deve andare a leggere. Anche in questo caso non vengono fatti controlli perché viene garantito che quello che ci si aspetta di leggere sia presente davvero nel file.

- riga 5: viene chiuso il file. Questa operazione nelle Olimpiadi può anche essere omessa in quanto alla chiusura del programma comunque eventuali file aperti verranno chiusi correttamente.

Nella parte successiva del capitolo verranno mostrati alcuni esempi concreti di lettura/scrittura da file sia in C che in C++.

---

[3]In un futuro potrebbe essere tolto questo vincolo, permettendo la lettura direttamente da tastiera, come succede ad esempio nelle gare COCI, ma finchè ci sarà bisogna abituarsi a leggere/scrivere su file.

[4]Un mio allievo un anno non si si è classificato ai nazionali perché nella sua soluzione cercava di aprire il file *imput.txt* piuttosto che *input.txt*, quindi occorre porre attenzione a questi aspetti.

2.2.1   Esempi di I/O

Partiamo dal caso più semplice, che è forse anche il caso più comune di lettura nei problemi delle Olimpiadi (anche se con qualche variante), nel quale lo schema è quello di avere un numero intero che indica quanti altri numeri dovranno poi essere letti nel seguito del file. Supponiamo quindi che il problema sia quello di sommare una serie di numeri interi e che il file di input contenga come primo intero un valore N che indica quanti sono i numeri da sommare: nelle successive N righe[5] ci saranno quindi gli N numeri che dovranno essere sommati per portare alla soluzione del problema. La lettura avverrebbe quindi in questo modo:

```
FILE *in;                   //puntatore alla struttura FILE
int N, i, temp, somma = 0;
in = fopen("input.txt","r");//apertura del file
fscanf(in,"%d",&N);         //viene letto il primo numero intero
for (i=0; i< N ; i++)//ciclo per leggere gli N numeri seguenti
{
    fscanf(in,"%d",&temp);
    somma += temp;
}
```

Come si può vedere non ci sono molte differenze da un programma che legge i suoi dati da tastiera: ovviamente mancano quelle istruzioni di output che solitamente vengono messe per chiarire all'utente quali dati deve inserire, in quanto i dati vengono forniti dal correttore secondo quanto definito nel testo del problema. La scrittura è ancora più semplice, riferendosi allo stesso problema visto sopra verrebbe fatta in questo modo:

```
FILE *out;                  //puntatore alla struttura FILE
out = fopen("output.txt","w");  //apertura del file
fprintf(out,"%d\n",somma);
```

Anche in questo caso viene usata una funzione, la *fprintf*, del tutto analoga per sintassi e comportamento alla *printf*, a parte la presenza nel primo parametro del "reference" al file. **Attenzione**: in gara è assolutamente necessario che le funzioni per l'output si limitino a stampare **solo** quanto chiesto, esattamente nel modo richiesto; quindi ad esempio eventuali istruzioni di output ai fini di debug dovranno essere tolte dalla versione definitiva del programma.

Per concludere questo semplice esempio riscriviamo tutto il programma in C++, dove anche in questo caso vedremo che la differenza con la normale lettura/scrittura da tastiera/video è ancora minore.

```
ifstream in("input.txt");   //oggetto per gestire l'input
ofstream out("output.txt"); //oggetto per gestire l'output
int N, i, temp, somma = 0;
in >> N;            //viene letto il primo numero intero
for (i=0; i< N ; i++)  //ciclo per leggere gli N numeri seguenti
{
    in >> temp;
    somma += temp;
}
out << somma << endl;   //scrittura del risultato
```

Un altro modo per aprire i file in C++, usando un costruttore diverso è il seguente

```
fstream in("input.txt",ios::in);    //oggetto per gestire l'input
fstream out("output.txt",ios::out); //oggetto per gestire l'output
```

dove si usa l'oggetto generico *fstream* e nel costruttore, tramite le costanti *ios::in* e *ios::out* si specifica se l'oggetto creato è in lettura o in scrittura.

---

[5]A volte viene data una formulazione equivalente in cui si dice che gli N interi si trovano su una sola linea e sono separati dallo spazio: per quanto riguarda l'imput non c'è alcuna differenza, poichè la fscanf (o l'equivalente C++) interpreta sia gli spazi che gli a capo come separatori.

2.2.2 Errori comuni

Durante la gara, per esperienza diretta come organizzatore delle territoriali, vengono commessi degli errori banali che però hanno delle conseguenze fatali (in senso relativo, nessuno è mai morto a causa di questi errori).

Finora (anche se la situazione dovrebbe cambiare nei prossimi anni[6]) Windows nelle sue varie versioni è stata la piattaforma più utilizzata (spesso l'unica) a livello delle selezioni territoriali. Alcune sue caratteristiche possono condurre ai seguenti problemi:

- nelle installazioni normali Windows è configurato per non mostrare le estensioni dei file, quindi il file input.txt compare a video solo con il nome input e con la classica icona dei file di testo. Dal punto di vista del vostro programma però il file è sempre input.txt, il fatto che non si veda l'estensione è solo dovuto a una scelta di usabilità per non "disturbare" gli utenti con poca dimestichezza con il computer (il 90-95%). Siccome in gara è necessario creare un file input.txt per testare se il programma scritto funziona, il software che si usa di solito è il Blocco Note, che però ha un comportamento maligno, sempre a causa della scelta di cui sopra: nel momento di salvare il file se si sceglie come nome input.txt il Blocco Note aggiungerà di suo l'estensione .txt e il vero nome del file sarà quindi input.txt.txt. Questo farà si che il vostro programma fallirà nell'apertura del file perché il file input.txt non è presente; però guardando nella cartella si vedrà che c'è un file che si chiama input.txt (sempre per il discorso che l'estensione non viene mostrata) e quindi si inizierà a dare la colpa, nell'ordine, al computer di gara, all'ambiente di sviluppo, i più temerari anche al linguaggio di programmazione, mentre se sapete queste cose non dovreste avere problemi. Inoltre è sempre possibile usare direttamente l'ambiente di sviluppo per creare il file input.txt oppure abilitare la visualizzazione delle estensioni attraverso il menù Opzioni cartella che si trova in ogni cartella aperta

- sempre in Windows, i nomi dei file sono case-insensitive, quindi bisogna essere certi nel proprio codice sorgente di indicare i nomi dei file con tutte le lettere minuscole, perché se ad esempio si scrivesse Input.txt, il programma funzionerebbe se testato sotto Windows, ma fallirebbe se testato con Linux (nel quale i file system sono case-sensitive). Siccome dalle territoriali in poi e in tutte le gare online il correttore gira sotto Linux, è bene abituarsi a scrivere i nomi dei file in minuscolo

- il file input.txt che verrà creato per fare delle prove deve trovarsi in una posizione per cui il vostro programma lo riesca ad aprire, quindi non può essere messo dove capita, ma solo in alcuni posti. Siccome il correttore si aspetta che il file sia nella stessa cartella dell'eseguibile, il programma lo cerca nella cartella dove è in esecuzione: gli ambienti di sviluppo di gara in generale permettono anche di metterlo nella stessa cartella del codice sorgente, quindi vale la pena di fare un po' di prove per capire esattamente dove posizionarlo e evitare di scoprire durante la gara che il file non viene letto perché il programma non riesce a trovarlo

2.2.3 Utilizzo di Linux

Dall'edizione 2014-2015 l'organizzazione nazionale ha invitato le sedi territoriali che avevano la possibilità di farlo[7] a proporre agli studenti il sistema operativo Linux, con la suite di compilazione *gcc* e i normali strumenti di programmazione (CodeBlocks, Geany, Vim, ecc.), come piattaforma di gara. Per uniformità tra le varie sedi e nel tentativo di creare il minor disagio possibile agli organizzatori si è optato per utilizzare una macchina virtuale VirtualBox, basata sulla distribuzione Ubuntu.

Questa nuova modalità, almeno per quanto riguarda le selezioni territoriali, non ha un forte impatto sulla conduzione della gara, in quanto la maggior parte degli allievi, nella mia esperienza, usano ancora CodeBlocks come avrebbero fatto su un sistema Windows e si limitano

---

[6]In effetti dal 2015 è cambiata e allo stato attuale (fine 2016) quasi tutte le sedi territoriali effettuano la gara su una macchina virtuale Linux Ubuntu. Ritengo comunque utile lasciare questa parte in quanto inizialmente molti ragazzi hanno Windows come piattaforma di allenamento.

[7]Va comunque verificato cosa verrà usato nella propria sede di gara, poichè l'utilizzo di Linux non è obbligatorio e alcune sedi potrebbero ancora utilizzare Windows.

a usare i normali strumenti grafici di gestione dei file per tutte le operazioni che coinvolgono spostamento/copia/cancellazione di file.

Chiaramente chi volesse potrebbe anche pensare di approfondire la propria conoscenza di questo ambiente e dei vari strumenti, da linea di comando e non solo, che le distribuzioni Linux normalmente mettono a disposizione e che possono essere utilizzati per alcune attività "collaterali" (ad esempio creazione di casi di test di grandi dimensioni). La mia opinione è che l'allenamento sulla piattaforma di gara ufficiale, che solitamente viene comunicata e messa a disposizione per il download intorno a febbraio-marzo, sia assolutamente indispensabile, ulteriori approfondimenti possono invece essere lasciati a dopo l'eventuale passaggio alla finale nazionale.

2.2.4 Subtask e template di soluzione

Un'altra novità che è stata aggiunta negli ultimi anni è quella di dividere i casi di test in una serie di gruppi denominati **subtask**. Sebbene a livello delle territoriali questo non sia stato ancora fatto, sapere cosa sono può essere interessante poiche moltissimi dei problemi a disposizione per allenarsi sul correttore contengono subtask, le ultime edizioni delle Olimpiadi a squadre contengono problemi strutturati in questo modo e le finali nazionali e internazionali delle Olimpiadi sono strutturate usando questa modalità.

Un problema contiene normalmente 5-6 subtask, ognuno dei quali contiene una serie di casi di test che hanno delle caratteristiche in comune, tipicamente delle limitazioni sulle dimensioni o sul tipo dei dati di input (per un esempio si veda il problema 10.8 a pagina 237). Il punteggio a questo punto non è più dato in base al numero di casi di test che vengono risolti, ma per ogni subtask vengono dati una serie di punti solo se tutti i casi del subtask vengono risolti correttamente. Può quindi capitare che dato un subtask contenente ad esempio 5 casi di test, 4 di essi siano risolti correttamente e 1 no, e quindi i punti assegnati siano 0.

La differenza sostanziale è che, essendo i subtask relativi a certe limitazioni particolari, ci si può concentrare a risolvere solo alcuni casi del problema, evitando di cercare la soluzione che permette di risolvere in maniera completa il problema. In molti casi questa può essere una condotta di gara più fruttuosa, soprattutto se si riesce fin da subito a valutare la difficoltà della soluzione generale del problema e invece la relativa facilità nella soluzione di alcuni subtask.

Insieme a questa nuova impostazione dei casi di test, nelle ultime edizioni delle Nazionali e delle Olimpiadi a squadre viene fornito un *template di soluzione*, cioè uno o più file in cui sono già presenti dei frammenti di codice che possono essere utilizzati per scrivere la propria soluzione. Tipicamente il file contiene già il *main*, nel quale è presente la lettura dell'input e la scrittura dell'output e una funzione senza corpo, che deve essere completata per implementare l'algoritmo risolutivo. Sebbene non sia obbligatorio utilizzare il template fornito, risulta molto comodo in quanto non è più necessario scrivere il codice di I/O, che risulta già ottimizzato ed è garantito essere corretto. Per il resto, nel codice possono essere aggiunte funzioni, variabili, definizioni di strutture o classi o qualunque altra cosa si ritenga necessaria.

2.3 Le funzioni

In questo paragrafo si farà un breve ripasso sull'utilizzo delle funzioni, che, anche se non strettamente necessarie (se non nella ricorsione), sono estremamente utili nella stesura di codice modulare, caratteristica sicuramente desiderabile anche nella scrittura di programmi di piccole dimensioni. Quello che verrà mostrato sarà inerente all'utilizzo che viene fatto delle funzioni durante le gare e quindi saranno volutamente omessi dettagli su altre modalità di utilizzo che non trovano applicazione nelle Olimpiadi.

Il concetto di *funzione* è simile a quello che viene presentato in matematica o in altri campi scientifici, però siccome non tutti i lettori potrebbero averlo presente, verrà presentato a un livello più intuitivo.

L'idea di base è quella di raggruppare in un solo punto il codice necessario per eseguire un compito specifico (trovare la radice quadrata di un numero, fare il totale di una fattura, stampare un biglietto aereo, ecc.) e isolarlo dal resto del programma, in modo da ottenere una suddivisione dei compiti tra pezzi di codice "specializzati", utilizzabili in qualunque punto del programma. I principali vantaggi delle funzioni sono quindi:

- ogni funzione può essere sviluppata indipendentemente dal resto del codice e testata separatamente

- posso riutilizzare algoritmi comuni attraverso la creazione di librerie di funzione (che di fatto è quello che avviene nella libreria del C e del C++)

- il programma nel suo complesso diventa più facile da sviluppare e mantenere, poichè non è più una lunga sequenza di istruzioni di basso livello, ma l'insieme di chiamate di funzioni che svolgono operazioni a un livello di astrazione più elevato

Figura 2.2: Rappresentazione generale di una funzione

Una rappresentazione grafica del concetto di funzione può essere vista in figura 2.2, dove, al contrario di come spesso viene disegnata in altri contesti, la funzione è una "scatola nera" che riceve degli input (In_1, In_2, ..., In_n) a destra e fornisce in uscita un output Out, mostrato a sinistra. La scelta di porre gli input a destra e gli output a sinistra deriva dall'analogia con la sintassi effettiva delle funzioni nei linguaggi C/C++ (e in molti altri), in cui gli input, chiamati *parametri*, si trovano a destra del nome della funzione e l'output, chiamato *valore di ritorno*, si trova a sinistra del nome di funzione. Quella rappresentata è la forma più generale di funzione, poi può essere che alcune funzioni non abbiano parametri o valore di ritorno o manchino di entrambi.

Sintatticamente una funzione viene definita nel seguente modo:

valore_di_ritorno nome_funzione(lista_dei_parametri)

dove:

valore_di_ritorno: può essere *void*, se non presenta output, oppure un qualsiasi tipo di dato elementare (int, char, float, ecc.) o definito dall'utente (struttura o classe)

nome_funzione: è un qualsiasi identificatore valido (come i nomi di variabili) che indica la semantica della funzione, cioè il suo scopo

lista_di_parametri: una lista di variabili, elencate con tipo e nome, separate da virgola

Per comprenderne meglio il significato ricorriamo a un esempio semplicissimo: supponiamo di voler sapere quale sia il massimo tra due numeri interi inseriti dall'utente. Un codice possibile[8] per raggiungere lo scopo è quello presentato di seguito:

```
1   int massimo(int r, int s)
2   {
3       int max;
4       if (r > s)
5           max = r;
6       else
7           max = s;
8       return max;
9   }
10
```

---

[8]Il codice è volutamente "didattico" per evidenziare alcuni aspetti legati al passaggio di parametri, un'implementazione più realistica utilizzerebbe una sola riga di codice.

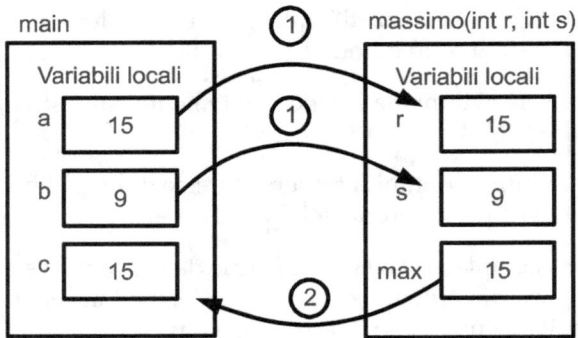

Figura 2.3: Passaggio di parametri per copia

```
11  int main()
12  {
13      int a, b, c;
14      scanf("%d",&a);
15      scanf("%d",&b);
16      c = massimo(a, b);
17      printf("Il massimo è %d\n",c);
18      return 0;
19  }
```

Come si può vedere dalla figura 2.3 nel programma principale, all'interno del *main*, compaiono tre variabili locali, *a*, *b* e *c*, e i valori delle prime due vengono inseriti dall'utente tramite le solite funzioni di input. Alla riga 16 il programma principale chiama la funzione *massimo*, passando come parametri le variabili *a* e *b* (passaggio 1 in figura). Questo fa si che i valori contenuti in *a* e *b* vengano copiati all'interno dei parametri formali *r* e *s*, che sono a tutti gli effetti delle variabili contenute "all'interno" della funzione *massimo*. Detta funzione esegue quindi le operazioni sui valori passati e inserisce il risultato all'interno della variabile *max*, che viene poi "ritornata" tramite l'istruzione alla riga 8 (passaggio 2 in figura). Il valore ritornato viene poi assegnato alla variabile *c*, che come già detto è locale al *main*.

Questo semplice schema può essere usato in moltissime situazioni, ne esistono però altre dove non è possibile cavarsela allo stesso modo, basti pensare ad esempio a una funzione che faccia l'ordinamento di un vettore o la ricerca del minimo in una matrice: in questi esempi difatti dover passare un vettore o una matrice a una funzione richiede di comprendere alcuni concetti legati agli indirizzi e ai puntatori che in generale risultano poco intuitivi e che, se usati male, portano a degli errori difficili da individuare. Nelle gare quindi si risolve il problema in un modo che, seppure possa risultare indigesto agli ingegneri del software, permette di gestire i casi indicati (e altri simili) in modo indolore. Il "trucco" è quello di lavorare direttamente con le *variabili globali*, che, proprio per questa loro caratteristica, vengono viste da tutte le funzioni, le quali possono agire direttamente su di esse, senza bisogno di ricorrere al passaggio dei parametri, come mostrato nel codice seguente:

```
1   #define N 5
2   int V[N];
3   int somma()
4   {
5       int s = 0;
6       for (int i = 0; i<N; i++)
7           s+=V[i];
8       return max;
9   }
10
11  int main()
12  {
13      int c;
```

```
14      for (int i = 0; i<N; i++)
15          scanf("%d",&V[i]);
16      c = somma();
17      printf("La somma degli elementi del vettore è %d\n",c);
18      return 0;
19   }
```

Come si vede esiste un vettore globale V, di lunghezza 5, che viene visto sia dal *main* che dalla funzione *somma*, le quali lo utilizzano per valorizzarlo (il *main*) e per calcolarne la somma, senza che la funzione *somma* abbia bisogno del passaggio di parametri[9].

---

[9]Si vedrà più avanti che l'utilizzo delle variabili globali comporta altri vantaggi che fanno si che l'uso in gara sia altamente consigliato.

Capitolo 3

Complessità computazionale

"In teoria non c'è differenza fra teoria e pratica.

In pratica la differenza c'è"

Introduzione

Questo capitolo è un po' a sé stante e potrebbe anche essere saltato, ma penso che per avere una buona comprensione su alcune considerazioni che verranno fatte nelle soluzioni degli esempi sia necessario avere una panoramica dei concetti che verranno illustrati. La complessità computazionale è lo studio della quantità di risorse (memoria e tempo di calcolo) necessari a un certo algoritmo per risolvere un problema dato e nel contesto delle Olimpiadi permette di affrontare i problemi avendo già in partenza degli "indizi" su come sarà fatto l'algoritmo risolutivo (si capirà alla fine del capitolo cosa si intende dire con ciò).

Tutta la trattazione, pur rimanendo corretta, affronterà l'argomento con un approccio più basato sull'intuizione che su una serie di definizioni e dimostrazioni formali. Per approfondimenti si rimanda alla bibliografia (vedi paragrafo 11.4).

3.1   Algoritmi e programmi

Come già visto in un qualsiasi corso di programmazione di base un algoritmo consiste in una serie ben definita di passi che portano alla risoluzione di un dato problema. Pur non essendoci una definizione "standard" possiamo dire che un algoritmo deve soddisfare queste 4 caratteristiche:

- il numero di passi che lo compone deve essere finito

- deve terminare con un risultato che è la soluzione del problema

- le istruzioni devono essere elementari e immediatamente eseguibili

- le istruzioni devono essere espresse chiaramente, in modo che la loro interpretazione sia univoca

Quindi dato un problema il primo scopo è quello di trovare l'algoritmo risolutore. Spesso però un problema può essere risolto in diversi modi tramite algoritmi diversi ma tutti corretti. La questione che affronteremo sarà dunque quella di riuscire a caratterizzare un algoritmo corretto in modo tale da poterlo confrontare con un altro algoritmo anch'esso corretto e poter decidere quale sia "migliore" per risolvere lo stesso problema.

3.2   Memoria e velocità di esecuzione

Per stabilire quale sia l'algoritmo migliore per risolvere un determinato problema dobbiamo prima definire rispetto a che caratteristiche possiamo dire che un algoritmo è migliore di un altro. Nella realtà quotidiana dei programmatori ci potrebbero essere molti parametri su cui misurare la qualità di un algoritmo e quindi sceglierlo: la possibilità di averlo già pronto all'uso perché presente in una libreria, la facilità di implementazione, la possibilità di adattarsi bene alla particolare architettura utilizzata, la semplicità di comprensione ecc.

In questa capitolo però vogliamo analizzare delle caratteristiche fondamentali inerenti l'algoritmo e non aspetti esterni legati al suo essere un programma per computer. Solitamente i due aspetti più strettamente legati ad un algoritmo sono l'*utilizzo di memoria* e la *velocità di esecuzione* o *tempo di calcolo*. L'utilizzo della memoria non verrà trattato, in quanto rimane un aspetto fondamentale solo in quei contesti in cui la memoria stessa è una risorsa scarsa (vedi ad esempio i dispositivi *embedded*[1]) oppure la quantità di dati da trattare è realmente enorme (ad esempio grandi database). Quello che invece ci interessa maggiormente è la velocità di esecuzione e come prima cosa bisogna trovare un modo per definirla in maniera chiara.

Un algoritmo non è legato solo al mondo dei computer (si pensi ad esempio ad una ricetta di cucina che se sufficientemente dettagliata può essere vista come un algoritmo), ma quando viene implementato su un computer bisogna definire i passaggi che attraversa per sapere che tipo di velocità intendiamo misurare. Nel mondo dei computer il primo passaggio che subisce un algoritmo, dopo la sua ideazione, è quello di essere trasformato in un diagramma di flusso o in uno pseudo-codice. Questa è la forma più pura di un algoritmo, in quanto esso viene descritto in astratto, ma in questa forma non può essere utilizzato sul calcolatore e necessita quindi di ulteriori passaggi. Solitamente a questo punto l'algoritmo viene tradotto in un linguaggio di programmazione e, a seconda del tipo di linguaggio, viene reso eseguibile (se si usa un linguaggio compilato) oppure interpretato (se si usa un linguaggio interpretato). A questo punto il programma viene eseguito e diventa un processo in memoria. Si può quindi vedere che agli estremi di questa catena si trovano l'algoritmo in forma simbolica e il processo in esecuzione.

Potrebbe sembrare semplice confrontare tra loro due algoritmi misurando "con un orologio" il tempo di esecuzione di entrambi sullo stesso insieme di input: per quanto precedentemente detto però questo confronto, per avere un qualche significato, dovrebbe essere fatto in condizioni molto controllate, poiché nel caso di un processo il tempo di esecuzione può essere influenzato da diversi fattori quali:

- il linguaggio con cui è stato programmato: in generale i linguaggi compilati producono programmi più veloci dei linguaggi interpretati e inoltre ogni linguaggio può avere delle caratteristiche che lo rendono più veloce in determinate aree (ad esempio un programma scritto in C++ è generalmente più veloce dello stesso programma scritto in Java, anche se entrambi possono essere visti come appartenenti alla categoria dei linguaggi compilati[2])

- la bontà del compilatore o dell'interprete: un codice scritto con lo stesso linguaggio di programmazione può essere sottoposto a compilatori diversi che, pur producendo programmi funzionalmente equivalenti, possono essere formati da diverse sequenze di codici macchina e anche questo può ripercuotersi sulla velocità di esecuzione

- l'abilità di chi ha scritto il programma: lo stesso algoritmo può essere scritto in modi diversi e questo può riflettersi direttamente sull'efficienza del programma

- l'ambiente in cui gira il programma: il sistema operativo su cui il programma viene fatto girare impatta sull'efficienza di alcune istruzione (tipicamente gestione delle memoria, I/O, threading, ecc.) influendo sul tempo totale di esecuzione

- la macchina sulla quale gira il programma: è ovvio che i componenti hardware di un PC influenzano la velocità di esecuzione delle istruzioni, principalmente la frequenza della CPU, ma non solo

---

[1]I dispositivi embedded sono tutti quei sistemi che utilizzano microcontrollori poco potenti e con poca memoria (dell'ordine dei KB) per eseguire compiti specializzati, come ad esempio i router che si trovano comunemente in casa, piuttosto che sistemi di controllo industriale.

[2]In realtà Java non è proprio un linguaggio compilato puro, ma ai fini dell'esempio può essere considerato tale.

Sembra quindi evidente che la misura "con l'orologio" può avere un qualche significato solo se gli algoritmi da confrontare sono scritti nello stesso linguaggio dalla stessa persona, compilati con lo stesso compilatore ed eseguiti sulla stessa macchina (in realtà anche in questo caso potrebbero esserci delle differenze che possono falsare il confronto).

L'algoritmo in forma simbolica ha invece il vantaggio di essere una rappresentazione astratta, indipendente dai fattori visti sopra. La domanda quindi è: come facciamo a "misurare" la velocità di un algoritmo astratto senza usare l'orologio? Intuitivamente possiamo pensare di contare il numero di istruzioni che occorrono per eseguire un determinato compito: più istruzioni equivalgono ad un algoritmo più lento, meno istruzioni ad un algoritmo più veloce. Per comprendere meglio quanto detto partiamo da un semplice esempio, la moltiplicazione tra due numeri. Supponiamo inoltre che la moltiplicazione non sia un'istruzione semplice ma debba essere eseguita come una serie di somme, per cui ad esempio 2×3 risulta $2 + 2 + 2$. Se l'operazione che dobbiamo eseguire è 3×113 l'algoritmo più immediato è quello di eseguire un ciclo per 113 volte e ogni volta sommare il numero 3 al risultato ottenuto al giro precedente. Questo comporta l'esecuzione di 113 somme, 113 confronti (ad ogni giro bisogna controllare se l'algoritmo può terminare o deve andare avanti) e 113 incrementi (la variabile del ciclo). Se approssimativamente consideriamo uguali i costi di queste operazioni otteniamo che in questo caso specifico l'algoritmo deve eseguire $113 + 113 + 113 = 339$ istruzioni.

Pensandoci meglio potremmo trovare un algoritmo migliore anche per questo semplice problema: se prima di iniziare il ciclo controllassimo quale dei due operandi è il minore potremmo, in alcuni casi, ridurre drasticamente il costo dell'algoritmo. Nell'esempio potremmo scambiare il 3 con il 113 e effettuare solo 3 giri nel ciclo, quindi il costo risulterebbe quello del controllo iniziale, dello scambio delle variabili (se necessario) che prevede 3 assegnamenti e la somma dei costi per i 3 giri e quindi $1 + 3 + 3 + 3 + 3 = 13$ istruzioni.

Passando alla generalizzazione dell'esempio otteniamo che il problema da risolvere è quello di vedere quante istruzioni sono necessarie per eseguire un prodotto del tipo $N \times M$: nel caso del primo algoritmo il costo sarà di $3 \times M$ istruzioni, mentre nel secondo caso avremo $1 + 3 + 3 \times \min(N, M)$ (dove il 3 in realtà non è sempre presente). Come si può intuitivamente capire quando $M \gg N$ il secondo algoritmo è decisamente migliore del primo (come nell'esempio mostrato), mentre nei casi in cui il primo è migliore lo è solo di poco.

Riassumendo possiamo dire che per misurare la velocità di un algoritmo dobbiamo contare il numero di istruzioni che esegue rispetto alla dimensione del suo input (nell'esempio precedente i numeri N e M). Per gli scopi che ci prefiggiamo tutte le operazioni hanno costo unitario e si vedrà nel seguito che verranno fatte delle approssimazioni che comunque non modificheranno la bontà dei risultati ottenuti.

3.3 Complessità computazionale

I teorici dell'informatica hanno introdotto delle notazioni che permettono di semplificare la rappresentazione della complessità computazionale di un algoritmo. Come primo passo il problema viene definito come funzione della grandezza dell'input, che di solito viene denotato con la lettera n. Quindi la complessità di un algoritmo viene definita come $T(n)$ dove n è la dimensione dell'input. Nell'esempio fatto in precedenza n era il valore di un numero intero, ma spesso n non rappresenta la dimensione di un singolo numero ma la cardinalità di un insieme: ad esempio nei problemi di ordinamento in cui si tratta di ordinare un insieme di oggetti secondo una certa relazione di ordinamento, la dimensione del problema è determinata dal numero di oggetti da ordinare (intuitivamente più sono gli oggetti da ordinare maggiore sarà il tempo impiegato dall'algoritmo per ordinarli). Cerchiamo di capire con un esempio: supponiamo di aver analizzato un algoritmo e aver trovato che la sua complessità computazionale valga $T(n) = n^2 + 7n + 20$, cioè tornando all'esempio del problema di ordinamento, se dovessimo ordinare 10 oggetti l'algoritmo compierebbe $100 + 70 + 20 = 190$ istruzioni, se ne dovessimo ordinare 20 allora avremmo $400 + 140 + 20 = 560$ istruzioni e così via. Quindi la formula $T(n)$ ci permette di capire il numero di istruzioni che dovranno essere compiute per risolvere un problema avendo un input di dimensione n: pur non essendo questo direttamente traducibile in un tempo fisico, è chiaro che comunque ci consente di avere un'indicazione di massima sulla possibilità o meno di arrivare a termine di un algoritmo e ci permette di confrontare algoritmi diversi tra loro.

Rispetto a quest'ultima possibilità proviamo a prendere in considerazione un algoritmo A_1 con complessità $T_1(n) = n^2 + 7n + 20$ e un altro A_2 con complessità $T_2(n) = 100n + 400$ che siano in grado di risolvere lo stesso problema: quale dei due risulta preferibile? Se ad esempio consideriamo un input di dimensione n = 10 è evidente che il primo algoritmo è più veloce in quanto ha bisogno di 190 operazioni contro le 1400 del secondo. Se però la dimensione del problema diventasse n = 100 allora il primo algoritmo avrebbe bisogno di 10720 mentre il secondo di 10400 e diventando a questo punto il secondo il più veloce. Inoltre con $n > 100$ il secondo diventerebbe via via sempre più veloce del primo, come si può facilmente notare dal grafico in figura 3.1.

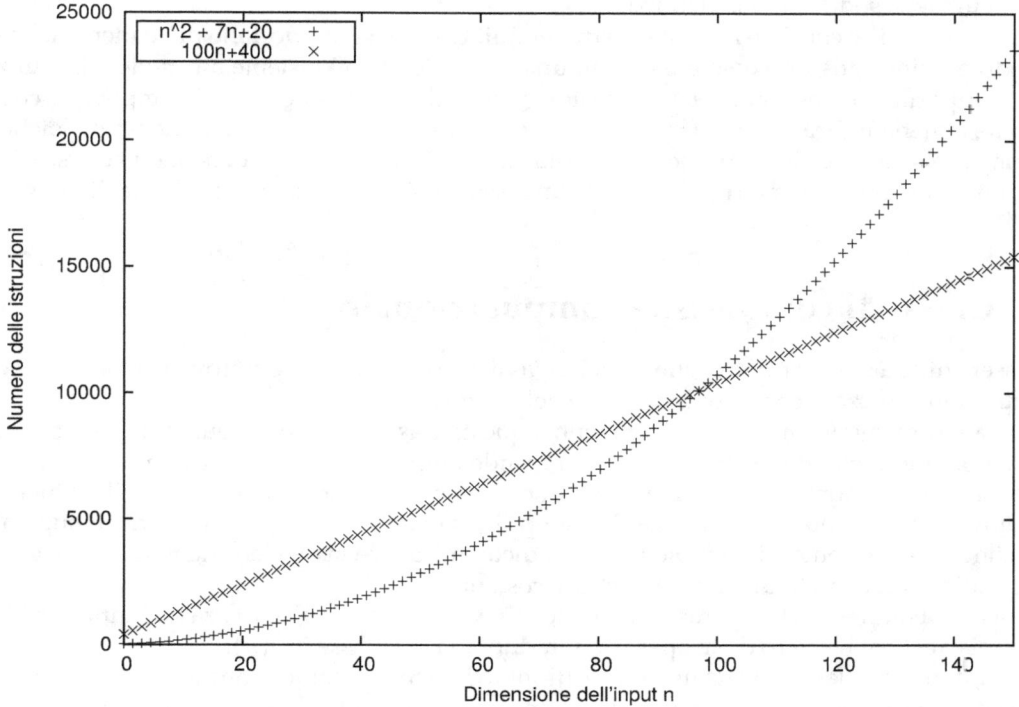

Figura 3.1: Confronto tra due complessità computazionali

3.4 Notazione O grande

La notazione *O grande* serve appunto per fare dei confronti tra la complessità di algoritmi, semplificando e ignorando parti non fondamentali del comportamento dell'algoritmo quando la dimensione dell'input cresce. Come si è visto nell'esempio precedente l'algoritmo A_2 si comporta meglio dell'algoritmo A_1 per valori di n al di sopra di una certa soglia: questo è importante perché solitamente quello che interessa è il comportamento per input grandi e in quel caso A_2 è meglio di A_1. Ma cosa potremmo dire se avessimo un algoritmo A_3 con complessità $T_3(n) = 2n^2 + n + 2$? Se dovrebbe essere intuitivo che A_2 rimane il migliore, cosa si può dire del confronto tra A_1 e A_3? Se provassimo a calcolare i valori della complessità computazionale per valori sempre più grandi di n ci accorgeremmo che il rapporto tende a stabilizzarsi intorno al numero $\frac{1}{2}$, cioè

$$\frac{T_1(n)}{T_3(n)} = \frac{n^2 + 7n + 20}{2n^2 + n + 2} \simeq \frac{1}{2}$$

per valori di n grandi a sufficienza, cioè l'algoritmo A_3 eseguirà un numero di istruzioni circa doppio dell'algoritmo A_1 per n sufficientemente grande. Questo ci porta alla seguente definizione:

Definizione: Una funzione $g(n)$ è detta essere $O(f(n))$ se esistono constanti c_0 e n_0 tali che $g(n) < c_0 \cdot f(n)$ per tutti gli $n > n_0$.

Il significato di questa definizione, applicato all'esempio precedente, è che la complessità di A_3 è O(complessità di A_1) e viceversa a patto di usare degli opportuni valori di c_0 e n_0, mentre la complessità di A_3 non può essere O(complessità di A_2) in quanto non esistono valori di c_0 e n_0 tali per cui viene soddisfatta la definizione.

Questo vuol dire che A_1 e A_3 nella nostra semplificazione si comportano più o meno nello stesso modo e quindi possono essere messe in una stessa "scatola" insieme a tutte le altre funzioni che si comportano come loro. Questa "scatola" viene denominata classe di complessità computazionale e viene indicata con $O(n^2)$ (in questo esempio specifico), dove si mette n^2 poiché è la funzione più semplice che appartiene a questa classe. A_2 invece appartiene a una classe diversa denominata $O(n)$ e per valori grandi oltre un certo n_0 si comporterà sempre meglio degli altri due.

3.5 Classi di complessità computazionale

Può essere utile a questo punto definire delle classi di complessità che si trovano nell'analisi degli algoritmi più utilizzati, come sono mostrate nella figura 3.2

Costante: gli algoritmi che appartengono a questa classe compiono sempre lo stesso numero di istruzioni indipendentemente da quanto è grande l'input e la classe viene denotata come $O(k)$.

Logaritmica: il numero delle operazioni è solitamente il logaritmo in base 2 della dimensione dell'input, poiché sono algoritmi che dividono il problema in due parti e ne risolvono solo la parte che interessa, come ad esempio la ricerca dicotomica. La classe viene denotata come $O(\lg n)$. Nella pratica non è molto diversa dalla classe costante.

Lineare: il numero delle operazioni dipende linearmente dalla grandezza dell'input, se l'input raddoppia anche il numero delle operazioni raddoppia. La classe è $O(n)$.

N log n: questa classe non ha un nome e di solito la si indica come "enne log enne". La velocità di crescita è poco più che lineare, quindi rimane comunque una classe di algoritmi "veloci". La classe è $O(n \lg n)$.

Quadratica: il numero di istruzioni cresce come il quadrato della dimensione dell'input e quindi anche per n non particolarmente grandi il numero di istruzioni può essere elevato, ma comunque trattabile. La classe è $O(n^2)$.

Cubica: in questo caso il numero di istruzioni cresce come il cubo della dimensione dell'input. In generale tutte le funzioni di crescita della forma n^k sono di tipo *polinomiale*. La classe in questo caso è $O(n^3)$.

Esponenziale: in questo caso la forma è del tipo k^n, dove n figura all'esponente e quindi la crescita del numero di istruzione è rapidissima e porta a un numero di istruzioni molto alto anche per valori piccoli di n. Nella pratica algoritmi di questo genere sono definiti *intrattabili* perché il tempo di esecuzione risulterebbe troppo alto (anche per n piccoli si potrebbe arrivare a milioni di anni). La classe è $O(k^n)$.

Riassumendo possiamo dire che se due algoritmi fanno parte della stessa classe di complessità computazionale il loro comportamento asintotico[3] è simile. Attenzione che questo non vuol dire che in pratica non ci sia differenza tra l'algoritmo A_1 e l'algoritmo A_3 poiché ambedue appartengono a $O(n^2)$: dall'espressione della loro complessità si vede che A_1 è circa il doppio più

---

[3]Il termine asintotico ha una ben precisa definizione matematica, ma per quanto riguarda i nostri problemi possiamo approssimativamente definirlo come il comportamento quando n diventa molto grande.

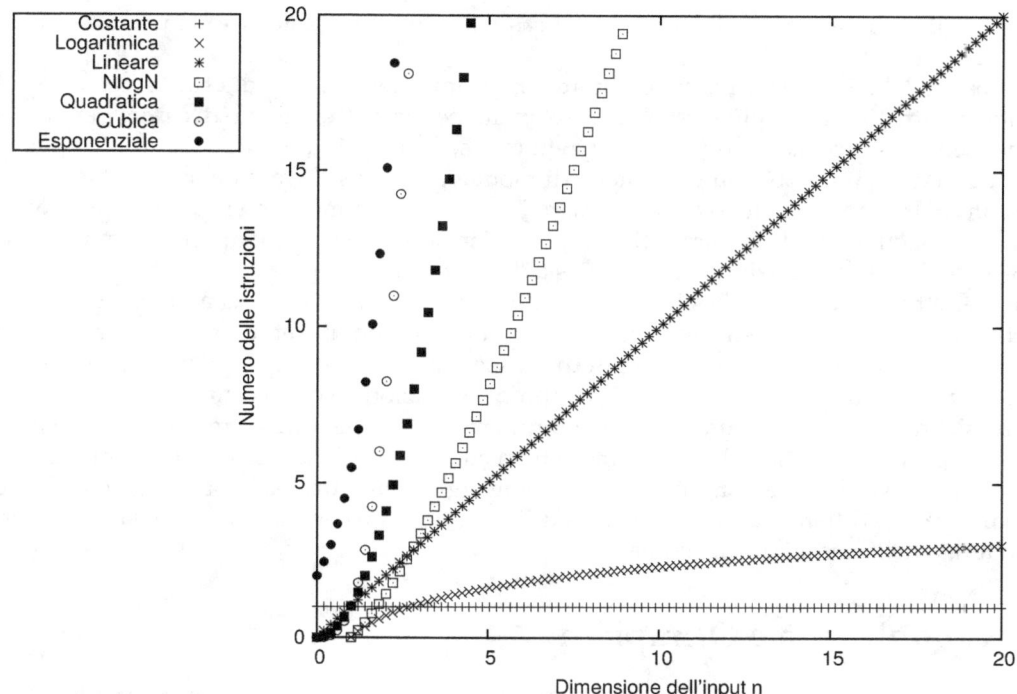

Figura 3.2: Classi di complessità computazionale

veloce che A_3 e nella realtà questo potrebbe fare una bella differenza. Quello che si vuole ottenere con questa classificazione semplificata è solo di poter subito dire che se, ad esempio, un primo algoritmo è di classe $O(n)$ e un secondo di classe $O(n^2)$, allora il primo sarà asintoticamente molto più veloce del secondo, indipendentemente dall'espressione precisa delle loro complessità computazionali.

Per finire con un esempio, supponiamo di voler trovare all'interno di un vettore non ordinato, l'elemento in posizione n dello stesso vettore una volta che questo fosse ordinato. L'idea più semplice è quella di ordinare il vettore e poi di andare alla posizione n, che è proprio quello che vogliamo trovare per definizione (quindi se fossimo stati interessati al sesto elemento del vettore lo troveremmo alla sesta posizione). Se per ordinare usassimo un algoritmo semplice, tipo il *bubblesort*, il costo totale dell'operazione sarebbe di tipo $O(n^2)$, poichè il costo dominante sarebbe quello dell'ordinamento. In realtà si può dimostrare che non è necessario ordinare il vettore per ottenere lo stesso risultato, basta usare alcune idee furbe simili a quelle presenti nel *quicksort*, per trovare l'elemento n-esimo con un costo di tipo $O(n)$. É evidente che dei due algoritmi il secondo è nettamente migliore del primo, quindi mi permetterà di ottenere lo stesso risultato molto più velocemente del primo.

3.6 Caso ottimo, caso medio, caso pessimo

Finora come parametro per misurare la velocità di un algoritmo è stata usata solo la dimensione dell'input, ma nella maggior parte dei problemi ci sono altri fattori che determinano il tempo con cui un algoritmo arriva alla soluzione. Ritornando all'esempio dell'ordinamento ci sono alcuni algoritmi che sono molto veloci se l'insieme è già quasi ordinato e molto lenti se l'insieme è ordinato al contrario, pur contenendo lo stesso numero di elementi. Risulta quindi utile fare una distinzione tra caso ottimo, caso medio e caso pessimo per poter meglio valutare la bontà di un algoritmo.

Il caso ottimo è un caso particolare in cui l'algoritmo ha le prestazioni migliori e solitamente queste prestazioni sono molto migliori di quelle del caso medio e del caso pessimo. Il caso medio è quello che si manifesta più spesso in corrispondenza della maggior parte delle configurazioni dell'input. Il caso pessimo è il contrario del caso ottimo e in questo caso le prestazioni sono il peggio che si può ottenere.

Nonostante il caso ottimo possa sembrare importante, nella pratica questo è il caso meno interessante, mentre lo sono di più il caso medio e quello pessimo. Cerchiamo di capire perché con un paio di esempi: supponiamo di dover progettare il software di un braccio meccanico per la saldatura di telai di automobili su una catena di montaggio. Un software del genere ha dei vincoli temporali molto precisi, perché deve calcolare i movimenti in modo da saper sempre dove spostare il braccio, in modo da evitare urti o altri tipi di incidenti. Supponiamo che il tempo massimo per calcolare la nuova posizione del braccio sia di un secondo e che sappiamo che nel caso ottimo il tempo effettivo sia di un millesimo di secondo. Questa informazione ci aiuta poco perché dice solo che in alcuni caso il nostro software riuscirà a fare molto in fretta il suo calcolo: basta però un solo caso dove il software impiega più di un secondo per distruggere il braccio o il telaio. Se invece sappiamo che nel caso pessimo il tempo di esecuzione è di 80 centesimi di secondo questo ci rassicura sul fatto che non si verificheranno mai danni per questo motivo. Anche il tempo medio è importante perché nel caso di software in cui non sia vitale il rispetto di limiti temporali, ad esempio un word processor, sapere che nella maggior parte dei casi non supereremo un certo tempo può fare la differenza tra un software utilizzabile e uno che non lo è a causa di una latenza troppo lunga nell'esecuzione dei comandi.

3.7 Complessità e Olimpiadi

Possiamo ora rispondere alla domanda "A cosa serve conoscere la teoria della complessità computazionale per le gare delle Olimpiadi?". Come spiegato al capitolo 2 ogni problema definisce chiaramente l'input e ne definisce il range in termini sia di valori che può assumere sia della dimensione massima e minima dell'insieme di dati da trattare. Quest'ultimo vincolo è molto importante perché ci permette di individuare, anche se in maniera non precisa, la classe di complessità a cui può appartenere l'algoritmo risolutivo. Cerchiamo di comprenderlo meglio con due esempi, tratti dagli esercizi delle territoriali 2011.

Nel problema *domino*, in cui bisogna stabilire la lunghezza massima di tessere che possono essere messe in sequenza dati alcuni vincoli, l'insieme N di tessere può al massimo essere 10. In questo caso è evidente che essendo l'input così piccolo anche una risoluzione che utilizza un algoritmo di tipo esponenziale risulta fattibile, in quanto anche se N fosse all'esponente di una funzione con una base piccola, il numero di calcoli sarebbe comunque praticabile. In realtà non ci interessa neppure sapere esattamente a quale classe appartenga l'algoritmo ideato, in quanto 10 è un numero davvero piccolo. Questo quindi ci permette ad esempio di implementare una soluzione a "forza bruta", che esplorerà tutti i possibili casi e troverà sicuramente la soluzione corretta, riducendo così lo sforzo di ideazione che avremmo dovuto fare se avessimo pensato di trovare algoritmi migliori (sempre che esistano).

Nel problema *nanga* invece il valore di N, che in questo caso rappresenta un insieme di misure, arriva a un massimo di 1000 e in questo caso è evidente che si può tranquillamente lavorare con un algoritmo di tipo quadratico, in quanto 1000 al quadrato è solo un milione, che è un insieme di operazioni che un calcolatore esegue agevolmente in un secondo, che solitamente è il tempo limite di esecuzione di un caso di test. Si vedrà nelle soluzioni proposte che per questo problema è possibile arrivare a algoritmi migliori, ma non è necessario proprio in quanto i dati del problema indicano che un algoritmo di tipo quadratico è sufficiente.

Capitolo 4

Vettori, ordinamento e ricerca

"Pur non conoscendo bene l'archivio, ne sapeva abbastanza per capire che era organizzato in maniera geniale. Se durante una seduta del Consiglio di Stato, o divvan, il visir ave-va bisogno di un documento o di un protocollo, per quanto lontano nel tempo o di natura incomprensibile, gli archivisti erano in grado di reperirlo nel giro di pochi minuti."

Jason Goodwin, "L'albero dei giannizzeri"

In questo capitolo verrà fatta una brevissima introduzione sui vettori e in particolare per la lo-ro implementazione in C e in C++ e poi verranno trattati i problemi di ordinamento e ricerca, che spesso appaiono come mattoncini fondamentali nella costruzione di algoritmi più complessi. Infine verranno affrontati due problemi delle selezioni territoriali per mostrare come utilizzare i concetti e le tecniche spiegate.

4.1   Vettori

Per introdurre i vettori partiamo da un esempio: se vogliamo sommare tra loro due numeri inseriti da un utente ci servono semplicemente tre variabili, due per l'input e una per l'output. Se invece gli elementi da sommare fossero un numero indeterminato, ma comunque di una certa grandezza, teoricamente potremmo ancora avere un insieme di variabili, una per ogni termine, ma in pratica questo approccio non sarebbe possibile (basta pensare a come verrebbe il codice se i numeri da inserire fossero 100, per rendersi facilmente conto che è così). In un contesto come questo i vettori vengono in aiuto al programmatore mettendo a disposizione una semplice struttura dati con le caratteristiche giuste per risolvere tutti i tipi di problemi in cui gli elementi da trattare sono in numero elevato.

Possiamo definire un vettore come un insieme di elementi omogenei tra loro che possono es-sere indirizzati singolarmente attraverso l'uso di un indice, come mostrato nell'esempio in figura 4.1

Si può pensare al vettore come ad un mobile con tanti cassetti: quando la mamma deve indi-carci in che cassetto si trova quella maglietta che ci piace tanto, individua la posizione con una frase del tipo "Cassettone verde terzo cassetto". In analogia con i vettori *Cassettone verde* indivi-dua il vettore (nell'esempio in figura si chiama V) e *terzo cassetto* individua la posizione esatta del cassetto a cui si riferisce (che sempre nell'esempio in figura è quello che contiene il numero 8). I vettori in C quindi sono come dei cassettoni: hanno un nome che li identifica, come una qualun-que variabile, e un indice che stabilisce a quale "cassetto" ci si vuole riferire. Come già detto gli elementi sono omogenei e quindi un vettore può contenere, ad esempio, o interi o caratteri, ma non contemporaneamente ambedue i tipi.

Riprendiamo l'esempio di partenza per scrivere un semplice programma che somma 10 interi forniti in input (in questo esempio il vettore non sarebbe necessario, però vedremo nel seguito esempi in cui è indispensabile).

```
int main()
{
```

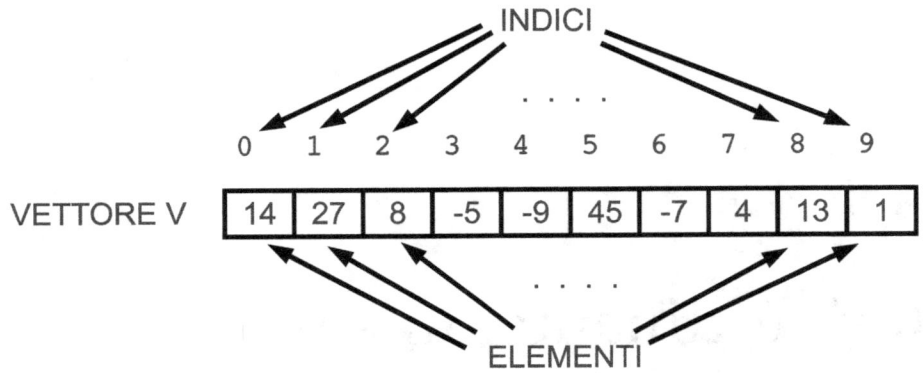

Figura 4.1: Vettore di 10 elementi

```
int V[10];      //dichiarazione del vettore
int i, somma = 0;
for (i = 0; i < 10; i++)    //lettura
    scanf(%d,&V[i]);
for (i = 0; i < 10; i++)    //somma
    somma += V[i];
printf(La somma vale: %d\n,somma);
return 0;
}
```

Il vettore, come i cassettoni, ha una sua dimensione definita, in questo caso 10, che deve essere specificata in modo tale che il compilatore la conosca a priori. Nell'esempio il vettore è allocato sullo *stack* essendo una variabile locale al *main*, nelle Olimpiadi invece è una buona idea dichiarare tutte le variabili significative come globali, per almeno due motivi:

1. se il vettore fosse molto grosso lo stack potrebbe non riuscire a contenerlo[1] e in questo caso il programma non riuscirebbe nemmeno a partire

2. avere le variabili globali rende molto più semplice l'utilizzo delle funzioni, non avendo il problema del passaggio dei parametri. Questo ovviamente contrasta con le buone pratiche di programmazione che in generale consigliano di minimizzare il numero di variabili globali, ma ricordo che le Olimpiadi hanno delle proprie caratteristiche che derivano dall'essere una gara e non un esercizio di ingegneria del software.

Nella dichiarazione viene indicato il tipo degli elementi che deve contenere, il nome e appunto la dimensione: nell'esempio mostrato si usa l'indice *i* per "muoversi" all'interno del vettore e l'utilizzo dell'indice deve essere fatto in modo tale da garantire che non assuma mai valori all'esterno di quelli consentiti nel vettore, in questo caso non dovrà mai essere minore di 0 e maggiore di 9, perché in C il primo elemento ha indice 0, come si vede in figura. Nell'eventualità che per un errore del programmatore l'indice dovesse assumere un valore non valido il compilatore non segnalerà l'errore e produrrà un programma funzionante, ma non corretto: nel migliore dei casi il programma crasherà, nel peggiore verrà eseguito producendo risultati non in linea con quanto atteso, poiché in generale il comportamento non sarà definito.

I vettori sono il caso unidimensionale di strutture di carattere più generale chiamate *matrici*, che al posto di una sola dimensione possono averne due, tre e oltre. Il comportamento è il medesimo, nel senso che, supponendo di avere una matrice bidimensionale, che è il caso di gran lunga più frequente, saranno necessari due indici per individuare un dato appartenente a essa: l'esempio più tipico, anche se banale, è quello del gioco della battaglia navale, dove utilizzando due coordinate è possibile individuare univocamente una casella della griglia.

---

[1]Normalmente nei sistemi Windows con le impostazioni di default del compilatore lo stack è di 4 MB

4.2   I vettori in C++

Chi utilizza il C++ ha un'altra possibilità, oltre a quella vista in precedenza, se vuole utilizzare dei vettori nel proprio programma ed è quella di avvalersi del contenitore *vector* della Libreria Standard. Lo stesso programma visto in precedenza riscritto in C++ utilizzando il contenitore *vector* risulterebbe così:

```cpp
#include <vector>
using namespace std;
int main()
{
    vector <int> V;      //dichiarazione del vettore
    int temp, somma = 0;
    for (int i = 0; i < 10; i++)     //lettura
    {
        in >> temp;
        V.push_back(temp);
    }
    for (i = 0; i < 10; i++)     //somma
        somma += V.at(i);
    cout << La somma vale:  << somma << endl;
    return 0;
}
```

Le differenze con i vettori del C sono:

- non c'è bisogno di stabilire in tempo di compilazione la dimensione del vettore, in quanto questo si "adatterà" in *runtime* per contenere il numero di elementi che vengono via via inseriti tramite il metodo *push_back* (ed eventualmente diminuirà la propria dimensione nel caso che vengano eliminati)

- per accedere tramite indice ai singoli elementi si usa il metodo *at*, che garantisce un controllo di accesso, generando un'eccezione nel caso che l'indice non abbia un valore valido, che può essere gestita oppure, se non viene gestita, fa abortire il programma.

- si potrebbe usare anche la notazione con le parentesi quadre, ma in questo modo si perde il controllo sul range dell'indice

- per usare i vettori del C++ bisogna includere la libreria *vector*

Queste caratteristiche sono state implementate dai progettisti della Libreria Standard per rendere il lavoro degli sviluppatori più semplice, evitandogli di doversi preoccupare della gestione della memoria e del controllo sugli indici e quindi sono un passo in avanti per quanto riguarda la scrittura di codice robusto e di facile manutenzione. Questo però si ottiene con un costo in termini di prestazioni in runtime, poiché vengono fatti alcuni controlli in maniera automatica che rallentano i tempi di esecuzione. In gare di informatica come quelle delle Olimpiadi non è quindi detto che sia conveniente usare questo tipo di vettori, ma i vantaggi derivanti dal loro utilizzo vanno valutati caso per caso. Nel seguito del manuale, quando verranno mostrate le soluzioni dei problemi si discuterà del perché scegliere l'uno piuttosto che l'altro e si vedrà che in alcuni casi è piuttosto indifferente.

4.3   Esempio: Ritrovo a Brambillia - territoriali 2006

In questo esempio è sufficiente l'utilizzo di vettori e matrici per arrivare alla soluzione e si può utilizzare un approccio semplice che si limita a fare dei calcoli, per poi trovare il minimo di un insieme di valori.

Ritrovo a Brambillia (brambillia)

Difficoltà D = 2.

Descrizione del problema

Nell'isola di Brambillia, vi sono N città numerate da 1 a N e collegate attraverso una ferrovia circolare, le cui tratte sono anch'esse numerate da 1 a N e possono essere percorse in entrambe le direzioni: la tratta ferroviaria j collega direttamente la città j alla città j+1 (e, percorsa nella direzione opposta, collega j+1 a j) dove j = 1, 2, ..., N-1; la tratta N collega la città N alla città 1 (e, percorsa nella direzione opposta, collega 1 a N). Il biglietto ferroviario per ciascuna tratta ha un costo prestabilito.

Date due qualunque città p e q, è possibile andare da p a q attraverso due percorsi ferroviari alternativi (ipotizzando che $1 \leq p < q \leq N$, un percorso attraversa le tratte p, p+1, ..., q-1 mentre l'altro attraversa, nella direzione opposta, le tratte p-1, p-2, ..., 1, N, N-1, ..., q; per andare da q a p, attraversiamo tali percorsi ma in direzione opposta). Il biglietto ferroviario per ciascuno dei percorsi ha un costo pari alla somma dei costi delle singole tratte che lo compongono.

Gli abitanti di Brambillia intendono utilizzare la ferrovia circolare per ritrovarsi in occasione della sagra annuale dell'isola e devono scegliere la città presso cui organizzare tale sagra minimizzando il costo totale dei biglietti. Per questo motivo hanno contato, per ogni città, quante persone vogliono parteciparvi, visto che è necessario acquistare un biglietto ferroviario per persona al costo descritto sopra (per gli abitanti della città che verrà scelta, il costo sarà nullo perché non dovranno prendere il treno). In base a tale conteggio, individuate la città in cui organizzare la sagra, tenendo presente che le persone possono giungervi attraverso uno dei due percorsi a loro disposizione nella ferrovia circolare.

Dati di input

Il file input.txt è composto da 2N+1 righe.

La prima riga contiene un intero positivo che rappresenta il numero N delle città.

Le successive N righe contengono ciascuna un intero positivo: quello nella j-esima di tali righe rappresenta il costo del biglietto ferroviario per la tratta j, dove $1 \leq j \leq N$.

Le ulteriori N righe contengono ciascuna un intero positivo o nullo: quello nella j-esima di tali righe è il numero delle persone della città j che intendono partecipare alla sagra, per 1 <= j <= N.

Dati di output

Il file output.txt è composto da una riga contenente un solo intero j che rappresenta la città j presso cui organizzare la sagra. Come osservato in precedenza, tale città rende minimo il costo totale, ottenuto sommando i costi dei biglietti ferroviari di tutti i partecipanti.

Assunzioni

$1 < N < 100$

I dati in input.txt garantiscono che la soluzione è unica (esiste una sola città in cui organizzare la sagra).

Esempi di input/output

File input.txt	File output.txt
4	4
45	
34	
18	
40	
3	
0	
4	
2	

Dalla lettura del testo la prima soluzione che viene in mente è quella di calcolare tutti i costi associati all'organizzazione della festa in ogni città e poi trovare tra questi costi il minimo. In questo caso si vede subito che la soluzione ha un costo di tipo quadratico, poiché per calcolare il costo per una singola città ho bisogno di N somme (di più poiché devo farlo anche in senso antiorario e poi scegliere il migliore, ma sappiamo che a noi interessa un costo approssimativo), siccome poi lo stesso calcolo lo devo ripetere per ogni città, quindi N volte, il costo totale sarà di tipo N^2. Si potrebbe pensare a qualche algoritmo più sofisticato, notando che sembra esserci un legame tra i calcoli fatti per ogni città, dal momento che i dati sono sempre gli stessi e cambia solo il punto dove vengono calcolati, ma il fatto che N sia limitato a un massimo di 100 ci assicura che un algoritmo quadratico sia più che sufficiente per risolvere il problema in un tempo accettabile. Quindi possiamo dare un'occhiata al codice scritto in C++, di semplice realizzazione e che richiede solo di porre attenzione nell'utilizzo degli indici e nel fatto che il vettore viene usato in maniera "circolare".

```
1   int N;
2   int abitanti[100];
3   int costi[100];
4   int spostamenti[100][100];
5   int orario[100];
6   int antiorario[100];
7   int costoSpostamento(int i)
8   {
9       int costo = 0;
10      for (int j = 0; j < N; j++)
11          costo += spostamenti[i][j]*abitanti[j];
12      return costo;
13  }
14  int main(int argc, char** argv)
15  {
16      ifstream in("input.txt");
17      ofstream out("output.txt");
18      in >> N;
19      for (int i=0; i < N; i++)
20          in >> costi[i];
21      for (int i=0; i < N; i++)
22          in >> abitanti[i];
23      for (int i=0; i < N; i++)
24      {
25          orario[i] = 0;
26          for (int j = 1; j < N; j++)
27              orario[(j+i)%N] = orario[((j+i)-1)%N] + costi[(j+i-1)%N];
28          antiorario[i] = 0;
29          for (int j = 1; j < N; j++)
30              antiorario[(j+i)%N] = antiorario[((j+i)-1)%N] + costi[(N - j + i)%N];
31          for (int j = 1; j < N; j++)
32              if (orario[(j+i)%N] < antiorario[(N-j+i)%N])
33                  spostamenti[i][(j+i)%N] = orario[(j+i)%N];
34              else
35                  spostamenti[i][(j+i)%N] = antiorario[(N-j+i)%N];
36      }
```

```
37 |     int minimo = costoSpostamento(0);
38 |     int citta = 0;
39 |     for (int j = 1; j < N; j++)
40 |         if (costoSpostamento(j) < minimo)
41 |         {
42 |             minimo = costoSpostamento(j);
43 |             citta = j;
44 |         }
45 |     out << citta + 1 << endl;
46 |     return 0;
47 | }
```

Le righe 16-30 servono per la lettura dell'input: vengono creati i due oggetti *in* e *out* per leggere e scrivere nei file (come già detto non viene fatto nessun controllo sull'effettiva apertura dei file), viene letto il numero *N* di città e con due cicli for vengono letti i valori dei costi e gli abitanti, inserendoli in vettori dallo stesso nome. Si noti che, come già indicato a a pagina 32, i vettori e le altre variabili sono dichiarati globalmente.

Le righe 32-45 si occupano di calcolare tutti i costi per spostarsi da una città *j* alla città *i* dove viene organizzata la festa e memorizzano i risultati nella matrice *spostamenti*, dove la riga *i*-esima contiene i costi di ogni città *j* per arrivare alla città *i*. Guardando il corpo del ciclo si vede che alla riga 34 viene messo a zero il costo per spostarsi da *i* a *i*, nel ciclo successivo vengono calcolati tutti costi per spostarsi in senso orario da *j* ad *i* e l'unica cosa da notare è l'uso che si fa dell'operatore % (modulo), che restituisce il resto della divisione per *N*. In questo modo quando l'indice del vettore raggiunge la fine, viene "automaticamente" riportato a zero per proseguire nei successivi passaggi. L'altra cosa interessante è che per calcolare il costo per spostarsi da *j* a *i* viene sommato il costo per spostarsi da *j-1* a *i* (calcolato al giro precedente) con il costo per spostarsi da *j* a *j-1* (che è un dato), evitando in questo modo di doversi ricalcolare ogni volta le somme intermedie.

Le righe 37-39 fanno la stessa cosa per il calcolo in senso antiorario e le righe 40-44 trovano per ogni città se convenga spostarsi in senso orario o antiorario e memorizzano il percorso migliore nella matrice *spostamenti*.

A questo punto viene utilizzata la funzione *costoSpostamento* che calcola il costo per l'organizzazione della festa nella città *i*-esima facendo la somma dei valori calcolati in precedenza, pesandoli con il numero di abitanti che si trovano in ogni città (la "pesatura" poteva essere fatta anche in precedenza, senza nessuna modifica nelle prestazioni del programma).

Infine le righe 47-52 scorrono tutte le città e memorizzano la posizione dove si trova la città in cui si ha il costo minimo (l'inizializzazione del valore di minimo avviene alla riga 45, dandogli il costo per organizzare la festa nella città 0). Da notare che alla riga 53 al valore della città viene sommato 1, poiché il testo prevedeva che le città fossero numerate da 1 a N e non da 0 a N-1 come viene più naturale in C/C++ e come è stato fatto nella soluzione del problema: attenzione quindi a leggere attentamente il testo del problema per evitare errori che potrebbero comportare una penalizzazione: in questo caso se non si fosse sommato 1 si sarebbero persi tutti i punti.

4.4 L'ordinamento

Il problema dell'ordinamento è un problema vitale in informatica e, anche se magari non è così evidente, la maggior parte dei programmi che utilizziamo eseguono continuamente degli ordinamenti sui propri dati: per fare degli esempi banali basta pensare ai migliori punteggi di un videogioco (ordinati dal più grande al più piccolo), ai nomi nella rubrica del cellulare (ordinati per lettera crescente), ai messaggi su Facebook (ordinati per data dai più recenti ai più vecchi, almeno penso sia così perché non ho un profilo Facebook) e si potrebbe continuare anche con esempi molto meno familiari ma anche più importanti e complessi. Anche per un non informatico il significato del termine *ordinamento* è abbastanza scontato e intuitivamente potrebbe essere definito come l'operazione di spostare gli elementi di una sequenza in modo tale che rispettino una certa condizione d'ordine, cioè che un elemento sia minore (o maggiore) dell'elemento che lo precede e maggiore (o minore) dell'elemento che lo segue.

Da quando è nata l'informatica intesa come tecnologia per la gestione dei dati, i teorici hanno studiato via via algoritmi sempre più intelligenti che permettessero di ordinare i dati in tempi minori e con basso consumo di memoria. In qualsiasi corso di informatica vengono studiati gli algoritmi standard di ordinamento, i cui nomi (*bubble-sort, selection-sort, insertion-sort, quick-sort* e altri) sono noti ad ogni informatico che si rispetti.

In questo manuale non verranno spiegati questi algoritmi (per approfondimenti si veda la bibliografia 11.4), ma verranno fatte delle considerazioni generali valide per l'utilizzo di questi algoritmi in gara, considerato che molti problemi hanno l'ordinamento come parte della propria strategia risolutiva (si pensi, ad esempio, ai problemi a cui bisogna applicare un algoritmo *greedy*, dove uno dei passi da fare è di ordinare l'input secondo un qualche criterio).

Dovendo quindi usare un ordinamento durante un problema di gara una soluzione potrebbe essere quella di utilizzare un algoritmo scritto "al volo"; questo però comporterebbe principalmente tre tipi di problemi:

- perdita di tempo per la scrittura dell'algoritmo (anche il più semplice degli algoritmi di ordinamento richiede qualche minuto per essere implementato)

- semplicità dell'algoritmo implementato: probabilmente si ricadrebbe sull'algoritmo *bubble-sort*, che è molto semplice da implementare correttamente, ma ha delle prestazioni non buone, di tipo $O\left(N^2\right)$

- possibilità di commettere degli errori: anche un algoritmo semplice come il *bubble-sort* può comunque essere soggetto a errori di implementazione, dove un algoritmo come il *quicksort* ha sicuramente buone probabilità di essere scritto male, soprattutto in un contesto come quello delle gare dove si ha poco tempo a disposizione e si è sotto tensione

Utilizzare invece le funzioni di libreria permette di evitare questi problemi, al solo costo di impararne il funzionamento.

4.4.1 La funzione *qsort* in C

Nel linguaggio C è presente la funzione *qsort* di libreria che permette di ordinare un vettore di elementi a un costo $O(N \log N)$, che quindi è sicuramente buono in termini di prestazioni.

La funzione ha il seguente prototipo:

```
int qsort(void *v, size_t dimV, size_t dimE,
    int (*cmp)(const void *a,const void *b))
```

dove *v* è l'indirizzo del vettore da ordinare, *dimV* è la dimensione del vettore, *dimE* è la dimensione di un singolo elemento del vettore[2] e *cmp* è la funzione che contiene il criterio con cui si può dire che un elemento è minore, maggiore o uguale di un altro. La funzione è progettata per poter agire su vettori contenenti qualsiasi tipo di dato, anche quelli definiti dal programmatore, ad esempio attraverso delle strutture, e quindi la sua interfaccia deve essere sufficientemente generica per poterlo permettere.

Come primo esempio supponiamo di voler ordinare un vettore di 10 interi: in questo caso la chiamata alla funzione *qsort*, supponendo che il vettore si chiami appunto *vettore*, sarà la seguente:

```
qsort(vettore,10,sizeof(int),cmp);
```

Ovviamente per realizzare l'ordinamento dovrà essere definita la funzione *cmp*[3], che risulta essere la parte più "complicata". La funzione *cmp* deve comportarsi come la funzione *strcmp* di confronto tra stringhe nel C, cioè dovrà restituire un valore positivo se il primo elemento da confrontare è maggiore del secondo, minore di zero se il primo elemento è minore del secondo e uguale a zero se i due elementi sono uguali. In questo caso la funzione *cmp* dovrà essere così definita:

```
int cmp(const void *a, const void *b)
{
    int primo = *(int *)a;
    int secondo = *(int *)b;
```

---

[2]Di solito si preferisce usare l'operatore *sizeof* applicato al tipo di dato piuttosto che mettere direttamente il numero di byte, per motivi di portabilità e di leggibilità. Ad esempio se gli elementi fossero di tipo intero si userebbe *sizeof*(int) e non 4 (che è la dimensione degli interi per i compilatori moderni su architetture a 32 bit).

[3]Il nome della funzione è chiaramente libero, basta che venga definita e chiamata in *qsort* allo stesso modo.

```
    if (primo > secondo) return 1;
    if (primo < secondo) return -1;
    return 0;
}
```

Come si può facilmente notare la funzione fa esattamente quanto detto in precedenza; qualche difficoltà di interpretazione la potrebbero dare le prime due righe, che in effetti non fanno altro che assegnare i valori degli interi da confrontare alle variabili *primo* e *secondo*, attraverso l'operatore di casting e la dereferenziazione dei puntatori.

Se il vettore fosse ad esempio un vettore di *double* basterebbe sostituire alla parola *int* la parola *double* e tutto funzionerebbe senza altre modifiche. Se poi si volesse ordinare in ordine discendente anziché ascendente basterebbe "invertire" la definizione della funzione *cmp*.

Cosa succede se invece di voler ordinare un vettore formato da tipi predefiniti (int, float, double, ecc.) ci fosse l'esigenza di ordinare un vettore di strutture dati costruite ad hoc per il programma? In realtà le modifiche da fare sono minime, una volta capito come funziona *qsort* e la funzione di comparazione. Se ad esempio fosse stata definita una struttura per contenere i dati di peso e altezza di una persona in questo modo

```
struct persona{
    int peso;
    int altezza;
};
```

allora la chiamata di *qsort* risulterebbe fatta in questo modo

```
qsort(vettore,10,sizeof(persona),cmp);
```

e la funzione di comparazione avrebbe questa dichiarazione

```
int cmp(const void *a, const void *b) {
    persona primo = *(persona *)a;
    persona secondo = *(persona *)b;
    if (primo.peso > secondo.peso) return 1;
    if (primo.peso < secondo.peso) return -1;
    if (primo.altezza > secondo.altezza) return 1;
    if (primo.altezza < secondo.altezza) return -1;
    return 0;
}
```

Per come è definita *cmp* l'ordinamento avverrebbe prima in ordine di peso e nel caso di persone con lo stesso peso in ordine di altezza. É quindi evidente che l'ordine viene indotto dalle scelte fatte dal programmatore quando implementa la funzione di comparazione: in questo esempio si sarebbe ad esempio potuto ordinare prima per altezza e poi per peso semplicemente scambiando l'ordine delle istruzioni in modo opportuno.

4.4.2 L'algoritmo sort in C++

Anche il C++ ha nelle sue librerie standard una funzione per l'ordinamento, anche se è sempre possibile utilizzare il *qsort* del C. L'algoritmo di ordinamento del C++ si chiama *sort* ed è definito come un template di funzione, cosa che gli permette di adattarsi al tipo di dati su cui va ad operare, a patto che sia definito l'operatore < oppure si fornisca una funzione di comparazione nel caso di strutture o classi definite dall'utente (come succedeva per il *qsort* in C).

Riprendendo l'esempio del paragrafo precedente in cui si vuole ordinare un vettore di interi, vediamo la chiamata di *sort* per ordinare utilizzando il contenitore standard *vector*[4]per contenere gli interi

```
vector <int> vettore;
...
sort(vettore.begin(),vettore.end());
```

---

[4]I contenitori standard sono uno degli strumenti che permettono la programmazione generica in C++ e possono essere molto utili in vari contesti di programmazione. Se non se ne conosce il funzionamento è comunque sempre possibile utilizzare, nelle gare di informatica, i vettori "classici", che in alcuni casi potrebbero anche essere più efficienti.

Come si vede il codice tende ad essere ancora più corto della versione in C, in quanto *sort* non necessita di definire la funzione di comparazione per gli interi. Come parametri della funzione vengono passati due iteratori, all'inizio e alla fine della sequenza, e quindi l'ordinamento avviene tra questi due punti. Sarebbe possibile, come conseguenza del fatto che vengono passati due iteratori, ordinare una sottosequenza del vettore, passando iteratori diversi dall'inizio e dalla fine delle sequenza. Ad esempio in questo modo

```
vector <int>::iterator a=vettore.begin();
a = a + 5;
sort(a,vettore.end());
```

verrebbero ordinati gli elementi compresi tra il sesto e la fine del vettore (questa cosa si può fare anche con il *qsort* del C, a patto di passargli i parametri opportuni di inizio del vettore e di numero di elementi da ordinare).

Se si avesse invece l'esigenza di ordinare un vettore "classico" di interi (quindi non un *vector* del C++) l'unica modifica da fare sarebbe quella di indicare, al posto degli iteratori, l'indirizzo di memoria iniziale del vettore e l'indirizzo di memoria iniziale più il numero di elementi da ordinare in questo modo:

```
int vettore[10];
...
sort(vettore,vettore + 10);
```

Se infine, come visto anche per il *qsort*, si dovesse ordinare un vettore di classi o strutture definite dal programmatore, bisognerebbe procedere in uno dei due modi seguenti:

- definire una funzione di comparazione, in maniera simile a quanto visto nel paragrafo precedente

- definire, tramite *operator overloading*, l'operatore < per la propria classe o struttura

Usando la prima possibilità la funzione deve essere definita in modo da restituire un booleano e avere come parametri due oggetti del tipo che si intende ordinare.

```
bool cmp(const persona& a,const persona& b)
{
    if (a.peso > b.peso) return false;
    if (a.peso < b.peso) return true;
    if (a.altezza > b.altezza) return false;
    if (a.altezza < b.altezza) return true;
    return true;
}
```

A seconda poi del codice contenuto nella funzione l'ordinamento avverrà di conseguenza e verrà chiamata nel seguente modo:

```
sort(vettore.begin(),vettore.end(),cmp);
```

Se si volesse invece utilizzare l'*operator overloading* la classe o la struttura verrà modificata in modo da aggiungere l'overloading dell'operatore <, come segue

```
struct persona{
    int peso;
    int altezza;
    //Ordina per peso, in caso di pesi uguali ordina per altezza
    bool operator<(const persona& b)const
    {
        if (peso > b.peso) return false;
        if (peso < b.peso) return true;
        if (altezza > b.altezza) return false;
        if (altezza < b.altezza) return true;
        return true;
    }
};
```

e la chiamata della funzione *sort* sarà poi uguale a quello del primo esempio, poiché a questo punto il tipo persona sarà trattato, per quanto riguarda l'ordinamento, come un tipo predefinito.

4.5 Esempio: Teste di serie - territoriali 2006

In questo esempio grazie all'ordinamento rendiamo facile e veloce da implementare un problema che risolto in altri modi risulterebbe complesso e probabilmente scarsamente efficiente.

Teste di serie (serie)

Difficoltà D = 2.

Descrizione del problema

Un torneo è composto da K gironi, con N squadre partecipanti in ciascun girone (per un totale di KxN squadre nel torneo). Dopo le eliminatorie, passa soltanto la prima classificata di ogni girone.

A ogni squadra è associato un "coefficiente di bravura", ovvero un intero positivo che è tanto maggiore quanto più la squadra è forte. Per rendere più vivace il torneo, gli organizzatori vogliono far gareggiare le squadre più forti tra loro soltanto dopo le eliminatorie: in altre parole, le K squadre con i coefficienti di bravura più alti devono giocare in gironi distinti.

Aiutate gli organizzatori a verificare che la composizione del torneo rispetti il loro volere: prese le K squadre con il più alto coefficiente di bravura, ciascun girone deve contenere esattamente una di esse (da notare che due o più squadre possono avere lo stesso coefficiente).

Dati di input

Il file input.txt è composto da K+1 righe.

La prima riga contiene due interi positivi separati da uno spazio: il numero K di gironi e il numero N di squadre per girone.

Le successive K righe contengono i coefficienti di bravura delle squadre: la j-esima di tale righe contiene N interi positivi separati da uno spazio che sono i coefficienti di bravura delle N squadre nel j-esimo girone, per $1 \leq j \leq K$.

Dati di output

Il file output.txt è composto di una riga contenente un solo intero: 1 se il torneo rispetta i vincoli imposti dagli organizzatori, 0 altrimenti.

Assunzioni

$1 < N \leq 100$ $1 < K \leq 100$

Esempi di input/output

File input.txt	File output.txt
3	0
4	
3	
5	
7	
9	
3	
6	
78	
90	
43	
78	
71	
32	

File input.txt	File output.txt
3	1
4	
2	
2	
2	
1	
2	
1	
3	
1	
2	
4	
2	
1	

La prima idea che può venire in mente guardando questo problema è quella di trovare le prime K squadre all'interno di tutte le squadre del torneo e confrontare poi se ogni girone contiene una di queste squadre. In realtà l'approccio così descritto può funzionare solo se vengono gestite correttamente alcune situazioni

- quando trovo una delle K teste di serie all'interno di un girone devo "eliminarla" e non posso più usarla per cercarla all'interno dei rimanenti gironi, altrimenti potrebbe succedere che ogni squadra contenga una testa di serie, ma in realtà sia la stessa contata più volte, violando le regole del torneo

- non basta che cerchi una corrispondenza tra una delle K teste di serie e una squadra del girone, ma devo cercare una corrispondenza con la squadra più forte del girone

Quest'ultima osservazione, unita ad un uso intelligente delle funzioni di ordinamento, permette di seguire un procedimento semplice, elegante ed efficiente che porta alla soluzione del problema. Se prendo le K teste di serie del torneo e le inserisco ordinate in un vettore e prendo le migliori squadre di ogni girone e le inserisco anch'esse in un vettore ordinato, questi due vettori o sono uguali e quindi la condizione di correttezza del torneo è rispettata, perché le K teste di serie sono una per girone, oppure sono diversi e quindi la condizione di correttezza del torneo non è rispettata.

```
1   int N,K;
2   int testeDiSerie[100];
3   int squadre[10000];
4
5   int main()
6   {
7       ifstream in("input.txt");
8       ofstream out("output.txt");
9       in >> K >> N;
10      int cont = 0;
11      for (int i=0; i < K; i++)
12      {
13          int temp,testa;
14          in >> temp;
15          testa = temp;
16          squadre[cont] = temp;
17          cont++;
18          for (int j=1; j < N; j++)
19          {
20              in >> temp;
21              if (temp > testa)
```

```
22              testa = temp;
23              squadre[cont] = temp;
24              cont++;
25          }
26          testeDiSerie[i]=testa;
27      }
28      sort(squadre,squadre + K*N);
29      sort(testeDiSerie,testeDiSerie + K);
30      int ok = 1;
31      for (int i = 0; i < K; i++)
32          if(squadre[K*N - i - 1]!=testeDiSerie[K - i -1])
33              ok = 0;
34      out << ok << endl;
35      return 0;
36  }
```

Vediamo quindi l'implementazione della soluzione: nelle righe 7-9 vengono letti il numero di gironi e di squadre e nelle righe 11-27 oltre a leggere i valori di tutte le squadre con due cicli *for*, quello più esterno per i K gironi e quello più interno per le N squadre di ogni girone, si mettono direttamente le squadre più forti di ogni girone nel vettore *testeDiSerie*. Questo obbiettivo lo si raggiunge facilmente con la ricerca del massimo sul vettore: la riga 15 inizializza il massimo mettendo il valore della prima squadra letta nella variabile *testa*, poi il ciclo *for* scandisce tutte le altre squadre, sostituendo eventualmente il nuovo massimo trovato.

Alla fine di queste operazioni abbiamo quindi due vettori, *squadre* che contiene tutte le squadre del torneo e *testeDiSerie* che contiene le K migliori squadre di ogni girone. A questo punto per verificare la condizione di coi sopra dobbiamo ordinare i due vettori e verificare che i primi K elementi di *squadre* siano uguali ai K elementi di *testeDiSerie* ed essendo i due vettori ordinati basta scorrerli sequenzialmente. Le righe 28-29 ordinano i vettori utilizzando la funzione *sort*, le righe 30-33 scorrono in maniera parallela i due vettori per vedere se sono uguali: nel caso anche un solo elemento sia diverso, il flag *ok* viene portato a 0 e la condizione non risulta soddisfatta.

4.6 La ricerca

Solitamente quando si parla di ricerca all'interno di un vettore il modello più semplice a cui si fa riferimento è quello di trovare se un certo elemento appartiene o meno al vettore. Esistono ovviamente altri tipi di ricerca (ricerca del massimo, ricerca dell'elemento n-esimo, ricerca dei valori all'interno di un certo range), ma in una certa misura quello che verrà detto per la ricerca di un elemento può essere adattato per altri problemi.

Dovendo trovare all'interno di un vettore se un elemento è presente o meno il primo algoritmo che viene in mente è quello chiamato *ricerca sequenziale*, che non fa altro che scorrere tutto il vettore finché o trova l'elemento cercato[5] oppure arriva alla fine del vettore. Dalla definizione dell'algoritmo ne consegue direttamente che:

- se l'elemento è presente verrà sicuramente trovato

- se l'elemento non è presente sarà necessario scorrere tutto il vettore

Questo algoritmo si implementa con un semplice ciclo che scorre tutti gli elementi del vettore dall'inizio alla fine e per ogni elemento controlla se è uguale all'elemento cercato: in caso positivo esce dal ciclo e comunica l'esito positivo, in caso negativo prosegue sul prossimo elemento. Se il ciclo viene concluso si comunica l'esito negativo della ricerca.

Il costo medio di questo algoritmo è di tipo lineare, in particolare:

- la ricerca con successo ha costo $\frac{N}{2}$, poiché a volte l'elemento cercato si troverà verso l'inizio, altre volte verso il fondo, altre volte verso il centro e quindi mediamente si può dire che il costo sarà la metà della lunghezza del vettore.

---

[5]Si può supporre che ogni elemento compaia una sola volta nel vettore senza ledere alla generalità del problema.

- la ricerca senza successo ha costo N, poiché come detto bisogna scorrere l'intero vettore prima di affermare che l'elemento non è presente.

In generale questo costo è accettabile, anche perché spesso la ricerca è l'ultimo passaggio nella soluzione, come si è visto nell'esempio 4.3 (anche se in quel caso è la ricerca di un minimo, il costo è sempre lineare) e quindi da un punto di vista computazionale è praticamente indifferente per il costo totale del problema.

Se invece la ricerca fosse la parte più costosa della soluzione esiste un algoritmo efficiente che permette di passare da un costo lineare a uno logaritmico (che ai fini pratici non è molto diverso da un costo costante) e che si chiama *ricerca binaria* o *dicotomica*. Questo algoritmo per poter essere applicato ha come precondizione l'ordinamento del vettore in cui cercare, quindi può essere applicato solo a vettori ordinati. La conseguenza di questa precondizione è che l'applicazione della ricerca binaria non sempre è conveniente, ma dipende dal tipo di problema: se il vettore in cui devo cercare mantiene il suo contenuto pressoché costante nel tempo e devo effettuare tante ricerche, allora ha senso ordinarlo una volta per poi fare tutte le successive ricerche con la tecnica dicotomica, perché il tempo "perso" dall'ordinamento viene ripagato dal tempo "risparmiato" nella ricerca. Se viceversa il contenuto del vettore cambia spesso allora il costo per mantenere il vettore ordinato potrebbe facilmente sovrastare il vantaggio della ricerca binaria.

Chiariti quindi i contesti nei quali utilizzarlo, diamone una semplice descrizione[6]. L'idea è semplice e, anche se non proprio nella stessa forma, è quella che utilizziamo quando cerchiamo un nome all'interno della guida del telefono[7] Essendo i nomi ordinati non partiamo dal primo nome e li scorriamo ad uno a uno, ma andiamo in un certo punto e vediamo se il nome che cerchiamo si trova prima o dopo rispetto al primo nome della pagina aperta. Quindi cercheremo a destra o a sinistra a seconda che il nome cercato sia prima o dopo a quello della pagina dove ci troviamo, reiterando il procedimento nello stesso modo finché troveremo il numero cercato (oppure troveremo che il nome non è presente). L'implementazione in un programma per computer prevede gli stessi passi, di seguito brevemente riassunti:

1. imposto l'intervallo di ricerca a tutto il vettore

2. calcolo la posizione centrale dell'intervallo

3. se l'elemento in posizione centrale è uguale all'elemento cercato ritorno l'esito positivo

4. se l'elemento cercato è minore dell'elemento centrale, imposto il nuovo intervallo di ricerca che sarà la prima metà dell'intervallo precedente e reitero dal passo 2

5. se l'elemento cercato è maggiore dell'elemento centrale, imposto il nuovo intervallo di ricerca che sarà la seconda metà dell'intervallo precedente e reitero dal passo 2

6. se gli indici inferiori e superiore dell'intervallo a un certo punto sono "invertiti" l'elemento non è presente nel vettore

Pur essendo un algoritmo apparentemente semplice, l'implementazione durante una gara potrebbe dare dei problemi: anche in questo caso, se usiamo il C o il C++, ci vengono in soccorso le librerie standard con l'algoritmo *bsearch* nel caso del C e con *binary_search* nel caso del C++. La funzione *bsearch* può essere usata come nel listato sottostante, che si trova in ricerca.c

```
1  int vettore[10];
2  int cmp(const void *a, const void *b)
3  {
4      return *(int *)a - *(int *)b;
5  }
6  int main()
7  {
8      int i,n;
```

---

[6]L'algoritmo di ricerca binaria è uno dei più trattati nei libri di testo, si rimanda ad esempio al libro di J. Bentley in appendice.

[7]Spero che l'esempio sia comprensibile perché non so quanti ancora cerchino i numeri all'interno della guida telefonica a parte me.

```
9    for (i=0; i<10; i++)
10        vettore[i] = rand()%100;
11    qsort(vettore, 10, sizeof(int), cmp);
12    for (i=0; i<10; i++)
13        printf("%d\n",vettore[i]);
14    printf("Inserisci il numero da cercare (-1 per terminare): \n");
15    scanf("%d",&n);
16    while (n != -1)
17    {
18        int *cercato;
19        cercato = (int*) bsearch (&n, vettore, 10, sizeof (int), cmp);
20        if (cercato!=NULL)
21            printf ("Trovato %d.\n",*cercato);
22        else
23            printf ("Non trovato.\n");
24        printf("Inserisci il numero da cercare (-1 per terminare): \n");
25        scanf("%d",&n);
26    }
27 return 0;
28 }
```

Alla riga 11 viene effettuato l'ordinamento del vettore come già visto nel paragrafo 4.4.1, successivamente la ricerca avviene alla riga 19, dove la funzione *bsearch* ritorna un puntatore all'elemento trovato (o NULL se l'elemento non è stato trovato) e ha bisogno di 4 parametri:

- un puntatore all'elemento da cercare (&n)

- il vettore in cui cercare (vettore)

- la lunghezza del vettore (10)

- la dimensione degli elementi del vettore (sizeof(int))

- la funzione di comparazione degli elementi, come già visto per il qsort (cmp)

La funzione *binary_search* del C++ è ancora più semplice da utilizzare, come si vede dal listato seguente, che si trova nel file *ricerca.cpp*

```
1  vector <int> vettore;
2  int main()
3  {
4      int n;
5      for (int i=0; i<10; i++)
6          vettore.push_back(rand()%100);
7      sort(vettore.begin(),vettore.end());
8      for (int i=0; i<10; i++)
9          cout << vettore.at(i) << endl;
10     cout << "Inserisci il numero da cercare (-1 per terminare): " << endl;
11     cin >> n;
12     while (n!= -1)
13     {
14         if (binary_search(vettore.begin(), vettore.end(),n))
15             cout << "Trovato " << n << endl;
16         else
17             cout << "Non trovato" << endl;
18         cout << "Inserisci il numero da cercare (-1 per terminare): " << endl;
19         cin >> n;
20     }
21 return 0;
22 }
```

In questo caso la funzione usata alla riga 14 ritorna TRUE se l'elemento è stato trovato, FALSE altrimenti e come parametri vuole un iteratore all'inizio e alla fine del vettore e l'elemento da cercare. Nel caso non fosse definito l'operatore di < per il confronto tra gli elementi sarebbe necessario o ridefinire l'operatore < o creare una funzione di confronto come visto al paragrafo 4.4.2 per l'ordinamento.

Va infine detto che l'idea che sta alla base della ricerca binaria non ha come campo di applicazione solo la ricerca di un elemento all'interno di un vettore ordinato, ma può utilmente essere usata per trovare velocemente un valore all'interno di un certo range che soddisfa qualche proprietà, a patto che questa proprietà possa essere confrontata e che vari in maniera crescente o decrescente all'interno del range (vedi ad esempio il problema 10.2).

Capitolo 5

Algoritmi greedy

"I want it all, I want it all, I want it all, and I want it now"

Queen

In questo capitolo ci si occuperà di una tecnica di risoluzione dei problemi nota come tecnica *greedy* (avido in italiano), che, laddove sia possibile applicarla, porta a una soluzione efficiente del problema, scegliendo ad ogni passo la soluzione migliore possibile fino ad arrivare all'ottimo per il problema di partenza.

5.1 Problemi greedy

L'idea alla base di questa tecnica, che ne costituisce anche il requisito per la sua applicabilità, è che il problema possa essere risolto facendo di volta in volta la scelta migliore localmente e che questa serie di scelte migliori locali, cioè dipendenti solo da quello che si sa al momento della scelta, si rifletta alla fine nella soluzione migliore possibile. Cerchiamo di chiarire con un esempio: supponiamo di dover comprare su Internet dei biglietti per un concerto e che vari siti di vendita vendano gli stessi biglietti a prezzi diversi. Se devo comprare N biglietti cercherò di comprarli dove costano meno, applicando questo semplice algoritmo:

1. scelgo il sito dove i biglietti costano meno

2. compro tutti i biglietti disponibili su quel sito per arrivare ad avere N biglietti

    (a) se sono arrivato a N ho finito

    (b) se non ho ancora N biglietti torno al punto 1 e ripeto il procedimento

Dovrebbe essere evidente che il costo totale per l'acquisto degli N biglietti sarà il minimo possibile, non avendo nessuna convenienza a scegliere i biglietti partendo da un sito in cui il costo non sia il minimo. Quindi viene fatta una scelta locale (prendo tutti i biglietti sul sito che in quel momento costa meno) e ottengo la migliore soluzione globale possibile (pago l'insieme degli N biglietti al prezzo più basso possibile). Inoltre è anche possibile vedere che in questo algoritmo è anche presente un ordinamento, poiché ci si troverà a comprare partendo dal sito meno costoso a quello più costoso fino a quando non si avranno tutti gli N biglietti.

Sembra quindi che questa tecnica sia semplice e inoltre molto efficiente, in quanto il costo più grosso è quello dell'ordinamento che, come già visto al paragrafo 4.4, ha un costo di tipo $N \log N$ e poi in genere si scorre il vettore ordinato. Questo è vero, ma il problema è che bisogna essere sicuri che la tecnica *greedy* possa essere applicata, cosa che è vera solo per alcuni problemi (in molti altri problemi la migliore scelta locale porta a una soluzione globale che è un sub-ottimo, cioè è meno buona di quanto si potrebbe ottenere con altre tecniche, ad esempio con la programmazione dinamica 7).

5.2 Esempio: Giri sulla scopa Nimbus3000 - territoriali 2007

Questo esempio a una prima lettura può sembrare più complicato di quello che è in realtà, poiché non è così chiaro se una scelta locale ottima porta alla soluzione ottima del problema: in realtà questo avviene e nella spiegazione successiva si vedrà perché.

Giri sulla Scopa Nimbus3000 (nimbus)

Difficoltà D = 2 (tempo limite 1 sec).

Descrizione del problema

Al celebre maghetto Harry Potter è stata regalata una scopa volante modello Nimbus3000 e tutti i suoi compagni del Grifondoro gli chiedono di poterla provare. Il buon Harry ha promesso che nei giorni a venire soddisferà le richieste di tutti, ma ogni ragazzo è impaziente e vuole provare la scopa il giorno stesso. Ognuno propone ad Harry un intervallo di tempo della giornata durante il quale, essendo libero da lezioni di magia, può fare un giro sulla scopa, e per convincerlo gli offre una fantastica caramella Tuttigusti+1. Tenendo presente che una sola persona alla volta può salire sulla Nimbus3000 in ogni istante di tempo, Harry decide di soddisfare, tra tutte le richieste dei ragazzi, quelle che gli procureranno la massima quantità di caramelle (che poi spartirà coi suoi amici Ron e Hermione). Aiutalo a trovare la migliore soluzione possibile.

Dati di input

Il file input.txt contiene nella prima riga un intero positivo N, che indica il numero di richieste, che sono numerate da 1 a N. Ognuna delle successive N righe contiene una coppia di interi. Ciascuna di tali righe contiene una coppia di interi positivi A e B, separati da uno spazio, a rappresentare la richiesta di poter utilizzare la scopa dall'istante iniziale A fino all'istante finale B, in cambio di una caramella (dove A < B). A tal fine, il tempo è diviso in istanti discreti numerati a partire da 1 in poi.

Dati di output

Il file output.txt è composto da una riga contenente un solo intero, che rappresenta il massimo numero di caramelle che Harry può ottenere.

Assunzioni

1 < N < 1000 Gli interi nelle N coppie sono distinti l'uno dall'altro (non esistono due interi uguali, anche in coppie diverse).

Esempi di input/output

File input.txt	File output.txt
5 1 5 3 7 9 11 10 12 6 13	2

Volendo affrontarlo con una soluzione di tipo *greedy* verrebbe da ordinare gli intervalli o per il numero di inizio o per quello di fine. Una volta fatto questo si potrebbe procedere nel seguente modo:

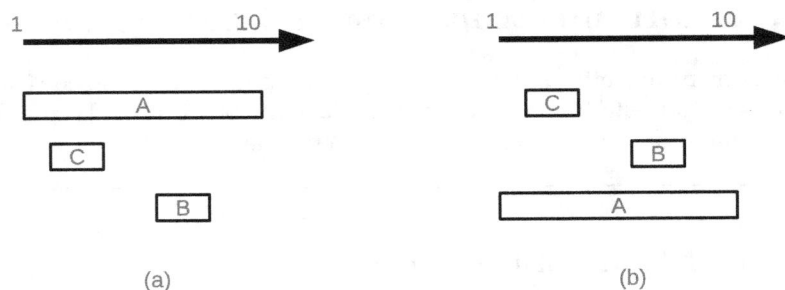

(a)   (b)

Figura 5.1: Ordinamento per istante di inizio (a) e per istante di fine (b)

1. prendo il primo intervallo e memorizzo il numero di fine in una variabile, ad esempio *fine_attuale*

2. se l'intervallo successivo ha un inizio maggiore del numero memorizzato in *fine_attuale* aumento il contatore di caramelle e memorizzo la nuova fine in *fine_attuale*

3. viceversa se l'intervallo successivo ha un inizio minore del numero memorizzato in *fine_attuale* non posso prenderlo perché ci sarebbe una sovrapposizione nell'utilizzo della Nimbus 3000 e quindi non faccio niente

4. ripeto dal punto 1 fino a quando ho guardato tutti gli intervalli

Scegliendo di ordinare per numero di inizio si può vedere con un semplice esempio che le migliori scelte locali non permetterebbero di arrivare alla soluzione corretta. Supponendo infatti di avere tre intervalli, A(1,10), B(6,8) e C(2,4), l'ordinamento ci porterebbe nella situazione A, C, B, come si vede in figura 5.1 (a) e quindi, una volta scelto l'intervallo A, non potremmo più prendere né B né C, trovandoci con una sola caramella anziché con due, che si vede essere la soluzione migliore.

Ordinando per istante di fine sembra invece funzionare, poiché in questo caso gli intervalli risultano essere C, B, A e questo permette di prendere i due intervalli C e B e trascurare A, arrivando alla soluzione corretta. Basta questo esempio per stabilire che l'approccio *greedy* è corretto? No, però da questo esempio possiamo trarre una giustificazione che, almeno intuitivamente, sembra funzionare. Se di volta in volta scegliamo l'intervallo compatibile con le scelte precedenti e avente l'istante di fine minore, non è possibile trovare successivamente un intervallo che abbiamo scartato e che invece sarebbe stato meglio scegliere perché:

- nella migliore delle ipotesi si sostituirebbe all'intervallo precedente, non migliorando il numero di caramelle, ma peggiorando l'istante di fine e quindi potenzialmente peggiorando il numero di intervalli futuri da prendere

- nella peggiore potrebbe, a causa della sua lunghezza, eliminare intervalli già presi in precedenza (come ad esempio prendendo l'intervallo A di figura 5.1) e quindi peggiorare il numero di caramelle e potenzialmente peggiorare anche il numero di caramelle da prendere negli intervalli futuri.

Una volta verificata l'applicabilità della tecnica, l'implementazione dell'algoritmo è piuttosto immediata.

```
struct Intervallo
{
    int inizio, fine;
};

bool compare_intervalli(const Intervallo &a, const Intervallo &b)
{
    if (a.fine < b.fine)
        return true;
    else
```

```
11          return false;
12  }
13
14  int N;
15  Intervallo giri[1000];
16
17  int main()
18  {
19      ifstream in("input.txt");
20      ofstream out("output.txt");
21      in >> N;
22      for (int i=0; i<N; i++)
23      {
24          in >> giri[i].inizio >> giri[i].fine;
25      }
26      sort(giri,giri+N,compare_intervalli);
27      int fine_attuale = giri[0].fine;
28      int caramelle = 1;
29      for (int i=1; i<N; i++)
30      {
31          if (fine_attuale < giri[i].inizio)
32          {
33              fine_attuale = giri[i].fine;
34              caramelle++;
35          }
36      }
37      out << caramelle << endl ;
38      return 0;
39  }
```

Alle righe 1-4 viene creata una struttura per rappresentare gli intervalli, che verrà successivamente usata alla riga 15 per definire un vettore globale di massimo 1000 elementi (come descritto nelle assunzioni del problema). Dovendo quindi ordinare un vettore di strutture che non sono tipi predefiniti, alle righe 6-12 viene definita la relazione d'ordine tra intervalli (vedi paragrafo 4.4.2), in cui si usa l'istante di fine come valore per l'ordinamento. Alle righe 19-25 viene fatto l'input da file e alla riga 26 si ordinano gli intervalli. La variabile *fine_attuale* e il contatore *caramelle* vengono inizializzati prendendo il primo intervallo e nel ciclo 29-36 si guardano tutti gli intervalli successivi, prendendoli solo se sono compatibili con le scelte fatte in precedenza, usando la condizione alla riga 31.

5.3 Esempio: La pizza degli Hamtaro - nazionali 2004

Questo esempio, pur facendo parte delle prove della selezione nazionale, è un esempio molto semplice di applicazione della tecnica *greedy*. Anche in questo caso la difficoltà principale (relativa) sta nel riconoscere la sua appartenenza a questa categoria di problemi.

La pizza degli Hamtaro (pizza)

Livello di difficoltà D = 2.(tempo limite 2 sec.)

La numerosa famiglia degli Hamtaro, composta da N criceti, ha prenotato un tavolo in una nota pizzeria. I membri si danno appuntamento presso un autonoleggio con M automobili a disposizione per raggiungere successivamente la pizzeria. Purtroppo gli Hamtaro non arrivano al volante e quindi devono pagare generosamente l'unico autista a disposizione dell'autonoleggio in quel momento. Nell'ambiente dei cartoni gli Hamtaro sono notoriamente dei taccagni e vogliono perciò spendere il meno possibile per la serata, pena il passare la cena a pianger miseria. Ogni automobile ha solo il carburante necessario per un viaggio autonoleggio-pizzeria-autonoleggio e non esistono distributori di carburante in zona: per cui dopo un viaggio con un'automobile *i*, l'automobile *i* rimane a secco e non può più essere usata. L'automobile *i* permette il trasporto di P_i membri della famiglia degli Hamtaro, al costo di E_i euro per criceto. Gli Hamtaro scelgono, ad ogni partenza, un'automobile tra quelle disponibili (tra quelle, cioè, non usate precedentemente) e l'autista la usa per accompagnare una parte di loro in pizzeria. Aiuta la famiglia a risparmiare indicandole qual è la minima cifra che dovrà spendere per far arrivare tutti gli N Hamtaro in pizzeria!

Dati di input

Il file input.txt contiene sulla prima riga i due interi positivi N e M, separati da uno spazio. Le successive M righe (per i = 1, 2,..., M) contengono ciascuna due numeri interi positivi separati da uno spazio, a rappresentare il costo per criceto e la capacità dell'automobile: il primo intero indica E_i mentre il secondo intero indica P_i.

Dati di output

Il programma, dopo aver letto il file di input, deve scrivere una sola riga nel file output.txt contenente un intero positivo che rappresenta la minima quantità di denaro necessaria per far arrivare tutti gli Hamtaro in pizzeria.

Assunzioni

1. $1 \leq N \leq 4000$
2. $1 \leq M \leq 4000$
3. $1 \leq E_i \leq 1000$
4. $1 \leq P_i \leq 1000$
5. È sempre possibile portare tutti gli Hamtaro in pizzeria.

Esempio

File input.txt	File output.txt
2 4	2
2 1	
2 1	
1 5	
1 4	

A differenza dell'esempio 5.2, in questo caso è ancora più semplice riconoscere che la migliore scelta locale non può che portare a una scelta globale ottima: è infatti evidente che gli Hamtaro sceglieranno prima la macchina il cui costo per passeggero è il più basso riempiendola al massimo e poi ripeteranno il procedimento con la seconda macchina con il costo più basso, proseguendo in questo modo fino ad essere arrivati tutti in pizzeria. Modificare questa strategia non può che peggiorare il costo totale e quindi questo è un esempio lampante di come la strategia *greedy* sia semplice da adottare.

Vediamo come anche il codice sia lineare e di facile scrittura.

```
struct macchina
{
    int costo;
    int quanti;
};
```

```
6   macchina macchine[100000];
7   int N,M;
8
9   int compare_cost(const void *a, const void *b)
10  {
11      const macchina *c=(const macchina *)a;
12      const macchina *d=(const macchina *)b;
13      if (c->costo > d->costo) return 1;
14      if (c->costo < d->costo) return -1;
15      return 0;
16  }
17
18  int main()
19  {
20      fstream in("input.txt",ios::in);
21      fstream out("output.txt",ios::out);
22      int portati=0;
23      int spesa=0;
24      int i;
25      in >> N;
26      in >> M;
27      for (i=0; i<M; i++)
28          in >> macchine[i].costo >> macchine[i].quanti;
29      qsort(macchine,M,sizeof(macchina),compare_cost);
30      for (i=0; portati<N; i++)
31      {
32          portati+=macchine[i].quanti;
33          spesa+=macchine[i].costo*macchine[i].quanti;
34      }
35      if (portati>N)
36          spesa-= (portati-N)*macchine[i-1].costo;
37      out << spesa << endl;
38      return 0;
39  }
```

Dopo aver definito la struttura per contenere i dati delle macchine (righe 1-5), usiamo stavolta il *qsort* del C per ordinare i dati e quindi alle righe 9-16 definiamo la funzione di confronto come visto al paragrafo 4.4.1: da notare che ci interessa semplicemente il costo per passeggero e non il numero di passeggeri trasportati, in quanto se anche due macchine avessero lo stesso costo è indifferente scegliere l'una o l'altra.

Dopo aver letto i dati in input (righe 20-28) e ordinato il vettore (riga 29), è sufficiente un ciclo che ad ogni giro mette tutti gli Hamtaro possibili nella macchina corrente e aggiorna il costo totale, fino a quando tutti gli Hamtaro sono stati portati in pizzeria. Vale la pena notare che per come è stata impostata la condizione di fine ciclo (portati < N) può succedere che vengano portati più Hamtaro di quelli presenti, in quanto l'ultima macchina viene sempre riempita anche se gli Hamtaro da portare sono meno della sua capienza. É quindi necessario (righe 33-34) che vengano tolti gli eventuali Hamtaro in più, calcolando così il nuovo costo totale da mostrare come risultato.

Capitolo 6

La ricorsione

"C'era una volta un re, seduto su un sofà, diceva alla sua serva, raccontami una storia, la serva incominciò: "C'era una volta un re, seduto su un sofà, diceva alla sua serva, raccontami una storia, la serva incominciò: "C'era una volta un re...

La ricorsione è più uno strumento concettuale che una tecnica come lo poteva essere quella mostrata nel capitolo precedente, e come tale può essere utilizzata in tanti problemi con caratteristiche molto diverse tra di loro. Tanto per elencare alcuni dei suoi campi di applicazione possiamo indicare:

- problemi di tipo *"divide et impera"*, nei quali la soluzione di un problema si ottiene suddividendo il problema in due o più parti che lo compongono, le quali vengono risolte separatamente e poi si rimette insieme quanto ottenuto per avere la soluzione al problema di partenza

- problemi dove è necessario generare tutti i casi possibili rispetto ad alcune scelte che si possono fare e scegliere il caso ottimo per il problema in questione

- problemi di programmazione dinamica (vedi 7), nei quali la soluzione iterativa è applicabile, ma la soluzione ricorsiva è più semplice e/o elegante

In questo capitolo si cercherà di mostrare il concetto e applicarlo ad alcuni casi, delineandone i pregi, i difetti e il campo di applicazione.

6.1 Cos'è la ricorsione

La ricorsione può essere definita in modi diversi, ma fondamentalmente riguarda la possibilità di poter definire qualcosa in termini di una versione "più piccola" di sé stesso. Come al solito un esempio può aiutare a comprendere meglio il concetto e uno degli esempi più utilizzati è quello della funzione *fattoriale*. Il *fattoriale*[1] è una funzione che prende in ingresso un intero e restituisce un intero che viene ottenuto facendo il prodotto di tutti gli interi positivi minori o uguali al numero fornito in ingresso. Da un punto di vista matematico viene definito in questo modo:

$$n! := \prod_{k=1}^{n} k = 1 \cdot 2 \cdot 3 \cdot \ldots \cdot (n-1) \cdot n$$

---

[1] A chi si chiedesse l'utilità di una tale funzione sappia che ad esempio è molto utilizzata in matematica combinatoria.

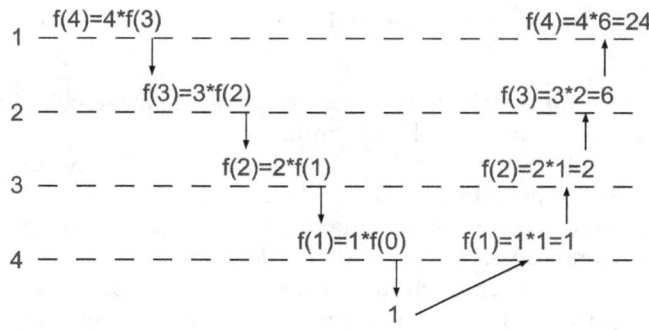

Figura 6.1: Fattoriale

Se ad esempio calcoliamo 4! otteniamo $1 \cdot 2 \cdot 3 \cdot 4 = 24$. Dovendo scrivere una funzione in C o in C++ per calcolare questa funzione[2] risulta piuttosto semplice darne una versione *iterativa*[3] fatta in questo modo

```
int fattoriale(int n)
{
    int f = 1;
    for (int i = 1; i <= n; i++)
        f *= i;
    return f;
}
```

Si può anche notare che dall'implementazione data 0! risulta uguale a 1, il ché è coerente con la definizione matematica. A questo punto possiamo osservare che vale questa proprietà:

$$n! = n \cdot (n-1)!$$

che a parole possiamo tradurre come "Il fattoriale di un numero n è uguale a n moltiplicato per il fattoriale del numero che precede n". Tornando all'esempio precedente è facile vedere che $4! = 4 \cdot 3! = 4 \cdot 3 \cdot 2 \cdot 1 = 24$. Utilizzando questa proprietà e la possibilità, comune a quasi tutti i linguaggi, di poter chiamare ricorsivamente una funzione, possiamo definire il fattoriale nel seguente modo:

```
int fattoriale_r(int n)
{
    if (n == 0) return 1;
    return n * fattoriale_r(n-1);
}
```

Come si nota la ricorsione è appunto la possibilità di una funzione di poter richiamare sé stessa all'interno del proprio corpo: anche se apparentemente questo può sembrare un inganno (se il mio scopo è calcolare il fattoriale, che non conosco, come faccio a esprimerlo attraverso il calcolo di un altro fattoriale?), il meccanismo funziona come mostrato in figura 6.1.

Alla prima chiamata la funzione fattoriale rimane in sospeso aspettando di risolvere il calcolo di f(3), il quale si sospende aspettando di risolvere il calcolo di f(2), fino ad arrivare a f(0) che invece restituisce un risultato perché in quel caso si sa la soluzione. A ritroso verranno risolte tutte le moltiplicazioni lasciate in sospeso, fino ad arrivare alla soluzione cercata.

Riassumendo possiamo vedere che le caratteristiche delle funzioni ricorsive sono le seguenti:

• la funzione richiama sé stessa su una versione **più piccola** dello stesso problema

---

[2]Attenzione che il fattoriale è una funzione che aumenta il suo valore molto velocemente all'aumentare del suo argomento, quindi un'implementazione che usa degli interi su macchine a 32 bit il massimo valore di cui riesce a calcolare il fattoriale è 12, per i numeri successivi il risultato è scorretto.

[3]La versione iterativa di un algoritmo è quella a cui sono abituati la maggior parte dei programmatori che usano linguaggi come il C o il C++, dove solitamente compaiono cicli, all'opposto della versione ricorsiva dove invece la ripetizione viene generata dalla ricorsione stessa.

- c'è sempre una condizione, a volte chiamata condizione base, di cui si conosce la soluzione e che fa terminare la ricorsione

Se una delle precedenti caratteristiche non venisse rispettata si entrerebbe in una ricorsione infinita, che porterebbe alla terminazione del programma.

A questo punto ci si potrebbe domandare quando convenga usare una modalità iterativa e quando una ricorsiva: l'esperienza mostra che sebbene la maggior parte dei problemi abbia una formulazione iterativa diretta, esiste un insieme di problemi in cui la formulazione ricorsiva risulta più semplice e elegante da esprimere e da implementare, come vedremo anche in alcuni problemi delle Olimpiadi. Purtroppo a volte la ricorsione ha dei problemi di tipo pratico che le permettono di essere applicata solo a casi di input piccoli, come vedremo nel prossimo paragrafo.

6.2   Problemi della ricorsione

Facciamo una lieve modifica alla funzione fattoriale, dove al posto di fare il prodotto dei primi n numeri naturali ne facciamo la somma, vogliamo cioè calcolare quanto vale la somma dei primi n numeri naturali[4]. La definizione ricorsiva, come per il fattoriale, risulta ovvia e se indichiamo la somma dei primi n naturali con $S(n)$ ne deriva che $S(n) = n + S(n-1)$, la cui l'implementazione è la seguente:

```
long long int sommatoria_r(long long int n)
{
    if (n == 0) return 0;
    return n + sommatoria_r(n-1);
}
```

Pur sembrando molto simile al fattoriale, nasconde un problema che si può verificare nel momento in cui il numero di input diventa molto grosso[5]. Durante le chiamate ricorsive il programma ha necessità di tenere memoria dei valori "sospesi" e per far questo utilizza lo *stack*, un'area di memoria pensata per memorizzare cose come le variabili locali, i parametri, l'indirizzo e il valore di ritorno. Se ad esempio l'input è n=100000 le chiamate ricorsive che devono essere memorizzate sono 100000, prima di poter arrivare alla condizione base e procedere al calcolo a ritroso. Sulla mia macchina a 32 bit con Linux questa funzione provoca il crash del programma che la usa intorno a n=175000, poiché viene esaurito tutto lo spazio dedicato allo *stack*. Nella realtà questo problema si verifica raramente, perché è difficile arrivare a una tale profondità di ricorsione, può però capitare, che per distrazione o altro, la funzione ricorsiva manchi della condizione base o essa sia sbagliata e l'effetto che si ottiene è comunque l'uscita dallo *stack* e la terminazione anomala del programma.

Un problema invece più serio e che nella pratica limita l'utilizzo della ricorsione si ha quando le chiamate ricorsive non crescono in modo lineare come nel fattoriale, ma in maniera molto più veloce. Ricorriamo anche in questo caso a un esempio e consideriamo il *numero di Fibonacci*: questo numero è l'n-esimo termine della successione di Fibonacci ed è definito nel seguente modo

$$\begin{cases} F(n) = F(n-1) + F(n-2) & per\ n > 1 \\ F(1) = 1 \\ F(0) = 0 \end{cases}$$

In questo caso, essendo la definizione matematica stessa ricorsiva, il modo più naturale di implementare questa funzione è appunto di usare la ricorsione e si ottiene

```
int fibonacci_r(int n)
{
    if (n==0) return 0;
    if (n==1) return 1;
```

---

[4]Esiste una nota formula che esprime il risultato senza bisogno di sviluppare tutte le somme, ma per i nostri scopi vedremo il calcolo completo.

[5]L'uso dei long long int, interi a 8 byte (64 bit), serve appunto ad evidenziare questo effetto, per far si che il risultato rimanga corretto anche per valori piuttosto alti di n.

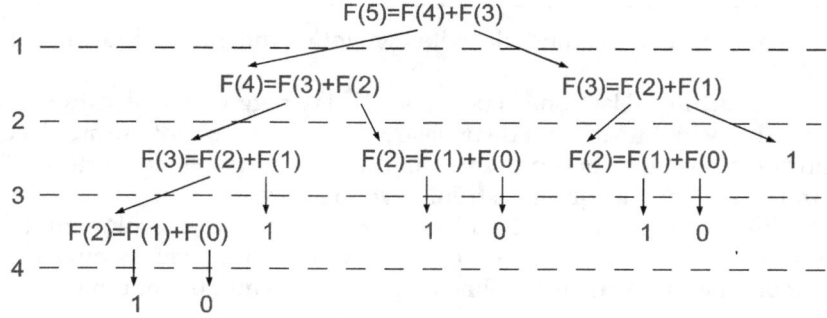

Figura 6.2: Numero di Fibonacci

```
   return fibonacci_r(n-1) + fibonacci_r(n-2);
}
```

Come si vede non si è fatto altro che traslare la definizione matematica nella notazione C, ottenendo una funzione perfettamente funzionante. Il problema nascosto è però relativo a una differenza notevole rispetto al fattoriale: stavolta all'interno del corpo della funzione la funzione richiama 2 volte sé stessa, su due versioni più piccole del problema di partenza. Anche se può risultare non immediatamente evidente, questo fa si che il numero di chiamate ricorsive non cresca linearmente all'aumentare di n, ma cresca all'incirca come 2^n, assumendo un andamento esponenziale, come si può intuire guardando la figura 6.2.

Il problema qui non è la *profondità* della ricorsione, che cresce in maniera lineare, quanto l'*ampiezza*: ogni versione del problema produce due successive chiamate che quindi rendono la complessità dell'algoritmo di tipo esponenziale e quindi intrattabile per input anche di dimensioni limitate[6]. Questo fa si che in alcuni casi, pur essendo la soluzione ricorsiva comoda da implementare, di fatto non possa essere utilizzata per i limiti di performance che ha.

6.3 Esempio: Mappa antica - territoriali 2008

Questo problema è un classico esempio di come la ricorsione possa rendere semplice un problema la cui soluzione iterativa non è affatto evidente: è una variante del problema dell'esplorazione di un labirinto e anche se potrebbe sembrare dall'implementazione che abbia un andamento esplosivo in termini di complessità, in realtà si vedrà che la maggior parte dei rami di esecuzione non viene svolta, riducendo notevolmente la mole di operazioni da eseguire.

Mappa antica (mappa)

Difficoltà D = 2.

Descrizione del problema

Topolino è in missione per accompagnare una spedizione archeologica che segue un'antica mappa acquisita di recente dal museo di Topolinia. Raggiunta la località dove dovrebbe trovarsi un prezioso e raro reperto archeologico, Topolino si imbatte in un labirinto che ha la forma di una gigantesca scacchiera quadrata di NxN lastroni di marmo.

Nella mappa, sia le righe che le colonne del labirinto sono numerate da 1 a N. Il lastrone che si trova nella posizione corrispondente alla riga r e alla colonna c viene identificato mediante la coppia di interi (r, c). I lastroni segnalati da una crocetta '+' sulla mappa contengono

---

[6]Sul mio Pentium 4 a 2.8 GHz il calcolo di F45 in modo ricorsivo impiega circa 26 secondi contro meno di un millesimo di secondo della versione iterativa.

un trabocchetto mortale e sono quindi da evitare, mentre i rimanenti sono innocui e segnalati da un asterisco '*'.

Topolino deve partire dal lastrone in posizione (1, 1) e raggiungere il lastrone in posizione (N, N), entrambi innocui. Può passare da un lastrone a un altro soltanto se questi condividono un lato o uno spigolo (quindi può procedere in direzione orizzontale, verticale o diagonale ma non saltare) e, ovviamente, questi lastroni devono essere innocui.

Tuttavia, le insidie non sono finite qui: per poter attraversare incolume il labirinto, Topolino deve calpestare il minor numero possibile di lastroni innocui (e ovviamente nessun lastrone con trabocchetto). Aiutate Topolino a calcolare tale numero minimo.

Dati di input

Il file input.txt è composto da N+1 righe.

La prima riga contiene un intero positivo che rappresenta la dimensione N di un lato del labirinto a scacchiera.

Le successive N righe rappresentano il labirinto a scacchiera: la r-esima di tali righe contiene una sequenza di N caratteri '+' oppure '*', dove '+' indica un lastrone con trabocchetto mentre '*' indica un lastrone sicuro. Tale riga rappresenta quindi i lastroni che si trovano sulla r-esima riga della scacchiera: di conseguenza, il c-esimo carattere corrisponde al lastrone in posizione (r, c).

Dati di output

Il file output.txt è composto da una sola riga contenente un intero che rappresenta il minimo numero di lastroni innocui (ossia indicati con '*') che Topolino deve attraversare a partire dal lastrone in posizione (1, 1) per arrivare incolume al lastrone in posizione (N, N). Notare che i lastroni (1, 1) e (N, N) vanno inclusi nel conteggio dei lastroni attraversati.

Assunzioni

$1 \leq N \leq 100$. $1 \leq r, c \leq N$. É sempre possibile attraversare il labirinto dal lastrone in posizione (1, 1) al lastrone in posizione (N, N); inoltre tali due lastroni sono innocui.

Esempi di input/output

File input.txt	File output.txt
4	5
*+++	
+**+	
+*+*	
+***	

Qui la ricorsione va usata per effettuare una ricerca esaustiva all'interno del labirinto, in modo da esplorare tutti i possibili percorsi ed individuare quello migliore. Quando la ricorsione viene usata per generare tutte le possibilità siamo sicuri che arriveremo alla soluzione corretta, l'unico problema è vedere se questo può essere fatto in un tempo ragionevole e vedremo che in questo caso è possibile.

L'algoritmo risolutivo utilizza una matrice ed è in effetti molto semplice: parto da una casella, esploro tutti gli otto vicini (per le caselle di bordo questi vicini sono meno) e per ogni vicino ripeto lo stesso algoritmo. Formulato così però sembra giustamente che dia luogo a una ricorsione infinita: il "trucco" è quello di marcare le caselle già esplorate in modo da non ritornarci sopra e arrivare così ad attraversare tutta la griglia in un numero di passi proporzionale alle caselle. Siccome in questo problema bisogna dire quanto è lungo il percorso migliore si fa una piccola modifica: al posto di limitarsi a marcare le caselle già visitate, si scrive al loro interno un numero che indica la distanza di quella casella dalla casella di partenza. In pratica l'algoritmo può essere descritto dai seguenti passaggi:

1. all'inizio tutte le caselle valide vengono poste a zero, mentre le trappole vengono poste a -1

2. si parte dalla casella 0,0, la si inizializza a uno, poiché il problema dice di contare anche la casella di partenza nel calcolo della lunghezza, e si iniziano a visitare le caselle successive

3. per ogni casella$_{i,j}$ si visitano in maniera ricorsiva le 8 caselle vicine valide (si escludono quindi quelle oltre i bordi e quelle con trappole)

    (a) se il valore nella casella visitata è maggiore del valore della casella$_{i,j}$ oppure è 0 (cioè non è stata ancora visitata) si aggiorna il valore della casella visitata inserendo il valore della casella$_{i,j}$ più uno

    (b) altrimenti si interrompe la ricorsione

4. quando tutte le caselle sono state visitate nella casella nell'angolo in basso a destra si troverà la lunghezza del percorso migliore

L'implementazione risulta così molto compatta e veloce da scrivere.

```
1   int mappa[100][100];
2   int N;
3   void attraversa(int i, int j)
4   {
5       for (int r=-1; r<2; r++)
6           for (int s=-1; s<2; s++)
7           {
8               if (i+r<0 || i+r>N-1 || j+s < 0 || j+s > N-1);
9               else if (mappa[i+r][j+s] == 0 || mappa[i+r][j+s] > mappa[i][j] + 1
                        )
10              {
11                  mappa[i+r][j+s] = mappa[i][j] + 1;
12                  attraversa(i+r,j+s);
13              }
14          }
15  }
16
17  int main()
18  {
19      fstream in,out;
20      in.open("input.txt",ios::in);
21      out.open("output.txt",ios::out);
22      in >> N;
23      for (int i=0;i < N;i++)
24          for (int j=0;j <N ;j++)
25          {
26              char c;
27              in >> c;
28              if (c=='*')
29                  mappa[i][j]=0;
30              else
31                  mappa[i][j]=-1;
32          }
33      mappa[0][0] = 1;
34      attraversa(0,0);
35      out << mappa[N-1][N-1];
36      return 0;
37  }
```

Le righe 19-32 si occupano di inserire i dati di input: da notare che in generale non c'è nessun vincolo a mantenere i dati nella forma in cui si trovano nel file. In questo esercizio è infatti più comodo trasformare i caratteri * e + in numeri, in modo da utilizzare la matrice direttamente per memorizzare i valori dei percorsi e non aver così bisogno di due matrici, una per descrivere le caselle valide e le trappole e l'altra per memorizzare le lunghezze.

Alla riga 33 viene inizializzato il valore della casella di partenza a uno, considerando che il testo del problema dice di contarla per calcolare la lunghezza totale del percorso e alla riga seguente si chiama la funzione ricorsiva che è il cuore del programma ed è definita alle righe 3-15. I due parametri di ingresso rappresentano gli indici della casella di partenza, nel nostro caso (0,0), ma potrebbe essere qualunque altra casella valida. I due cicli alle righe 5 e 6 servono per esplorare le caselle intorno alla casella i,j, includendo sé stessa. Ogni ciclo scandisce il valore precedente, quello corrente e quello successivo dell'indice coinvolto: la prima cosa da fare è escludere gli indici che si trovano all'esterno della matrice[7] e questo viene fatto alla riga 8. Se si passa questo controllo si aggiorna il valore nella casella solo se è zero o se si trova un valore migliore di quello già segnato: in questo caso poi si procede ricorsivamente sulle altre caselle confinanti per vedere se si possono trovare nuovi percorsi.

Apparentemente, siccome ogni chiamata ricorsiva potrebbe dare luogo ad altre 8 chiamate ricorsive, il problema sembra essere di tipo esponenziale, come già spiegato al paragrafo 6.2: in realtà il fatto di segnare man mano i risultati ottenuti e ripassare su una casella solo se si ottengono dei miglioramenti fa sì che la maggior parte delle chiamate ricorsive vengano tagliate e rende il problema computazionalmente fattibile.

6.4   Esempio: Domino massimale - territoriali 2011

In questo esempio viene usata la ricorsione per generare tutte le possibili permutazioni su di un insieme, che è una tecnica standard e facile da implementare.

Domino massimale (domino)

Difficoltà D = 2

Descrizione del problema

Sono date N tessere di domino, dove ogni tessera contiene due numeri compresi da 0 a 6 in corrispondenza delle sue due estremità. Le tessere possono essere ruotate e la regola impone che due tessere possono essere concatenate se le loro estremità in contatto hanno inciso lo stesso numero. Aiuta a trovare il maggior numero di tessere che si possono concatenare a formare un'unica catena: non è detto che si riescano sempre a usare tutte le tessere; inoltre, possono esserci due o più tessere uguali a meno di rotazioni.

Dati di input

Il file input.txt è composto da N+1 righe. La prima riga contiene l'intero positivo N, il numero delle tessere a disposizione. Ciascuna delle successive N righe contiene due interi positivi (compresi da 0 a 6) separati da una spazio, che rappresentano i numeri incisi sulle estremità delle tessere.

Dati di output

Il file output.txt è composto da una sola riga contenente il massimo numero di tessere che possono essere concatenate con le regole del domino.

---

[7]Un'altra possibilità è quella di aggiungere una "cornice" di -1 intorno alla matrice, spostando gli indici dei valori inseriti in basso a destra. In questo modo si evita il controllo sulla validità degli indici poiché le caselle della cornice verranno trattate come trappole e quindi non modificheranno la soluzione del problema.

Assunzioni

$2 \leq N \leq 10$.

Esempi di input/output

File input.txt	File output.txt
6	5
3 0	
4 0	
2 6	
4 4	
0 1	
1 0	

Nota/e

In generale, più configurazioni possono soddisfare i requisti del problema: è sufficiente fornire la lunghezza massima.

La prima idea, la più semplice, che può venire in un caso come questo è quella di utilizzare un approccio a "forza bruta", cioè produrre tutte le catene valide con le tessere del domino a disposizione e memorizzare la lunghezza di quella in cui vengono usate il maggior numero di tessere. Sebbene in molti casi l'approccio a "forza bruta" non sia computazionalmente sostenibile perché richiede tempi lunghi, in questo caso un indizio convincente del fatto che possa essere la soluzione corretta proviene dal numero massimo di tessere possibili, che come scritto nelle assunzioni è 10. Senza entrare in un'analisi approfondita del costo di questo algoritmo, siccome il numero delle permutazioni di un insieme di n elementi è uguale a $n!$, dato che al massimo ci sono 10 tessere il numero totale di permutazioni è $10! = 3628800$ che è un numero di calcoli che un normale computer può svolgere in tempi dell'ordine del secondo.

Produrre tutte le permutazioni di un insieme è un problema che può essere facilmente messo in forma ricorsiva definendo le permutazioni di un insieme di n elementi come:

- se n>1 allora l'insieme delle permutazioni è uguale all'unione degli insiemi ottenuti tenendo come primo elemento ogni elemento dell'insieme di partenza e concatenando con le permutazioni dell'insieme in cui viene tolto l'elemento messo al primo posto

- se n=1 le permutazioni dell'insieme sono l'unico elemento che lo compone

Vediamo di chiarire meglio questa definizione con un esempio: sia dato l'insieme $S = \{A, B, C\}$ e vogliamo produrre le permutazioni $P(S)$. Prendiamo quindi l'unione degli insiemi aventi come primo elemento tutti gli elementi di S e concateniamoli con le permutazioni degli elementi rimanenti, ottenendo così $P(S) = (A conc P(\{B, C\}) \cup B conc P(\{A, C\}) \cup C conc P(\{A, B\}))$. Sviluppando ulteriormente le permutazioni degli insiemi con due elementi arriveremo a ottenere le 6 permutazioni dell'insieme di partenza.

Nella procedura risolutiva del problema non basterà produrre tutte le possibili permutazioni, ma bisognerà controllare che vengano rispettate le regole del domino, quindi molti rami della ricorsione verranno fermati ai primi livelli a causa della non aderenza alle regole di concatenazione delle tessere, rendendo quindi la stima vista in precedenza del costo un limite superiore che può essere raggiunto solo in presenza di particolari input.

Per quanto riguarda le strutture dati è comodo definire una *struct* del C per rappresentare ogni singola tessera, con il valore di sinistra e di destra: in questo modo sarà poi possibile rappresentare l'insieme delle tessere come vettori di questa nuova struttura.

```
1  int N;
2  struct tessera{
3      int s,d;
```

```
 4  };
 5  tessera t[10];
 6  tessera r[10];
 7  bool usata[10];
 8  tessera permutazione[10];
 9  int lunghezza = 0;
10
11  void trova_permutazione(int pos)
12  {
13      if (pos > lunghezza)
14          lunghezza = pos;
15      for (int i = 0; i < N; i++)
16      {
17          if (pos == 0 || (permutazione[pos-1].d == t[i].s && usata[i] == false))
18          {
19              permutazione[pos] = t[i];
20              usata[i] = true;
21              trova_permutazione(pos + 1);
22              usata[i] = false;
23          }
24          if (pos == 0 || (permutazione[pos-1].d == r[i].s && usata[i] == false))
25          {
26              permutazione[pos] = r[i];
27              usata[i] = true;
28              trova_permutazione(pos + 1);
29              usata[i] = false;
30          }
31      }
32  }
33
34  int main()
35  {
36      ifstream in("input.txt");
37      ofstream out("output.txt");
38      in >> N;
39      for(int i = 0; i < N; i++)
40      {
41          in >> t[i].s >> t[i].d;
42          r[i].s = t[i].d;
43          r[i].d = t[i].s;
44      }
45      for(int i = 0; i < N; i++)
46          usata[i] = false;
47      trova_permutazione(0);
48      out << lunghezza;
49      return 0;
50  }
```

Come nell'esempio precedente (e in generale in tutti quelli che utilizzano la ricorsione) il programma principale si occupa solo della lettura dell'input (righe 36-44) e effettua la chiamata alla funzione ricorsiva *trova_permutazione* che risolve il problema.

Prima di analizzare la funzione ricorsiva riprendiamo il discorso sulle strutture per vedere come sono state implementate: alle righe 2-4 viene definita la struttura per contenere i valori delle due facce di una tessera del domino, poi vengono creati (righe 5-6) due vettori, che conterranno il primo le tessere del domino nella versione fornita nel file di input, il secondo le stesse tessere ma ruotate, in modo da soddisfare le richieste del problema che permette la rotazione delle tessere per ottenere una catena valida. Per creare le permutazioni serve poi un vettore di booleani (riga 7) che memorizza quali tessere sono state già usate nella permutazione che si sta costruendo, in modo da non riutilizzarle. Infine c'è il vettore che contiene le tessere della permutazione corrente e che può servire per la stampa nel caso si voglia fare debug (ai fini di questo problema basterebbe una sola variabile per tenere conto dell'ultima tessera inserita nella catena).

La funzione ricorsiva accetta un unico parametro che indica la posizione corrente dove si cerca di inserire una tessera (la prima posizione ha indice 0) e la sua implementazione riflette quanto detto in precedenza: il ciclo *for* alle righe 15-31 scorre tutte le caselle e gli *if* interni usano solo quelle che non sono già state usate (usata[i]==false) e che possono essere accostate all'ultima inserita secondo le regole del domino (permutazione[pos-i].d == t[i].d). Da notare che gli *if* sono due per prendere in considerazione la versione "normale" e la versione "ruotata" di ogni tessera. All'interno delle due selezioni si inserisce la tessera nel vettore delle permutazioni (riga 19), la si segna come usata (riga 20) e si effettua la ricorsione su una permutazione più piccola. Attenzione bene all'istruzione alla riga 22 che serve a indicare che adesso la tessera viene tolta per provarne altre[8].

6.5 Esempio: Missioni segrete - territoriali 2008

Questo esempio verrà usato solo per mostrare come in alcuni problemi la soluzione ricorsiva scaturisca naturalmente dalla lettura stessa del testo e quindi richieda uno sforzo implementativo molto basso. D'altro canto però, come già mostrato nel paragrafo 6.2 da un punto di vista prestazionale si vedrà che questa soluzione non è applicabile per risolvere tutti i casi di test, ma funziona solo per esempi con input molto piccoli.

Missioni segrete (missioni)

Difficoltà D = 2.

Descrizione del problema

Il Commissario Basettoni ha presentato a Topolino le missioni che egli dovrà svolgere segretamente nel corso dell'anno. Per ogni missione, oltre al luogo da raggiungere, Basettoni ne indica la durata in giorni e la data massima entro cui deve essere completata. In altri termini, la missione può iniziare in qualunque giorno dell'anno ma deve durare esattamente il numero di giorni indicato e terminare non oltre la data di scadenza.

Topolino, presa la lista delle missioni ricevuta da Basettoni, ordina tali missioni in base alla loro data di scadenza. Quindi, numera i giorni dell'anno da 1 a 365 (non esistono anni bisestili a Topolinia) e trasforma le date di scadenza in numeri secondo tale numerazione. Per esempio, se una missione dura 15 giorni e deve essere svolta entro il 18 febbraio, Topolino la vede semplicemente come una coppia di interi 15 49 (in quanto il 18 febbraio è il quarantanovesimo giorno dell'anno).

Poiché può svolgere una sola missione alla volta, Topolino sa che potrebbe svolgerne solo alcune pur iniziando una missione il giorno immediatamente successivo a quello in cui termina la precedente missione. Vuole perciò sapere il numero massimo di missioni che è in grado di svolgere rispettando i vincoli sulla loro durata e scadenza. Supponendo che Topolino già fornisca le coppie di interi ordinate per scadenza (il secondo membro delle coppie), aiutatelo a calcolare il massimo numero di missioni che può svolgere.

Per esempio, se ci sono quattro missioni, una di tre giorni da terminare entro il 5 gennaio, una di quattro giorni entro l'8 gennaio, una di tre giorni entro il 9 gennaio e una di 6 giorni entro il 12 gennaio, Topolino vi fornisce la lista di quattro coppie 3 5, 4 8, 3 9 e 6 12. Il numero massimo di missioni che può svolgere è pari a tre, ossia le missioni corrispondenti alle coppie 3 5, 3 9 e 6 12: la prima missione inizia il primo di gennaio e termina il 3 gennaio; la seconda inizia il 4 gennaio e termina il 6 gennaio; la terza inizia il 7 gennaio e termina il 12 gennaio. (Notare che, scegliendo la missione corrispondente alla coppia 4 8, Topolino può svolgere al più due missioni.)

---

[8]Questa tecnica di procedere e poi ritornare indietro ripristinando la situazione precedente è nota come *backtracking*.

Dati di input

Il file input.txt è composto da N+1 righe.

La prima riga contiene un intero positivo che rappresenta il numero N di missioni presentate da Basettoni a Topolino.

Le successive N righe rappresentano durata e scadenza delle missioni: ciascuna riga è composta da due interi d e s separati da uno spazio, a rappresentare che la corrispondente missione dura d giorni e deve essere completata entro l's-esimo giorno dell'anno.

Dati di output

Il file output.txt è composto da una sola riga contenente un intero che rappresenta il massimo numero di missioni che Topolino può svolgere rispettando i vincoli su durata e scadenza.

Assunzioni

$1 \leq N \leq 100$. $1 \leq d, s \leq 365$.

Esempi di input/output

File input.txt	File output.txt
4	3
3 5	
4 8	
3 9	
6 12	

In casi come questo, in cui si può scegliere se prendere o non prendere qualche cosa, l'implementazione ricorsiva risulta banale e può essere descritta nel seguente modo

- dato un insieme di N missioni posso decidere di tenere o non tenere la prima

- se decido di tenerla come prima cosa devo verificare se posso farlo, perché per la scelta fatta in precedenza potrebbe non essere possibile. Se posso prenderla aumento di uno il contatore delle missioni svolte e aggiorno la nuova data di fine prima della quale non posso prendere altre missioni

- se decido di non tenerla, lascio inalterato sia il contatore delle missioni che la data di fine

- in entrambi i casi procedo poi in maniera ricorsiva sull'insieme di N-1 missioni

- quando sono arrivato alla fine controllo a ritroso la lunghezza massima trovata e arrivo alla soluzione

Dovrebbe essere abbastanza evidente che questo modo di procedere, provando tutte le combinazioni possibili, porta sicuramente al risultato corretto, il problema è che la sua complessità è di tipo 2^n e in pratica funziona solo per input molto piccoli (il valore limite di 100 dato nelle assunzioni è ben oltre la sua portata[9]). Si vedrà nel capitolo successivo una tecnica che permette risolvere il problema in tempo quadratico, al costo di una maggiore difficoltà implementativa.

```
1  struct Missione{
2      int durata;
3      int fine;
4  };
5  Missione missioni[100];
6  int N;
```

---

[9]Testata sul correttore nazionale di cui si è parlato al paragrafo 1.2 la soluzione qui mostrata risolve correttamente i primi quattro casi ma va in timeout sull'ultimo in cui le missioni sono 80.

```
7  int calcola(int missione, int giorno)
8  {
9      if (missione == N) return 0;
10     int fatta = 0, nonfatta;
11     if ( giorno + missioni[missione].durata <= missioni[missioni].fine)
12         fatta = 1 + calcola(missione + 1, giorno + missioni[missioni].durata);
13     nonfatta = calcola(missione + 1, giorno);
14     if (fatta > nonfatta)
15         return fatta;
16     else
17         return nonfatta;
18 }
19
20 int main()
21 {
22     fstream in,out;
23     in.open("input.txt",ios::in);
24     out.open("output.txt",ios::out);
25     in >> N;
26     for (int i=0;i < N;i++)
27         in >> missioni[i].durata >> missioni[i].fine;
28     out << calcola(0,0);
29     return 0;
30 }
```

Anche in questo caso la soluzione sta tutta nella funzione ricorsiva *calcola*. Questa funzione riceve come parametri di input l'indice della missione corrente e un intero che rappresenta la data di fine dell'ultima missione presa. All'inizio la funzione viene chiamata con i due parametri (0,0) poiché si parte dalla prima missione e siccome non ce ne sono di precedenti il giorno di fine è il giorno 0. La ricorsione finisce quando si arriva all'ultima missione (riga 9). Il primo controllo (riga 11) riguarda il numero di missioni che si possono fare facendo la missione corrente, che può essere fatta solo se il giorno di termine della missione precedente è compatibile con la durata e il giorno massimo di fine della missione corrente. Se si può prendere, il nuovo numero di missioni è uguale a uno più il numero massimo di missioni che si possono fare dopo aver preso quella corrente, calcolato ricorsivamente (riga 12). Da notare che il nuovo valore della data di fine si ottiene aggiungendo al valore precedente di fine la durata della missione presa, non il suo giorno massimo di fine, questo perché, se decido di prendere una missione, non ho nessun vantaggio a posticipare l'inizio di una missione, potrei solo peggiorare il numero di missioni prese.

Nel caso invece che decida di non prenderla, cosa che posso sempre fare e che quindi non prevede la presenza di un controllo, il numero di missioni prese sarà uguale a quelle che potrò prendere poi, calcolate ricorsivamente: stavolta la chiamata ricorsiva riceve come valore di fine delle missione lo stesso che aveva in precedenza poiché, non avendo preso la missione, nulla è cambiato rispetto a prima.

A questo punto viene fatto un controllo per verificare quale delle due scelte si è rivelata migliore e viene restituito quel valore (righe 14-17).

Perché soffermarci sulla soluzione ricorsiva se in questo caso non permette di risolvere tutti i casi di test ma solo quelli con input limitati? Perché durante una gara lo scopo non è quello di arrivare alla soluzione corretta di un problema, ma quello di fare più punti possibile. È chiaro che risolvere correttamente un problema è la via migliore per ottenere un maggior numeri di punti, però nel caso non sia evidente la soluzione, implementare una semplice soluzione ricorsiva permette di raccogliere una certa quantità di punti (in dipendenza dall'input che verrà testato) con un costo realizzativo molto basso (una soluzione come quella appena vista può essere scritta anche da un programmatore non esperto in una mezz'ora o meno). Quindi se non si sa fare altro la ricorsione è meglio di niente...

Capitolo 7

Programmazione dinamica

"L'asse più a monte premerà contro i sassi, spinta dall'acqua. La seconda asse s'inclinerà e prima o poi verrà strappata via, ma se ne avessimo anche una terza, bè... guardate."

Stephen King, It

La programmazione dinamica è una tecnica che può essere applicata ad alcuni problemi aventi alcune caratteristiche strutturali precise ed è uno degli strumenti più utili per le selezioni territoriali e nazionali. Si vedrà che, seppure l'idea in sé è semplice, la difficoltà della tecnica sta nel riuscire a trovare una descrizione del problema che permetta di affrontarlo tramite un algoritmo dinamico.

7.1 Sottoproblemi e programmazione dinamica

Nel paragrafo 6.2 abbiamo visto che il calcolo del numero di Fibonacci in modo ricorsivo risulta estremamente inefficiente, questo perché i sottoproblemi che dobbiamo risolvere vengono risolti molte volte (vedi figura 6.2). In contesti come questo la programmazione dinamica può trasformare il problema da uno di complessità esponenziale ad uno di complessità polinomiale, rendendolo quindi trattabile. Nel caso del calcolo del numero di Fibonacci la soluzione è molto semplice: una volta risolto il problema per F_N, basta tabularlo in un vettore e usare quel valore al posto di rieseguire tutti i calcoli. Volendo implementare questa idea si ottiene la seguente versione iterativa

```
int Fibonacci[100];

int fibonacci(int n)
{
    Fibonacci[0] = 0;
    Fibonacci[1] = 1;
    for (int i=2; i<=n; i++)
        Fibonacci[i] = Fibonacci[i-1] + Fibonacci[i-2];
    return Fibonacci[n];
}
```

Come si può vedere la complessità in questo caso è lineare, che è un miglioramento notevolissimo rispetto alla complessità esponenziale della versione ricorsiva. Si può anche vedere che il vettore poteva non essere utilizzato, perché ad ogni passo servono solo i due valori precedenti e quindi sarebbero bastate due variabili, modificate opportunamente a ogni giro.

Un altro modo di implementare la stessa idea è quello di partire dalla funzione ricorsiva e modificarla in modo che vada a cercare all'interno di una tabella se i valori che sta cercando di calcolare sono già presenti, nel qual caso ritorna subito il valore desiderato e non procede ulteriormente nella ricorsione. Questa modalità può essere implementata così

```
int Fibonacci[100];

int fibonacci_r(int n)
{
    if (Fibonacci[n]!=-1) return Fibonacci[n];
    Fibonacci[n-1] = fibonacci_r(n-1);
    Fibonacci[n-2] = fibonacci_r(n-2);
    return Fibonacci[n-1] + Fibonacci[n-2];
}
```

Perché questo codice funzioni è necessario inizializzare prima il vettore *Fibonacci*: verranno messi tutti i suoi elementi a -1 per indicare che non si conoscono ancora quei numeri di Fibonacci, tranne i primi due elementi di cui si conosce a priori il valore per definizione, quindi *Fibonacci[0]=0* e *Fibonacci[1]=1*. Una volta fatto questo la differenza fondamentale tra questa funzione ricorsiva e quella del paragrafo 6.2 sta tutta nella prima riga, in cui adesso si controlla se il numero n di Fibonacci è già stato calcolato e in caso positivo lo si ritorna evitando tutto il successivo ramo della ricorsione, altrimenti si procede come al solito.

Questi due modi di affrontare la programmazione dinamica vengono chiamati *bottom-up* e *top-down*, in riferimento al modo in cui agiscono: entrambi permettono di risolvere il problema efficientemente, scegliere l'uno o l'altro può dipendere dal problema in sé, che a volte sembra suggerire un modo piuttosto che l'altro, e anche, ma è una mia opinione, dal modo con cui il cervello del risolutore funziona, nel senso se trova iù naturale usare un approccio piuttosto che l'altro.

7.2   Il problema dello zaino

Vediamo adesso una altro classico esempio, un po' più complesso del calcolo del numero di Fibonacci, per esplorare ulteriormente le possibilità che offre questa tecnica risolutiva. In letteratura questo problema è noto con il nome inglese di *knapsack* e ne esistono un insieme di varianti che lo rendono più o meno complesso. Noi guarderemo la versione "base" e vedremo come risolverla utilizzando la normale ricorsione (in questo caso il problema risulterà non trattabile), la programmazione dinamica *bottom-up* e quella *top-down*.

La "storiella" tipicamente usata per introdurre questo problema ha come protagonista un ladro con il suo zaino che è in grado di portare M chilogrammi prima di sfondarsi. Essendo in una casa piena di oggetti da rubare e dovendo scegliere come riempire il suo zaino, il ladro ovviamente deve cercare di mettere un insieme di oggetti che massimizzi il valore della refurtiva: ogni oggetto è caratterizzato da un peso P_i e da un valore V_i e si suppone che di ogni oggetto ce ne siano quanti esemplari si vuole (questo nella versione base del problema).

Si potrebbe provare ad usare le tecniche viste in precedenza, cioè l'approccio *greedy* o la ricorsione. Usando l'approccio *greedy* la tentazione sarebbe quella di ordinare gli oggetti da quello con valore maggiore a quello con valore minore e inserirli nello zaino finché non si riempie. Purtroppo in questo caso una scelta locale ottima (scelgo l'oggetto che vale di più e avendo solo un oggetto quella è la scelta ottima) non si traduce necessariamente nella soluzione migliore. Vediamolo con un controesempio che dimostra come questa strategia fallisca: sia lo zaino di portata 9 e siano presenti due tipi di oggetti, il primo con peso 6 e valore 8 e il secondo con peso 4 e valore 7 (si ricorda che di ogni tipo di oggetto ce ne sono quanti esemplari si vuole). Se inseriamo l'oggetto di valore maggiore, cioè il primo, non possiamo poi mettere nient'altro, in quanto lo zaino può ancora portare 3 Kg e nessun oggetto pesa così poco. Se invece avessimo scelto di inserire un oggetto del secondo tipo, poi ci sarebbe stato spazio ancora per un altro oggetto di quel tipo, per un totale di 8 Kg e un valore di 14, che è una soluzione migliore di quella ottenuta utilizzando la strategia *greedy*.

Esclusa quindi questa possibilità si può ripiegare sulla soluzione ricorsiva, che risulta abbastanza semplice da formalizzare, in quanto posso calcolare la soluzione ottima per un sacco di portata M come somma del peso di uno degli oggetti da prendere con la soluzione ottima del sacco di portata $M - P_i$. Visto in un altro modo, forse più chiaro, possiamo dire che se conosciamo la soluzione ottima del sacco di portata $M - P_i$ allora basta aggiungere l'oggetto i-esimo per ottenere la soluzione ottima del sacco di portata M (ovviamente come in tutti i procedimenti ricorsivi non conosciamo la soluzione ottima del sacco di portata $M - P_i$, ma questa verrà a sua volta costruita in maniera ricorsiva) . La condizione base è che la soluzione ottima di un sacco di portata 0 è 0. L'implementazione risulta fatta così:

```
1   struct oggetto{
2   int peso;
3   int valore;
4   };
5   oggetto oggetti[100];
6
7   int knapsack_ricorsivo(int n)
8   {
9       if (n==0) return 0;
10      int max = 0;
11      for (int i = 0; i < N; i++)
12      {
13          int preso = 0;
14          if (n - oggetti[i].peso >= 0)
15              preso = oggetti[i].valore + knapsack_ricorsivo(n - oggetti[i].peso)
                    ;
16          if (preso > max)
17              max = preso;
18      }
19      return max;
20  }
```

La funzione *knapsack_ricorsivo* riceve come ingresso la portata M del sacco e ritorna il valore del "sacco migliore": alla riga 9 viene scritta la condizione base, come già detto, e successivamente si cicla tra tutti gli oggetti (a differenza del problema delle permutazioni qui siccome ci sono infiniti esemplari di ogni oggetti non si tiene memoria degli oggetti già inseriti nel sacco, ma a ogni chiamata ricorsiva si riprovano tutti) e si tiene il valore del sacco che permette di ottenere il valore massimo (righe 16-17). Per stabilire il valore del sacco contenente l'oggetto i-esimo si controlla se è possibile inserire l'oggetto di indice i (riga 14) e nel caso lo sia si calcola il valore del sacco come valore dell'oggetto i-esimo più il valore del sacco di portata $M - P_i$.

Come si vede l'implementazione è piuttosto semplice, il problema è però quello già mostrato ad esempio al paragrafo 6.5: il costo è di tipo esponenziale, quindi è una soluzione che arriva a un risultato in tempi ragionevoli solo per input piccoli.

Vediamo allora la soluzione dinamica, usando prima l'approccio *bottom-up*:

```
1   struct oggetto{
2   int peso;
3   int valore;
4   };
5   oggetto oggetti[100];
6   int soluzioni[1000];
7
8   int knapsack_bottom_up(int n)
9   {
10      for (int i = 0; i < N; i++)
11          for (int j = 0; j <= M - oggetti[i].peso ; j++)
12              if (soluzioni[j] + oggetti[i].valore > soluzioni[j+oggetti[i].peso
                    ])
13                  soluzioni[j+oggetti[i].peso] = soluzioni[j] + oggetti[i].valore
                        ;
14      return soluzioni[M];
15  }
```

L'idea in questo caso è piuttosto semplice: si calcola per il primo oggetto il meglio che si riesce a fare con quell'oggetto su zaini di dimensioni da 0 a M e i risultati vengono memorizzati nel vettore *soluzioni*. Poi per il secondo oggetto (e per tutti i successivi) si procede allo stesso modo,

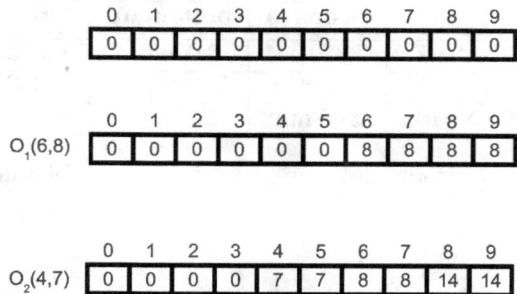

Figura 7.1: Soluzione knapsack bottom-up

aggiornando dove si ottengono dei risultati migliori, i valori massimi per gli zaini di dimensioni da 0 a M.

La figura 7.1 dovrebbe illustrare meglio come funziona l'algoritmo: alla prima riga il vettore *soluzioni* viene inizializzato a zero, poiché se non ci sono oggetti il valore dello zaino è zero indipendentemente dalla sua dimensione. Alla seconda riga si inserisce il primo oggetto, quello di peso 6 e valore 8 e per farlo è sufficiente ragionare nel solito modo, per cui se so la soluzione ottima dello zaino di dimensione k, allora se posso inserire l'oggetto troverò la soluzione ottima[1] dello zaino di dimensione $k + P_i$ semplicemente aggiungendo il valore dell'oggetto i-esimo al valore dello zaino di dimensione k. Attenzione a non confondere questo modo di procedere con quello della tecnica *greedy*: in quel caso una volta fatta una scelta non si può più tornare indietro, in questo caso invece la scelta è ottima per un sottoinsieme degli oggetti del problema e ogni volta che aggiungo un nuovo tipo di oggetto i valori ottimi ottenuti in precedenza potrebbero essere migliorati: ad ogni passo i noi teniamo in memoria nel vettore *soluzioni* tutte le soluzioni ottime per ogni zaino di dimensione da 0 a M per i sottoinsiemi di oggetti dal primo fino all'oggetto i-esimo.

Aggiungendo il secondo tipo di oggetto di peso 4 e valore 7 e procedendo ad aggiornare con il ciclo alla riga 11 si vede che le caselle 4 e 5 vengono modificate inserendo 7, cioè adesso sappiamo che con quei due tipi di oggetti uno zaino di dimensione 4 o 5 può contenere un solo oggetto del secondo tipo e il valore dello zaino è 7. Le caselle 6 e 7 non vengono invece aggiornate perché già hanno un valore maggiore di 7, contenendo l'oggetto O_1. La 8 e la 9 invece vengono aggiornate perché partendo dalla 4 e della 5 e spostandosi avanti del peso di O_2 e aggiungendo ai valori di quelle caselle il valore di O_2 si ottiene 14, che è migliore di 8 e rappresenta il fatto che negli zaini di portata 8 e 9 posso mettere due oggetti di tipo O_2 e avere gli ottimi per l'insieme formato dai due oggetti.

L'ottimo globale lo si trova dopo avere ripetuto il procedimento per tutti gli oggetti appartenenti all'insieme definito nel problema (riga 10) e prendendo il valore che si trova in soluzioni[M], poiché, come si vede facilmente, questo procedimento farà si che i valori nel vettore siano sicuramente crescenti (non strettamente) e quindi l'ultimo non può che essere il massimo (non necessariamente l'unico).

Per completezza mostriamo infine la soluzione dinamica top-down, che come già visto non è altro che una modifica abbastanza meccanica della soluzione ricorsiva a cui aggiungiamo una memorizzazione opportuna degli elementi già calcolati per non dover risolvere ricorsivamente più volte lo stesso problema.

```
1   int knapsack_top_down(int n)
2   {
3       if (soluzioni[n] != -1) return soluzioni[n];
4       int max = 0;
5       for (int i = 0; i < N; i++)
6       {
7           int preso = 0;
```

---

[1]Questo ragionamento funziona perché abbiamo quanti oggetti vogliamo di ogni tipo, se così non fosse non potremmo arrivare alla stessa conclusione poiché per inserire un oggetto nello zaino dovremmo anche sapere se ne sono rimasti degli esemplari o se sono già stati usati tutti nella soluzione ottima precedente.

	ricorsiva	bottom up	top down
M=120 N=7	7.870 sec	0.000 sec	0.000 sec
M =200 N=20	> 5 min	0.000 sec	0.000 sec
M=900 N=100	≫ 5 min	0.004 sec	0.004 sec

Tabella 7.1: Confronto delle prestazioni per il problema knapsack

```
8        if (n - oggetti[i].peso >= 0)
9            preso = oggetti[i].valore + knapsack_top_down(n - oggetti[i].peso);
10       if (preso > max)
11           max = preso;
12    }
13    soluzioni[n] = max;
14    return max;
15 }
```

Come si può notare le uniche differenze rispetto alla funzione ricorsiva "tradizionale" si trovano alla riga 3, dove la condizione base è stata sostituita con il controllo che verifica se si è già memorizzata la soluzione per quella dimensione della zaino e , in caso affermativo, lo ritorna e alla riga 13 dove, una volta trovato il valore migliore, lo si memorizza nella casella opportuna.

Per finire vengono mostrati nella tabella 7.1 i tempi di esecuzione misurati sul mio Pentium IV a 2.8 GHz per evidenziare la non fattibilità dell'approccio ricorsivo anche per casi piuttosto piccoli. Volendo dare una stima della complessità computazionale si può dire che per la ricorsiva pura sicuramente abbiamo un andamento esplosivo, che dipende da M (dimensione del sacco) e da N (numero di oggetti), ma anche dalle dimensioni del sacco rispetto ai pesi dei singoli oggetti, quindi a parità di M e N possiamo comunque avere risultati molto diversi; per le altre due invece abbiamo una complessità di tipo $O(M \cdot N)$, che comunque risulta essere di tipo polinomiale, alla peggio, con M e N paragonabili e opportune scelte degli oggetti, di tipo $O(M^2)$.

I risultati della tabella fanno riferimento a precisi casi di input, poiché come già detto non sono solo i valori di M e N a definire il costo degli algoritmi, ma anche le caratteristiche degli oggetti. Per la ricorsiva non sono stati misurati tempi specifici per il secondo e il terzo caso a causa della lunghezza (quindi 5 minuti rappresenta solo il tempo dopo il quale i processi sono stati stoppati).

7.3   Esempio: La dieta di Poldo (poldo) - territoriali 2004

Questo esempio, pur non essendo compreso nel correttore, viene qui mostrato perché è uno dei casi più semplici di programmazione dinamica ed è storicamente il primo problema di questo tipo apparso alle selezioni territoriali (che al tempo si chiamavano regionali).

La dieta di Poldo (poldo)

Difficoltà D=3

Descrizione del problema

Il dottore ordina a Poldo di seguire una dieta. Ad ogni pasto non può mai mangiare un panino che abbia un peso maggiore o uguale a quello appena mangiato. Quando Poldo passeggia per la via del suo paese da ogni ristorante esce un cameriere proponendo il menù del giorno. Ciascun menù è composto da una serie di panini, che verranno serviti in un ordine ben definito, e dal peso di ciascun panino. Poldo, per non violare la regola della sua dieta, una volta scelto un menù, può decidere di mangiare o rifiutare un panino; se lo rifiuta il cameriere gli servirà il successivo e quello rifiutato non gli sarà più servito.

Si deve scrivere un programma che permetta a Poldo, leggendo un menù, di capire qual è il numero massimo di panini che può mangiare per quel menù senza violare la regola della sua dieta.

Riassumendo, Poldo può mangiare un panino se e solo se soddisfa una delle due condizioni:

1. il panino è il primo che mangia in un determinato pasto;

2. il panino non ha un peso maggiore o uguale all'ultimo panino che ha mangiato in un determinato pasto.

Dati in input

La prima linea del file input.txt contiene il numero m di panini proposti nel menu. Le successive m linee contengono un numero intero non negativo che rappresenta il peso del panino che verrà servito. I panini verranno serviti nell'ordine in cui compaiono nell'input.

Dati in output

Il file output.txt contiene il massimo numero di panini che Poldo può mangiare rispettando la dieta.

Assunzioni

I pesi di panini sono espressi in grammi, un panino pesa al massimo 10 Kg. Un menù contiene al massimo 100 panini.

Esempi di input/output

File input.txt	File output.txt
8	6
389	
207	
155	
300	
299	
170	
158	
65	

La prima idea che può venire (e che in effetti è venuta a molti studenti) è quella di usare un approccio *greedy*: mangio il primo panino, da quel momento in poi ogni panino che posso prendere lo mangio, altrimenti passo al successivo. É facile mostrare un controesempio: avendo 3 panini, il primo di peso 100, il secondo 200 e il terzo 150, scegliendo il primo panino Poldo si troverebbe a mangiare solo quel panino, perché i successivi due violerebbero le regole. Se invece Poldo lasciasse indietro il primo panino, potrebbe poi mangiare i successivi due senza violare le regole, ottenendo così un risultato migliore.

Archiviato quindi l'approccio *greedy* si può pensare a una semplice implementazione ricorsiva, come fatto ad esempio per l'esercizio 6.5; per ogni panino, partendo dal primo, posso decidere se prenderlo o non prenderlo e vedere, ricorsivamente, quale delle due scelte mi dà il risultato migliore. Pur se facile da implementare questa funzione presenta il solito problema dell'esplosione combinatoria che la rende praticabile solo per casi di input piccoli (il limite di 100 panini è ben oltre le possibilità di questa implementazione), quindi può essere usata solo nel caso non si abbia in mente niente di meglio.

L'implementazione dinamica *bottom-up* invece è efficiente e ci permette di risolvere il problema abbastanza facilmente: i sottoproblemi che dobbiamo risolvere possono essere i sottoinsiemi dei

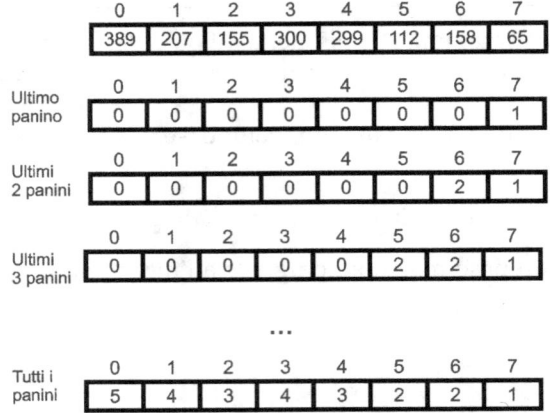

Figura 7.2: Soluzione dinamica al problema poldo

panini formati dagli ultimi k panini, per $1 \leq k \leq N$. Si procede partendo dall'ultimo panino, dove la soluzione ottima è sicuramente di prenderlo e si segna in un vettore che la soluzione ottima per questo sottoproblema è 1. Si passa poi al penultimo panino e si verifica se data la soluzione ottima dell'ultimo panino è possibile prendere anche questo. Se la risposta è positiva memorizzeremo nel vettore delle soluzioni che il problema con due panini permette di avere 2 come soluzione, altrimenti segneremo 1 perché quel panino possiamo sicuramente prenderlo. Si procede così fino al primo panino, scorrendo il vettore delle soluzioni a ritroso e memorizzando di volta in volta nel caso possiamo prendere quel panino, la soluzione migliore che troviamo e poi scrivendola nel vettore delle soluzioni alla posizione corrente. Alla fine è necessario scorre il vettore delle soluzioni per trovare il massimo e quella è la soluzione ottima del nostro problema.

Un'occhiata alla figura 7.2 può aiutare nella comprensione: i dati sono quelli dell'esempio con una modifica al 6° panino (112 al posto di 170) per evidenziare meglio il funzionamento. Alla prima iterazione si guarda il sottoproblema con solo l'ultimo panino e come già detto si segna che la soluzione migliore è 1. Per gli ultimi due panini si scorre a ritroso il vettore delle soluzioni (in questo caso solo l'ultimo elemento del vettore) e siccome 65 è più piccolo di 158 allora posso aggiungerlo alla soluzione per 65 ottenendo 2. Al terzo passaggio vedo che posso mangiare il terzultimo panino per il primo sottoproblema e quindi trovo una soluzione di valore 2, ma non posso per il secondo, perché 158 è maggiore di 112, quindi la soluzione migliore trovata rimane 2 e lo segno nella casella corrispondente. Proseguendo in questo modo arrivo a completare il vettore delle soluzioni e il valore massimo è la soluzione del problema (in questo caso è il primo elemento, ma non è detto sia sempre così, quindi devo fare poi una ricerca del massimo).

Una volta capito il funzionamento il codice risulta abbastanza semplice da implementare

```
1   int soluzioni[100];
2   int panini[100];
3
4   int main(int argc, char *argv[])
5   {
6       fstream in,out;
7       int numeroPanini,max;
8       in.open("input.txt",ios::in);
9       out.open("output.txt",ios::out);
10      in >> numeroPanini;
11      for (int i=0;i<numeroPanini;i++)
12          in >> panini[i];
13      for (int i=numeroPanini-1;i>=0;i--)
14      {
15          max=0;
16          for (int j=numeroPanini-1;j>i;j--)
17          {
18              if (panini[i] > panini[j] && soluzioni[j]>max)
```

```
19              max=soluzioni[j];
20          }
21          soluzioni[i] = max + 1;
22      }
23      max=soluzioni[0];
24      for (int i=1; i< numeroPanini;i++)
25      if (soluzioni[i] > max)
26          max = soluzioni[i];
27      out << max;
28 }
```

Dopo la lettura dell'output (righe 6-12) per ogni sottoproblema di grandezza via via crescente (ciclo righe 13-22) viene applicato a ritrovo il meccanismo spiegato: se è possibile aggiungere il panino alla sottosoluzione (condizione *panini[i] > panini[j]* alla riga 18) e se il valore trovato è maggiore del massimo trovato finora lo si memorizza e alla fine viene aggiunto al vettore delle soluzioni, sommando 1 poiché posso aggiungere il panino corrente. Infine alle righe 24-26 viene semplicemente cercato il massimo del vettore che rappresenta la soluzione del problema.

7.4 Esempio: Lino il giornalaio (lino) - territoriali 2007

Anche in questo esempio, come tutti quelli in cui viene utilizzata una dinamica, si potrebbe adottare una soluzione ricorsiva pura, con i problemi già visti. Con un po' di esperienza è facile capire che la soluzione ricorsiva esploderebbe e quindi ripiegare su una dinamica.

L'idea non è molto diversa dal problema dello zaino, si tratta semplicemente di vedere come applicarla in questo caso.

Lino il giornalaio (lino)

Difficoltà D = 2

Descrizione del problema

Il giornalaio Lino è un appassionato di matematica e, prima di consegnare il resto ai propri clienti, si diverte a calcolare mentalmente quante differenti possibilità esistono per consegnare tale resto. Ad esempio, considerando l'Euro come valuta, per consegnare 6 centesimi di resto esistono le seguenti 5 possibilità:

- 6 monete da un centesimo,

- 4 monete da un centesimo e 1 da due centesimi,

- 2 monete da un centesimo e 2 da due centesimi,

- 1 moneta da un centesimo e 1 da cinque centesimi,

- 3 monete da due centesimi.

Lino si sta però accorgendo che a causa della lentezza nella consegna del resto sta perdendo molti clienti. Pertanto, aiuta Lino a calcolare il numero di possibili combinazioni.

Dati di input

Il file input.txt contiene nella prima riga un intero positivo N che rappresenta il numero di monete diverse disponibili. La seconda riga contiene un intero positivo R che rappresenta il resto da consegnare al cliente. Ciascuna delle successive N righe contiene un intero positivo che indica il valore di ogni singolo tipo di moneta.

Dati di output

Il file output.txt è composto da una riga contenente un solo intero, che rappresenta il numero di tutte le possibili combinazioni di monete per la consegna del resto R (notare che possono essere usate più copie dello stesso tipo di moneta, per esempio 6 monete da cinque centesimi).

Assunzioni

$1 < N < 100$ e $1 < R < 1000$. I valori dei vari tipi di N monete sono tutti diversi.

Esempi di input/output

File input.txt	File output.txt
8 6	5
1	
2	
5	
10	
20	
50	
100	
200	

Come per il problema dello zaino, avendo tante monete quante vogliamo dello stesso taglio, possiamo affrontare il problema suddividendolo nei vari sottoproblemi, il primo contenente solo la prima moneta, il secondo contenente le prime due e così di seguito, e per ogni problema possiamo trovare la soluzione per ogni valore possibile del resto r con $1 \leq r \leq R$, in modo da poter risolvere il successivo sottoproblema usando i risultati del problema precedente. Come è legato un sottoproblema al suo precedente? Come per il problema dello zaino se conosciamo la soluzione ottima con un certo insieme di monete $M_i = \{m_0, m_1, ..., m_i\}$ e uno resto di dimensione r, aggiungendo una nuova moneta m_{i+1} di taglio t la soluzione ottima per il resto di dimensione $r + t$ sarà uguale ai modi con cui potevo dare quel resto con l'insieme precedente M_i (ovviamente se potevo darlo prima posso ancora darlo negli stessi modi) sommato ai modi con cui potevo dare il resto r, perché non faccio altro che aggiungere ai quei modi la nuova moneta di taglio t e riottengo gli stessi modi sul resto $r + t$.

Il codice a questo punto risulta molto semplice da scrivere:

```
1   int monete[100];
2   int soluzioni[1001];
3   int N,R;
4
5   int main()
6   {
7       ifstream in("input.txt");
8       ofstream out("output.txt");
9       in >> N >> R;
10      for (int i=0;i<N;i++)
11          in >> monete[i];
12      for (int i=0; i<=R; i++)
13          soluzioni[i] = 0;
14      soluzioni[0]=1;
15      for (int i = 0; i < N; i++)
16          for (int j = 0; j <= R - monete[i]; j++)
17              soluzioni[j + monete[i]] = soluzioni[j + monete[i]] + soluzioni[j];
18      out << soluzioni[R];
19      return 0;
20  }
```

Dopo aver letto i dati di input (righe 7-11), nelle successive tre righe inizializzo il vettore contenente le soluzioni dei vari sottoproblemi, mettendo a 0 tutte le caselle, poiché se non ho monete ci sono 0 modi di dare qualsiasi resto, tranne la prima casella che viene inizializzata a 1 per significare che data una qualsiasi moneta esiste sempre un modo per dare un resto con lo stesso taglio della moneta. A questo punto la soluzione si sviluppa nelle righe 15-17, dove il ciclo esterno serve ad inserire ogni volta una nuova moneta nel sottoproblema da risolvere e il ciclo interno aggiorna il vettore delle soluzioni per tutte le dimensioni possibili dei resti, utilizzando quanto detto in precedenza.

La soluzione poi si troverà nell'ultima casella del vettore, perché ogni casella rappresenta la soluzione migliore per ogni resto individuato dall'indice del vettore.

7.5 Esempio: Missioni segrete (missioni) - territoriali 2008

Riprendiamo qui l'esempio 6.5 per vedere come può essere risolto in maniera dinamica (non viene quindi riportato il testo che può essere trovato a pagina 62)

```
1  struct Missione {
2      int durata, fine;
3  };
4  Missione missioni[101];
5  int soluzioni[366];
6  int main()
7  {
8      ifstream in("input.txt");
9      ofstream out("output.txt");
10     int n;
11     in >> n;
12     for (int i=0; i<n; i++)
13         in >> missioni[i].durata >> missioni[i].fine;
14     for (int i=0; i<n; i++)
15         for (int j=missioni[i].fine - missioni[i].durata; j>=0; j--)
16             if (soluzioni[j] + 1 > soluzioni[j+missioni[i].durata])
17                 soluzioni[j+missioni[i].durata] = soluzioni[j]+1;
18     int max = soluzioni[0];
19     for (int i=0; i<366; i++)
20         if (soluzioni[i] > max) max = soluzioni[i];
21     out << max;
22 }
```

Ormai dovrebbe essere chiaro che questi tipi di problemi si assomigliano e basta un po' d'esperienza per vedere dove sono le differenze e modificare l'idea di partenza in modo opportuno per arrivare alla soluzione del problema.

Anche in questo caso i sottoproblemi sono gli insiemi formati dalle prime i missioni e si tiene traccia in un vettore il numero massimo di missioni che si riescono a fare fino al giorno j-esimo. Dato quindi un insieme $M_i = \{m_0, m_1, ..., m_i\}$ composto da i missioni, posso calcolare le soluzioni ottime per ogni giorno dell'anno aggiungendo una nuova missione m_{i+1}, considerando che la soluzione ottima al giorno $g + Durata(m_{i+1})$ o è quella ottenuta con l'insieme precedente, poiché inserendo la nuova soluzione peggioro la situazione (perché altre missioni che nella soluzione ottima precedente si potevano fare non possono più essere fatte) oppure è uguale alle missioni che si potevano fare al giorno g a cui sommo 1, cioè la missione che ho aggiunto.

Il codice descrive quanto detto: dopo aver definito una struttura (righe 1-3) per memorizzare le informazioni ed averle lette dal file di ingresso (righe 8-13), viene eseguito il ciclo (riga 14) che crea i sottoinsiemi delle missioni e poi si controlla se aggiungendo una nuova missione si ottiene un miglioramento (riga 16) e nel caso si aggiorna il vettore delle soluzioni (riga 17): di fatto nel ciclo interno è come se ogni missione venisse piazzata in tutti i possibili posti dove può stare e per ogni possibilità si memorizza il meglio che si ottiene.

Infine viene cercato il massimo nel vettore delle soluzioni, che rappresenta la soluzione cercata.

Capitolo 8

I grafi

"Tornare indietro!" pensò. "Neanche per sogno! Andare di lato? Impossibile! Andare avanti?
È la sola cosa da fare! Dunque, in marcia!"

J.R.R. Tolkien, Lo Hobbit

I grafi svolgono un ruolo importante in molti problemi di gara, anche a livello delle territoriali, in quei problemi dove i dati sono collegati tra di loro in maniera non lineare, a differenza ad esempio dei dati in una lista, dove ogni dato ha solo una relazione d'ordine con i due vicini (precedente e successivo).

Il primo passo per poter risolvere problemi utilizzando i grafi sarà quello di vedere come memorizzarne la struttura e successivamente verranno mostrati alcuni algoritmi applicati a problemi concreti delle Olimpiadi.

8.1 Definizione di grafo

Un grafo è definito come

$$G = (V, E)$$

dove V è l'insieme dei *vertici* di un grafo (detti anche *nodi*) e E è l'insieme dei *lati* (o *archi*) che uniscono coppie di nodi. Nell'esempio in figura 8.1 si può vedere come il grafo sia formato da 4 vertici (1, 2, 3, 4) e da 4 lati (1-3, 1-2, 1-4, 2-4).

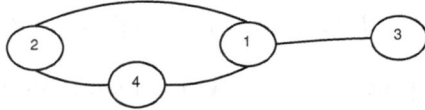

Figura 8.1: Esempio di grafo con 4 vertici e 4 lati

Per come è stato definito l'insieme E è contenuto nel prodotto cartesiano[1] dell'insieme V con sé stesso

$$E \subseteq V \times V$$

cioè gli archi sono descritti dalla coppia di vertici che si trovano ai propri estremi.

Esempi di problemi del mondo reale che possono essere rappresentati attraverso i grafi sono:

- una carta stradale, dove i vertici sono le città e gli archi sono le strade che li uniscono. Un problema tipico che si vuole risolvere è quello di trovare la minima distanza tra due determinate città

---

[1]Il prodotto cartesiano di due insiemi è l'insieme delle coppie ottenute prendendo un elemento del primo insieme e associandolo a un elemento del secondo insieme.

- una scheda elettronica stampata dove i vertici sono i fori e le linee che uniscono tra di loro tutti i fori sono gli archi del grafo. Un problema tipico in questo caso è quello di scegliere un insieme di archi la cui somma sia minima (considerando il valore di un arco come la distanza che separa i fori da esso collegati) e che permetta comunque di passare attraverso tutti i vertici

- un insieme di attività da eseguire in un certo ordine per raggiungere uno scopo, dove le attività sono i vertici e le relazioni di precedenza tra le attività sono gli archi del grafo. In questo caso un problema è quello di stabilire quali sono le attività critiche, cioè quelle che se subiscono un ritardo fanno ritardare l'intera fine del progetto

- la rete elettrica nazionale, dove i vertici sono le centrali elettriche e gli archi sono le linee ad alta tensione che le collegano. Qua un problema tipico è di stabilire cosa succede al carico della rete quando una linea viene interrotta

Come si può vedere da questo piccolo insieme di esempi i campi dove trova applicazione la teoria dei grafi sono i più disparati e i problemi che è in grado di risolvere sono di vario genere.

Proseguendo nelle definizioni possiamo dire che un grafo è *orientato* quando agli archi viene associata una direzione di "percorrenza", che viene rappresentata con una freccia e, nell'esempio in cui il grafo rappresenta una carta stradale, può indicare che la strada rappresentata dall'arco è un senso unico.

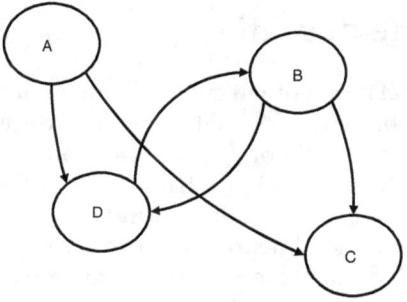

Figura 8.2: Esempio di grafo orientato

Inoltre un grafo si dice *connesso* quando, data una qualunque coppia dei suoi vertici, è sempre possibile trovare un *cammino* che porta da un vertice della coppia verso l'altro. Un *cammino* è composto da una sequenza di nodi v_0, v_1, ..., v_n e da una sequenza di archi (v_0-v_1), (v_1-v_2), ..., (v_{n-1},v_n) in cui ogni vertice compare una volta sola. Se esiste almeno una coppia di nodi per cui non esiste un cammino che unisce i suoi nodi allora il grafo si dice *non connesso*. Per quanto riguarda la proprietà di connessione l'orientamento degli archi non viene considerato.

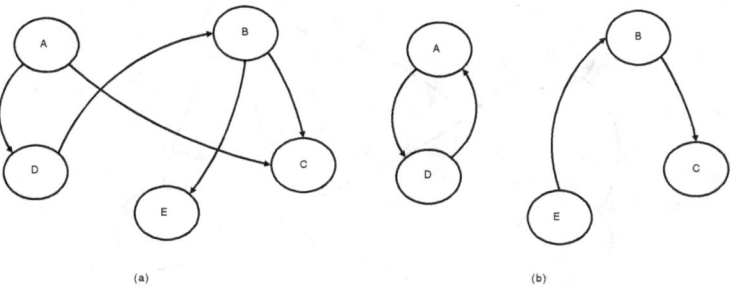

Figura 8.3: Grafo connesso (a) e grafo non connesso (b)

Infine un grafo si dice *pesato* quando sui suoi archi è presente un numero (peso) che, sempre nell'esempio della mappa stradale, potrebbe rappresentare la lunghezza della strada o il tempo di percorrenza o il costo del pedaggio ecc.

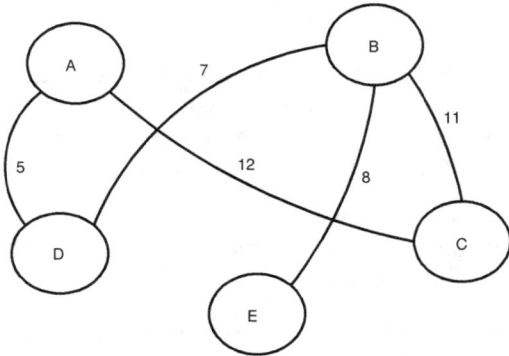

Figura 8.4: Grafo pesato

Queste proprietà dei grafi sono indipendenti tra di loro quindi esistono grafi connessi orientati pesati e ognuna delle altre possibili combinazioni.

8.2 Rappresentazione di grafi

Il primo problema che si pone nel momento in cui vogliamo risolvere degli esercizi che fanno uso dei grafi come strutture per l'elaborazione dei dati è quello di decidere come rappresentarli all'interno di un programma. Mentre per tutti i problemi visti in precedenza la struttura fondamentale per la memorizzazione è stato il vettore, nei problemi contenenti i grafi i vettori da soli non sono adeguati[2], poiché mentre i vettori sono la scelta naturale per rappresentare sequenze di valori, quando i dati hanno delle relazioni non lineari tra di loro, i vettori non sono d'aiuto.

Esistono due modi principali di rappresentare un grafo, uno detto *matrice di adiacenza* e l'altro chiamato *liste di adiacenza*. In entrambi i modi posso descrivere gli stessi grafi, ognuno ha le sue caratteristiche peculiari che lo rendono più adatto a certi contesti, ma qui non ci si soffermerà su questo quanto sull'implementazione concreta di essi. Partiamo con l'esempio più semplice, dove vogliamo rappresentare il grafo mostrato in figura 8.5, che non è né pesato né orientato.

In figura 8.6 (a) si può vedere la rappresentazione tramite *matrice di adiacenza*, che è estremamente semplice: alla casella *m[i][j]* si inserisce un 1 se esiste un arco tra il nodo *i* e il nodo *j*, 0 altrimenti. In questo caso, essendo il grafo non orientato, la matrice presenta una simmetria lungo la diagonale maggiore, poiché se c'è una relazione tra *i* e *j* c'è anche tra *j* e *i*. Viceversa, se gli

---

[2]Va detto che anche un vettore contenente elementi opportuni potrebbe essere utilizzato per rappresentare un grafo, solo che è una rappresentazione in genere poco usata.

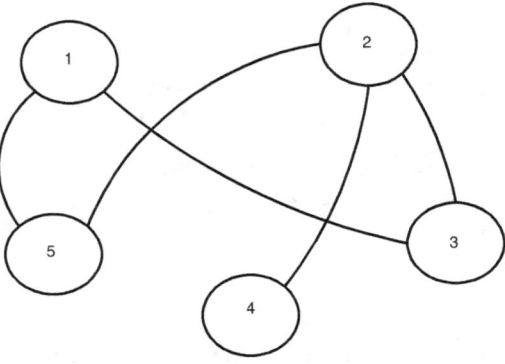

Figura 8.5: Grafo di esempio

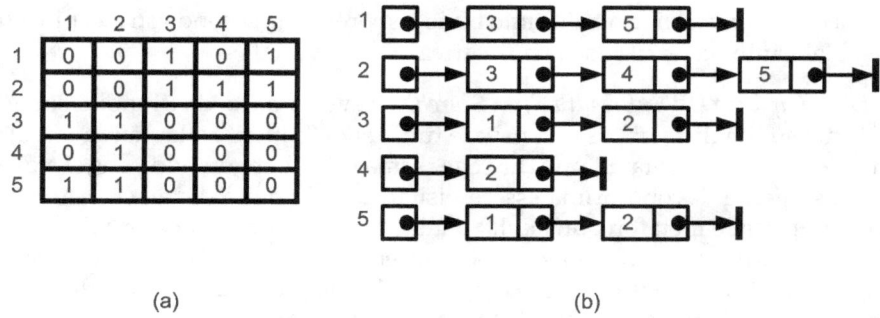

Figura 8.6: Matrice e liste d'adiacenza

archi avessero un orientamento, questo tipo di simmetria non sarebbe necessariamente presente. Inoltre se dovessimo rappresentare un grafo pesato al posto degli 1 inseriremmo il peso relativo all'arco che stiamo rappresentando.

In figura 8.6 (b) viene invece mostrato lo stesso grafo rappresentato attraverso *liste di adiacenza*, dove ad ogni nodo del grafo viene associata una lista (qui rappresentata con il classico formalismo della lista concatenata) che contiene i nodi che sono in relazione con il nodo a cui la lista appartiene. Le considerazioni fatte per la matrice rispetto alla rappresentazione di altri tipi di grafo valgono anche per le liste, dove con semplici cambiamenti si possono rappresentare diversi tipi di grafo.

Per quanto riguarda il modo con cui queste strutture vengono descritte nei linguaggi C/C++ possiamo subito notare che la *matrice d'adiacenza* ha una rappresentazione ovvia attraverso una normale matrice del C, mentre le *liste di adiacenza* hanno una rappresentazione più complessa, che può essere semplificata utilizzando i container della Libreria Standard del C++. Nonostante questo gli algoritmi che vedremo nel prossimo paragrafo usano questa seconda modalità, perché permette di esprimerli in modo più semplice e elegante. Sempre nel paragrafo successivo si vedrà dunque come le *liste di adiacenza* sono realizzate in C++.

8.3 Visite in profondità e in ampiezza

In questo manuale introduttivo non verranno affrontati argomenti complessi rispetto ai grafi, ma sicuramente è necessario vedere almeno il problema della visita. Quando in un vettore vogliamo guardare tutti gli elementi ci limitiamo a scorrerlo dall'inizio alla fine, la stessa cosa fatta in un grafo non è altrettanto banale, perché non sembra esserci un percorso ovvio da seguire e, se non si sta attenti, si rischia di ripercorrere più volte le stesse strade e entrare in cicli infiniti. Quindi la prima cosa che bisogna imparare per usare i grafi è di capire come visitarli, cioè passare attraverso tutti i nodi per eventualmente eseguire qualche operazione. É bene notare fin da subito che sebbene gli algoritmi che vedremo sono soltanto due, le idee su cui sono basati, opportunamente modificate, permettono di risolvere molti altri problemi oltre a quelli della visita e quindi le visite fanno di sicuro parte del bagaglio dell'apprendista algoritmico.

I modi con cui un grafo può essere visitato si dividono in due, chiamati *visita in profondità* e *visita in ampiezza*. Senza approfondire troppo le differenze tra le due strategie, proviamo a darne una definizione intuitiva:

- la *visita in profondità (DFS, Depth-First Search)* parte da un nodo sorgente, guarda il primo nodo a lui collegato e si "sposta" su quello per continuare la visita, riapplicando poi la stessa tecnica. Quando arriva a un nodo che non ha ulteriori collegamenti o che è già stato visitato, si ferma, torna indietro e appena trova un nuovo collegamento che aveva lasciato indietro riparte ad esplorare, ripetendo questi passaggi fino alla visita di tutti i nodi. Questo modo di procedere è a volte paragonato all'esplorazione di un labirinto, in cui si segue una strada e a ogni bivio si sceglie ad esempio la strada più a destra: quando poi si arriva a un vicolo cieco si torna indietro all'ultimo bivio e si prende la seconda strada più a destra e così via (se il labirinto ha un'uscita si ha la certezza di trovarla).

- la *visita in ampiezza (BFS, Breadth-First Search)* viceversa parte da un nodo sorgente e prima visita tutti i suoi figli e poi passa a visitare tutti i suoi "nipoti", allargando di volta in volta il confine dei nodi che visita. Si può dire che prima di visitare un nodo che si trova a distanza *i+1* dalla sorgente devono prima essere visitati tutti i nodi a distanza *i*. Anche per questa vista esistono delle metafore, una delle quali è quella di un acquedotto dove i tubi sono gli archi e le giunture tra i tubi sono i nodi: facendo uscire l'acqua da una sorgente, questa percorrerà i tubi in tutte le direzioni e il "fronte" d'acqua raggiungerà nello stesso istante le giunture che si trovano alla stessa distanza dalla sorgente.

Nonostante il comportamento diverso si potrà notare che gli algoritmi sono praticamente identici, salvo il fatto che la prima visita usa come struttura d'appoggio una pila[3], mentre la seconda usa una coda.

Vediamo adesso un'implementazione[4] in C++ sia della rappresentazione di un grafo tramite *liste d'adiacenza* sia della *visita in profondità*.

```
1   list<int> liste[100];
2   int visitato[100];
3   stack <int> pila;
4   int N,M;
5   void visita_profondita(int n)
6   {
7       pila.push(n);
8       while (!pila.empty())
9       {
10          int corrente = pila.top();
11          pila.pop();
12          if (visitato[corrente] == false)
13          {
14              visitato[corrente] = true;
15              cout << corrente << endl;
16              for (list <int>::iterator i = liste[corrente].begin(); i!=liste[
                    corrente].end(); i++)
17                  pila.push(*i);
18          }
19      }
20  }
21
22  int main()
23  {
24      fstream in("input.txt",ios::in);
25      in >> N >> M;
26      for (int i=0; i<N; i++)
27          visitato[i] = false;
28      for (int i=0; i<M; i++)
29      {
30          int a,b;
31          in >> a >> b;
32          liste[a].push_back(b);
33          liste[b].push_back(a);
34      }
35      visita_profondita(1);
36      return 0;
37  }
```

---

[3]É possibile per la visita in profondità darne una semplice versione ricorsiva che utilizza lo stack implicito creato dalle chiamate ricorsive.

[4]Questa implementazione prevede che il grafo sia *connesso*, ma con delle semplici modifiche la si può adattare a grafi non connessi.

Input.txt	Profondità	Ampiezza
5 5	1	1
1 3	5	3
1 5	2	5
2 3	4	2
2 4	3	4
2 5		

Tabella 8.1: Risultati della visita in ampiezza e in profondità

Alla riga 1 viene definita la struttura per memorizzare le informazioni del grafo e, utilizzando il container *list* della Libreria Standard, non è necessario preoccuparsi di gestire delle liste concatenate. In questa implementazione dobbiamo conoscere a priori il numero di nodi per dimensionare il vettore di liste, ma questa, come abbiamo già visto, è una condizione sempre vera nelle Olimpiadi (in questo esempio quindi la lista sarebbe in grado di gestire grafi con massimo 100 nodi o 99 se sono numerati a partire da uno).

L'inserimento dei dati prevede che il file contenga un intero N che rappresenta il numero dei nodi (indicati con interi da 1 a N) e un intero M che rappresenta gli archi presenti e nelle successive M righe si trovano gli archi, rappresentati ognuno come coppia di nodi che vengono messi in relazione da quell'arco.

Essendo il grafo non orientato ogni coppia di nodi viene utilizzata per inserire all'interno della lista del primo nodo il secondo nodo (riga 32) e all'interno della lista del secondo nodo il primo nodo (riga 33). Grazie alle *list* questo operazione implica solo l'utilizzo del metodo *push_back*, che aggiunge alla lista un nuovo elemento. Vengono inoltre inizializzati a *false* tutti gli elementi del vettore *visitato* (righe 26-27), che serve a tenere traccia dei nodi che sono già stati visitati per evitare di entrare in cicli infiniti (ogni nodo deve essere visitato una e una sola volta).

La funzione che fa la visita in profondità utilizza una pila come struttura di appoggio ed esegue i seguenti passi:

1. inserisce il nodo sorgente nella pila; ovviamente a nodi diversi corrisponderanno diversi ordini di visita (riga 7)

2. finché la pila non è vuota (riga 8)

    (a) estraggo il primo elemento dalla pila (righe 10-11). In C++ questo va fatto in due operazioni perché il metodo *top* restituisce il valore di quell'elemento e il metodo *pop* lo elimina

    (b) se è un nodo non ancora visitato (riga 12)

        i. segno nel vettore che adesso è stato visitato (riga 14) e in questo caso lo stampo a video, ma potrei fare qualsiasi altra cosa che mi viene chiesta nel problema

        ii. prendo l'elenco dei nodi che sono in relazione con il nodo corrente e li inserisco tutti nella pila (righe 16-17)

    (c) se la pila non è vuota ripeto dal punto (a)

Per la visita in ampiezza il codice è quasi identico, solo che come struttura di appoggio al posto di una pila uso una coda, utilizzando sempre il container standard del C++.

```
1   void visita_ampiezza(int n)
2   {
3       coda.push(n);
4       while (!coda.empty())
5       {
6           int corrente = coda.front();
7           coda.pop();
8           if (visitato[corrente] == false)
9           {
10              visitato[corrente] = true;
```

```
11        cout << corrente << endl;
12        for (list <int>::iterator i = liste[corrente].begin(); i!=liste[
              corrente].end();i++)
13            coda.push(*i);
14    }
15  }
16 }
```

In tabella 8.1 è possibile vedere l'esito delle visite sul grafo di esempio mostrato in figura 8.5, dove è stato usato il nodo 1 come nodo sorgente.

Come già detto esistono tanti altri tipi di problemi sui grafi: in alcuni casi bastano delle semplici modifiche a quanto visto sopra per trovare la soluzione, in altri è necessario ricorrere ad algoritmi più sofisticati. Per quanto riguarda il livello delle territoriali quanto visto dovrebbe essere sufficiente per poter affrontare con successo ogni problema che richieda l'utilizzo dei grafi nella strategia risolutiva.

8.4   Esempio: Sunnydale - territoriali 2005

Questo problema in effetti non richiede l'uso di un grafo così come abbiamo visto finora, ma la sua definizione sembrerebbe implicarlo, sarà quindi interessante vedere come alcune proprietà del problema, se comprese, ne portano a una drastica semplificazione.

Sunnydale (sunny)

Difficoltà D = 2.

Descrizione del problema

Sunnydale è una città che - per ragioni storiche e ambientali - ospita un elevatissimo numero di vampiri.

Per ragioni cutanee i vampiri non possono sopportare la luce solare e, storicamente, hanno sempre avuto enormi difficoltà a viaggiare col sole alto nel cielo; l'attraversamento delle gallerie sotterranee di Sunnydale è sempre stato il mezzo preferito dai vampiri per muoversi nella città.

I continui crolli delle gallerie hanno creato dei fori nei soffitti, rendendone alcune troppo luminose per un attraversamento tranquillo e sereno.

Harmony, una ragazza-vampiro, passeggia per le gallerie di Sunnydale quando il suo amico Spike le telefona per invitarla a casa sua.

Purtroppo ella si muove per le gallerie sotterranee secondo una regola tanto semplice quanto tassativa: ad ogni svincolo sceglie sempre e comunque la galleria meno luminosa per paura di rovinare la propria pelle.

Sapendo che non esistono due gallerie egualmente luminose, bisogna determinare se Harmony possa raggiungere la casa sotterranea di Spike e, in caso affermativo, quante gallerie le sono necessarie per arrivare.

Dati di input

La prima riga del file input.txt è composta da quattro numeri interi N, M, H e S: il primo rappresenta il numero degli svincoli (numerati da 1 a N), il secondo rappresenta il numero delle gallerie, il terzo rappresenta l'indice dello svincolo in cui si trova Harmony quando riceve la telefonata; il quarto, infine, rappresenta l'indice dello svincolo della casa di Spike.

Ognuna delle successive M righe descrive una galleria e contiene tre numeri interi A, B e L separati da uno spazio: i primi due rappresentano gli svincoli collegati dalla galleria mentre il terzo rappresenta il suo grado di luminosità.

Dati di output

Il file output.txt dovrà contenere un unico numero intero: -1 se Harmony non riuscirà a raggiungere Spike; altrimenti, il numero di gallerie che ella percorrerà prima di raggiungerlo.

Assunzioni

$2 \leq N \leq 50000$ $1 \leq M \leq 50000$ Non esistono due gallerie con la stessa luminosità L. Per ogni galleria, $1 \leq L \leq M$. $1 \leq H, S \leq N$

Esempi di input/output

File input.txt	File output.txt
5 6 1 5	2
1 2 5	
2 3 1	
3 4 3	
4 5 2	
5 1 6	
1 4 4	

Come si può vedere dalla lettura del testo gli ingredienti per considerare l'utilizzo di un grafo ci sono tutti: gli svincoli che possono essere rappresentati come nodi, le gallerie che sono gli archi, la luminosità che può essere vista come il peso degli archi, un nodo sorgente (Harmony) e un nodo destinazione (Spike). Prima però di buttarsi in implementazioni affrettate bisogna notare che c'è una condizione che semplifica drasticamente il problema e rende inutile l'utilizzo di un grafo: ad ogni svincolo Harmony sceglie sempre la galleria meno luminosa (e tutte le gallerie hanno luminosità diversa). Questo vuol dire che già quando viene letto l'input sarà possibile eliminare tutte le gallerie che non soddisfano questa condizione e quindi ci si ritroverà con un grafo in cui ogni nodo ha al massimo un arco uscente e quindi per la sua rappresentazione sarà necessario un vettore contenente per ogni nodo l'indice dell'unico nodo raggiungibile e la luce che illumina questa galleria (quest'ultima informazione sarà usata solo per costruire il contenuto del vettore).

A questo punto basta semplicemente spostarsi da un nodo all'altro, partendo dal nodo di Harmony e seguendo per ogni nodo l'unico arco uscente: solo due condizioni condizioni sono possibili

- arrivo al nodo di Spike e con un contatore posso tenere traccia del numero di gallerie attraversare

- ripasso su di un nodo che ho già attraversato e quindi entro in un ciclo che non mi permetterà di raggiungere mai Spike

Fatte queste considerazioni il codice risulta così

```
1   struct svincolo{
2       int svincoloCollegato;
3       int luce;
4       svincolo():luce(100000){}
5   };
6   svincolo svincoli[50001];
7   bool visitato[50001];
8
9   int main()
10  {
11      fstream in,out;
12      in.open("input.txt",ios::in);
13      out.open("output.txt",ios::out);
14      in >> N >> M >> H >> S;
```

```
15      for (int i=1;i<=N;i++)
16          visitato[i] = false;
17      for (int i=1;i<=M;i++)
18      {
19          int A, B, L;
20          in >> A >> B >> L;
21          if (svincoli[A].luce > L)
22          {
23              svincoli[A].luce = L;
24              svincoli[A].svincoloCollegato = B;
25          }
26          if (svincoli[B].luce > L)
27          {
28              svincoli[B].luce = L;
29              svincoli[B].svincoloCollegato = A;
30          }
31      }
32      int corrente = H;
33      int gallerie = 0;
34      while(corrente != S && !visitato[corrente])
35      {
36          visitato[corrente] = true;
37          gallerie++;
38          corrente = svincoli[corrente].svincoloCollegato;
39      }
40      if (corrente == S)
41          out << gallerie << endl;
42      else
43          out << "-1" << endl;
44      return 0;
45  }
```

Per memorizzare questo grafo "semplificato" si crea una struttura (righe 1-5) che memorizza il nodo collegato e la luce che caratterizza la galleria di collegamento: da notare che il costruttore inizializza la luce ha un valore più alto del massimo possibile in modo che venga aggiornata ogni volta che si trova un valore minore. Il vettore *svincoli* conterrà le informazioni su ogni svincolo e il vettore *visitato* servirà per segnare di volta in volta gli svincoli che vengono visitati.

In questo caso la lettura dei dati, in particolare quelli riguardanti le gallerie (righe 17-31) è fondamentale per la risoluzione del problema: man mano che leggo aggiorno i collegamenti tra gli svincoli ogni volta che il valore della luminosità è minore di un valore trovato in precedenza (questa cosa viene fatta sia per il nodo di partenza che per quello di arrivo perché il grafo non è orientato).

A questo punto è sufficiente partire dal nodo di Harmony e, tramite un ciclo (righe 34-39), spostarsi al nodo successivo, continuando questo procedimento fino a quando raggiungo il nodo di Spike o mi accorgo di trovarmi in un modo già visitato (riga 34). In uscita dal ciclo sarà sufficiente vedere se l'ultimo nodo visitato è quello di Spike e stampare il numero di gallerie, oppure stampare -1.

8.5 Esempio: Depurazione dell'acqua - territoriali 2009

Anche in questo esempio sembra evidente che la struttura dati necessaria per risolverlo sia un grafo, perché ci troviamo nella condizione in cui ci sono delle relazioni tra dati di tipo non lineare. Vedremo che prendendo spunto dalle idee viste in precedenza la soluzione risulta non troppo complessa da raggiungere.

Depurazione dell'acqua (depura)

Difficoltà D = 2.

Descrizione del problema

Bisogna realizzare un procedimento chimico per la depurazione dell'acqua, avendo a disposizione un certo numero di sostanze, numerate da 1 in avanti. Per un'efficace depurazione, è necessario inserire nell'acqua la sostanza chimica purificante numero 1, tenendo presente che nell'acqua sono già presenti K sostanze chimiche.

Per quanto riguarda il procedimento adottato, valgono R precise regole per poter inserire le sostanze chimiche nell'acqua. Tali regole prevedono che una certa sostanza A possa essere inserita solo se nell'acqua sono già presenti un dato insieme di sostanze, ad esempio, A1, A2,..., An (dove Ai $\neq$ A per $1 \leq i \leq n$). In tal caso, scriviamo tale regola di inserimento nel seguente modo

   A :– A1, A2,..., An

e diciamo che A compare nella parte sinistra della regola. Al fine di un corretto inserimento delle sostanze, valgono le seguenti osservazioni:

- l'eventuale presenza di ulteriori sostanze non inibisce l'applicabilità della regola suddetta;

- se A compare nella parte sinistra di una regola, allora non può comparire nella parte sinistra di altre regole e non può essere una delle K sostanze già presenti nell'acqua;

- qualora una sostanza sia priva di regole (ossia non compaia mai nella parte sinistra di una qualche regola) e non sia già presente nell'acqua, tale sostanza non può essere inserita;

- non è necessario usare tutte le regole e/o tutte le sostanze a disposizione.

Per esempio, ipotizzando che le sostanze 2 e 3 siano già presenti nell'acqua (K=2) e che valgano le seguenti regole (R=4):

   4 :– 2
   5 :– 2, 3
   7 :– 2, 4
   1 :– 3, 7, 4

possiamo inserire la sostanza 4 perché la sostanza 2 è già presente (prima regola); in seguito, possiamo inserire anche la sostanza 7 perché le sostanze 2 e 4 sono presenti nell'acqua (terza regola); a questo punto, possiamo aggiungere la sostanza 1 perché le sostanze 3, 7 e 4 sono presenti (ultima regola). Quindi abbiamo inserito un totale di S=3 sostanze, ossia 4, 7 e 1 (oltre alle K=2 già presenti), per purificare l'acqua.

Scrivere un programma che calcoli il numero minimo S di sostanze da inserire per purificare l'acqua, conoscendo le K sostanze già presenti nell'acqua e le R regole di inserimento. Tale numero sarà S = 0 se la sostanza 1 è già presente nell'acqua; sarà S = 1 se la sostanza 1 può essere inserita direttamente e non è già presente; in generale, sarà S = m se è necessario inserire m-1 sostanze prima di poter inserire la sostanza 1. Nel caso in cui non sia possibile purificare l'acqua, bisogna restituire il valore S = -1.

Dati di input

Il file input.txt è composto da K+R+1 righe.

La prima riga contiene due interi positivi separati da uno spazio, rispettivamente il numero K delle sostanze chimiche già presenti nell'acqua e il numero R di regole di inserimento.

La successive K righe contengono le K sostanze già presenti nell'acqua, dove ogni riga è composta da un solo intero positivo che rappresenta una di tali sostanze.

Le ultime R righe rappresentano le R regole, al massimo una regola per ciascuna sostanza non presente nell'acqua. Ciascuna riga è composta da n+2 interi positivi A, n, A1, A2,..., An separati da uno spazio (dove Ai $\neq$ A per $1 \leq i \leq n$), i quali rappresentano la regola A :– A1, A2,..., An.

Dati di output

Il file output.txt è composto da una sola riga contenente un intero S, il minimo numero di sostanze inserite (oltre alle K già presenti) per purificare l'acqua secondo le regole descritte sopra.

Assunzioni

$1 \leq K, R \leq 1000$ Il numero di sostanze chimiche a disposizione è al massimo 2000. I casi di prova non contengono mai situazioni cicliche: in tal modo, non accade mai che una sostanza A possa essere inserita solo se A stessa è già presente nell'acqua.

Esempi di input/output

File input.txt	File output.txt
2 4	3
2	
3	
4 1 2	
5 2 2 3	
7 2 2 4	
1 3 3 7 4	

La prima cosa da fare è di nuovo individuare quali elementi verranno rappresentati da nodi e quali da archi: in questo caso le sostanze faranno la parte dei nodi del nostro grafo e i vincoli che permettono a una sostanza di essere inserita o meno nell'acqua sono gli archi nel grafo. Se ad esempio abbiamo la regola 1 :– 3, 7, 4, essa verrà rappresentata come il nodo 1 con archi orientati verso i nodi 3, 7 e 4 e quindi la solita rappresentazione mediante *liste di adiacenza* sempre del tutto appropriata per contenere i dati di ingresso.

A questo punto la risoluzione viene abbastanza semplice se la si vede da un punto di vista ricorsivo[5] in questo modo:

- data una sostanza, verifico se le sostanze da cui dipende sono già in acqua

  - se lo sono tutte allora anche lei può essere inserita
  - se qualcuna non lo è verifico ricorsivamente se può essere inserita

La condizione di terminazione della ricorsione si ha quando una sostanza è già in acqua oppure quando non può essere messa in acqua non essendolo già (da un punto di vista del grafo quella sostanza è un nodo *pozzo*, cioè nel quale non ci sono archi uscenti, ma solo entranti). Facendo partire la ricorsione dalla sostanza 1 e vedendo se può essere o meno inserita avremo il risultato desiderato. Inoltre, se può essere inserita, il numero di sostanze necessarie si può calcolare sottraendo al numero di sostanze in acqua dopo la ricorsione il numero di sostanze presenti all'inizio: siamo inoltre sicuri che questo è il numero minimo, poiché la ricorsione "avanza" solo attraverso i nodi strettamente necessari a verificare le condizioni, non visitando quelli che non influenzano la scelta.

Vediamo adesso il codice:

```
1  list <int> sostanze[2001];
```

---

[5]La ricorsione è una delle tecniche che ben si adattano ad essere utilizzate sui grafi.

```
2    set <int> inAcqua;
3    bool scorriRegole(int i)
4    {
5        if (inAcqua.find(i) != inAcqua.end()) return true;
6        bool flag = true;
7        for (list<int>::iterator j=sostanze[i].begin(); j !=sostanze[i].end(); j++)
8        {
9            if (sostanze[*j].empty() && inAcqua.find(*j) == inAcqua.end())
10               return false;
11           bool verificata = scorriRegole(*j);
12           flag *= verificata;
13       }
14       if (flag)
15           inAcqua.insert(i);
16       return flag;
17   }
18
19   int main()
20   {
21       ifstream in("input.txt");
22       ofstream out("output.txt");
23       in >> K >> R;
24       for (int i=0; i<K; i++)
25       {
26           int temp;
27           in >> temp;
28           inAcqua.insert(temp);
29       }
30       for (int i=0; i<R; i++)
31       {
32           int A,n;
33           in >> A >> n;
34           list <int> temp;
35           for (int j=0; j<n; j++)
36           {
37               int t;
38               in >> t;
39               temp.push_back(t);
40           }
41           sostanze[A] = temp;
42       }
43       if (scorriRegole(1))
44           out << inAcqua.size() - K << endl;
45       else
46           out << "-1" << endl;
47       return 0;
48   }
```

Alla riga 1 viene definita la lista di adiacenza, mentre alla riga 2 è stato usato un container standard, il *set*, per rappresentare l'insieme delle sostanze già presenti in acqua: anche un semplice vettore, come visto nelle visite, sarebbe stato adeguato, il vantaggio del *set* è che il tempo di ricerca di un elemento è logaritmico contro quello lineare di ricerca in un vettore.

L'input viene fatto in due passi: alle righe 21-29 si inseriscono le sostanze inizialmente presenti in acqua, mentre alle righe 30-42 si creano le liste di adiacenza, come già visto nell'esempio precedente.

Come in tutti i problemi in cui utilizziamo la ricorsione tutto viene svolto nella funzione ricorsiva *scorriRegole*, che prende come parametro d'ingresso il nodo di cui deve verificare la possibilità di essere inserito in acqua. Come già detto abbiamo due condizioni di terminazione:

- la prima (riga 5) verifica se la sostanza è già in acqua e nel caso ritorna *true*

- la seconda (riga 9) verifica che una sostanza non presente in acqua[6] non abbia regole per essere inserita (come già detto è un pozzo) e nel caso ritorna *false*

L'ultima cosa interessante da notare è che, siccome una sostanza per essere inserita necessita che siano presenti in acqua tutte le sostanze da cui dipende, quando nel ciclo (riga 7) scorriamo le varie sostanze, facciamo poi il prodotto (riga 12) dei relativi valori di verità, in modo da ottenere *true* solo se tutte le condizioni sono rispettate.

8.6 Esempio: Le pesate di Bilancino - territoriali 2006

Questo esempio è, secondo la mia impressione, uno dei più complessi per il livello delle territoriali e la soluzione può essere ottenuta anche senza avere conoscenze approfondite sui grafi, facendo una serie di osservazioni non del tutto evidenti e sfruttando opportunamente sia le matrici di adiacenze che le liste.

Le pesate di Bilancino (bilancino)

Difficoltà D = 3.

Descrizione del problema

Bilancino è un bambino con una passione maniacale, quella di mettere gli oggetti in ordine crescente di peso. I suoi genitori posseggono un'antica e rara bilancia con due bracci uguali: posti due oggetti, uno per braccio, la bilancia permette di stabilire quale dei due oggetti è più pesante, ma non permette di trovarne il peso assoluto.

Oggi Bilancino vuole mettere in ordine crescente di peso N oggetti e, a tale scopo, ha già effettuato una serie di M pesate, trascrivendone i risultati. Infatti, numerati tali oggetti da 1 a N, egli ha pesato M coppie di oggetti distinti x e y, dove $1 \leq x, y \leq N$, scrivendo i due interi x e y in quest'ordine su una riga per indicare che x è più leggero di y e, invece, scrivendo y e x in quest'ordine per indicare che y è più leggero di x. Da notare che non esistono due oggetti con lo stesso peso (siano essi stati pesati o meno da Bilancino) e che la stessa coppia di oggetti non può essere pesata più di una volta.

Esaminate le M pesate finora eseguite da Bilancino e aiutatelo a decidere quale, tra le seguenti alternative, consente di stabilire l'ordine crescente di peso tra gli N oggetti:

- le M pesate sono sufficienti;

- è necessaria un'ulteriore pesata;

- sono necessarie due o più pesate.

Dati di input

Il file input.txt è composto da M+1 righe.

La prima riga contiene due interi positivi separati da uno spazio: il primo intero rappresenta il numero N di oggetti da ordinare in base al peso mentre il secondo intero rappresenta il numero M di pesate effettuate da Bilancino.

Le successive M righe contengono coppie di interi positivi: la j-esima di tali righe è composta da due interi distinti a e b separati da uno spazio, a rappresentare la j-esima pesata effettuata da Bilancino, in cui egli scopre che l'oggetto a è più leggero dell'oggetto b (dove $1 \leq j \leq M$ e $1 \leq a, b \leq N$). Da notare che la stessa pesata non può apparire in più di una riga.

---

[6]Attenzione che non basta che la sostanza sia un pozzo, perché se fosse un pozzo ma fosse già presente in acqua non darebbe problemi)

Dati di output

Il file output.txt è composto da una riga contenente un solo intero come dalla seguente tabella.

0 : nessuna ulteriore pesata è necessaria per stabilire l'ordine crescente di tutti gli oggetti.

1 : serve e basta un'ulteriore pesata per stabilire l'ordine crescente di tutti gli oggetti.

2 : due o più pesate sono ulteriormente necessarie per stabilire l'ordine crescente di tutti gli oggetti.

Assunzioni

- $1 < N < 100$

- $1 \leq M \leq N(N-1)/2$

- I dati in input.txt garantiscono sempre che esiste almeno un ordinamento degli oggetti compatibile con tutte le pesate trascritte da Bilancino.

Esempi di input/output

File input.txt	File output.txt
3 2	0
1 2	
3 1	

La soluzione qui prospettata usa sia una matrice di adiacenza che delle liste di adiacenza per arrivare al risultato finale, perché scompone il problema in due parti e per ogni parte la struttura usata è quella che permette di scrivere la soluzione più facilmente.

Al solito identifichiamo prima chi sono i nodi e chi sono gli archi, cosa piuttosto evidente: i nodi sono gli oggetti pesati e gli archi le relazioni di ordinamento su questi oggetti. Per come è definito il problema, il grafo che rappresenta i dati risulta essere un DAG (Directed Acyclic Graph), un grafo diretto aciclico, che, senza entrare in definizioni tecniche, è un grafo in cui non possono essere presenti cicli e di cui è sempre possibile trovare un ordinamento dei nodi "adagiandoli" su una retta in cui gli archi sono tutti nella stessa direzione. Questa osservazione ci permetterebbe di utilizzare tecniche specifiche, ma vedremo come sia possibile arrivare alla soluzione con alcune osservazioni intelligenti[7].

Facendo un po' di esempi e di prove su carta ci si accorge di due cose:

1. dato l'insieme delle pesate di Bilancino è a volte possibile inferire delle nuove relazioni: banalmente se io so che $O_1 < O_2$ e $O_2 < O_3$ posso dedurre che $O_1 < O_3$, anche se questa non è una delle pesate che ho in input. Ovviamente è anche vero che per altri insiemi di pesate non posso dedurre nuove relazioni: facendo un altro esempio se so che $O_1 < O_2$ e $O_1 < O_3$ non posso dire niente sulla relazione che lega O_2 e O_3.

2. se inserisco la relazione $O_i < O_j$ all'interno della matrice di adiacenza rappresentandola con il valore 1 in posizione individuata dagli indici i e j (e per comodità faccio la stessa cosa per gli indici j e i), mi accorgo che

   (a) posso ordinare gli oggetti solo se, dopo aver dedotto tutte le relazioni possibili come detto in precedenza, la matrice presenta tutti 1

   (b) mi basta solo un'altra pesata opportuna se nella matrice sono presenti due sole caselle che non contengono un 1

   (c) mi servono 2 o più pesate se nella matrice sono presenti due o più caselle che non contengono un 1

---

[7]Attenzione che questo è vero per il livello delle territoriali, lo è molto di meno per i livelli nazionali e internazionali, dove oltre alle osservazioni intelligenti sono spesso necessarie delle tecniche algoritmiche specifiche.

A questo punto l'algoritmo risolutivo è già impostato: per risolvere il punto 1 è sufficiente procedere ricorsivamente sulle relazioni per individuarne di nuove e di volta in volta segnare sulla matrice di adiacenza le nuove relazioni trovare; il punto 2 è banale perché basta esplorare tutta la matrice e contare il numero di 0 presenti (avendo cura di averla inizializzata a 0).

```cpp
list <int> relazioni[100];
int matrice[100][100];
void esplora_nodo(int n, int p)
{
    if (relazioni[n].empty()) return;
    list<int>::iterator i;
    for ( i = relazioni[n].begin(); i!= relazioni[n].end(); ++i)
    {
        matrice[p][*i] = matrice[*i][p] = 1;
        esplora_nodo(*i,p);
    }
}

int main(){
    ifstream in("input.txt");
    ofstream out("output.txt");
    for (int i = 0; i <100 ; i++)
        matrice[i][i] = 1;
    in >> N >> M;
    for (int i = 0; i <M ; i++)
    {
        int a, b;
        in >> a >> b;
        matrice[a][b] = matrice[b][a] = 1;
        relazioni[a].push_back(b);
    }
    for (int i = 1; i <= N; ++i)
        esplora_nodo(i,i);
    int cont = 0;
    for (int i = 0; i < N; ++i)
        for (int j = 0; j < N; ++j)
            if (matrice[i+1][j+1] == 0)
                cont++;
    if (cont == 0)
        out << 0 << endl;
    else if (cont == 2)
        out << 1 << endl;
    else
        out << 2 << endl;
    return 0;
}
```

Dopo aver dichiarato la lista di adiacenza (riga 1) e la matrice di adiacenza (riga 2), quest'ultima viene inizializzata mettendo degli uno sulla diagonale maggiore (tutte le altre caselle sono a zero perché è una variabile globale[8]). La lettura dell'input (righe 20-26) inserisce le relazioni nella lista di adiacenza e mette a 1 le caselle della matrice in posizione simmetrica rispetto agli indici (si poteva evitare questo "raddoppio" di assegnamenti a costo di complicare un po' il codice).

Per ogni nodo poi si esegue una funzione ricorsiva che prende come parametri un intero che rappresenta il nodo da analizzare e un altro intero che rappresenta il nodo da cui è partita la ricorsione e che rimane costante attraverso tutte le chiamate ricorsive. L'idea ricorsiva in questo caso dice che se un nodo x è in relazione con un nodo y e questo è in relazione con un nodo z allora il nodo di partenza x sarà anche in relazione con z (ovviamente con la ricorsione questo ragionamento viene propagato a tutti i livelli presenti). Procedendo in questo modo segno sulla matrice

---

[8]In C/C++ solo le variabili globali vengono inizializzate a zero, quelle locali necessita di un'inizializzazione esplicita altrimenti il loro valore non è definito.

tutte le nuove relazioni che trovo (riga 9), finché non si esaurisce la ricorsione e poi procedo sul nodo successivo.

Infine controllo il numero di zeri presenti nella matrice e ottengo il risultato come spiegato in precedenza.

8.7 Il problema del cammino minimo

In questo paragrafo verrà mostrato un algoritmo famoso per far vedere come risolvere in maniera intelligente un problema e come la soluzione, pur non evidente e banale, una volta compresa sia abbastanza semplice. Al termine verrà anche mostrata una possibile implementazione[9] che, pur non essendo forse la migliore o la più elegante possibile, segue in maniera fedele la spiegazione fornita dell'algoritmo.

Uno dei problemi mostrati nel paragrafo 8.1 e in generale uno tra i più noti anche tra i non informatici è quello della determinazione del cammino minimo, cioè del cammino di costo minore che porta da un vertice a un altro. Il problema risulta ben definito sia per grafi orientati che non orientati: per grafi orientati può essere possibile che non esista un cammino da un nodo a un altro oppure che a seconda del verso di percorrenza il cammino abbia costo diverso. Qui verrà mostrato un esempio con un grafo orientato, per un grafo non orientato è sufficiente sostituire a ogni arco una coppia di archi orientati nei due versi e con peso uguale a quello dell'arco originale per ricondursi a un equivalente grafo orientato, come si può vedere in figura 8.7

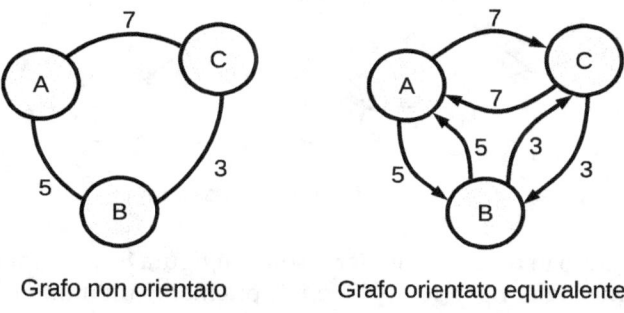

Figura 8.7: Equivalenza grafi non orientati e orientati

Il costo del cammino è la somma dei pesi degli archi che compongono il cammino e il cammino minimo tra due nodi è quel cammino (o quei cammini, perché non necessariamente è uno solo) con il costo minore.

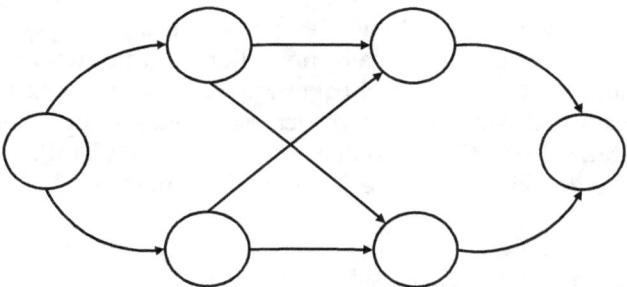

Figura 8.8: Cammini possibili

La difficoltà del problema risiede nel fatto che il numero di cammini possibili aumenta molto velocemente all'aumentare del numero di nodi e archi e già con grafi piuttosto piccoli diventa talmente grande che non è possibile trovare il cammino minimo tramite una ricerca esaustiva.

---

[9]Nelle precedenti edizioni di questa guida non era compresa l'implementazione poichè fino al 2015 non era mai stato proposto alle territoriali un problema che richiedesse necessariamente l'utilizzo di questo algoritmo.

N. nodi	N. archi	N. cammini	Tempo
62	120	1,1 miliardi	18 min.
82	160	1,1 milioni di milioni	13 giorni
102	200	1,1 milioni di miliardi	36 anni
122	240	1,2 miliardi di miliardi	37 migliaia di anni

Tabella 8.2: Tabella per i tempi di ricerca esaustiva

Per comprendere questo problema prendiamo in considerazione il grafo di figura 8.8che è stato costruito appositamente con una struttura regolare per facilitare il compito di vedere a occhio i cammini possibili. Volendo contare i cammini possibili che vanno dal nodo all'estrema sinistra a quello all'estrema destra è facile notare come dal primo nodo ci siano due possibilità di scelta e nei due nodi successivi altre due possibilità per ognuno (gli ultimi due nodi prima del nodo d'arrivo non hanno possibilità di scelta poiché hanno un solo arco uscente). Quindi il numero di cammini possibili è quattro, a fronte di un numero di nodi pari a sei e un numero di archi pari a otto.

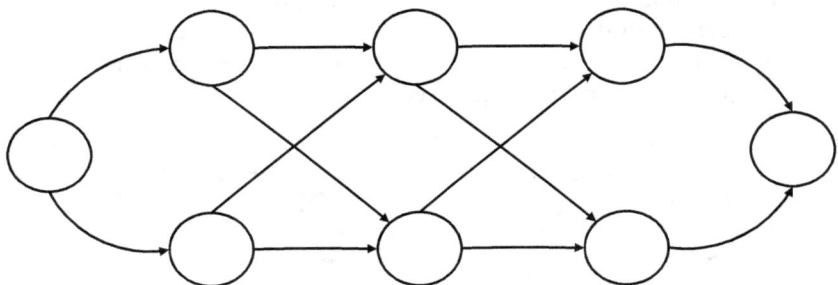

Figura 8.9: Cammini possibili

Se modifichiamo il grafo in modo da renderlo come in figura 8.9, quindi mantenendo la stessa struttura e semplicemente aggiungendo un "livello", otteniamo un numero di cammini possibili, seguendo lo stesso ragionamento di prima pari a otto con un numero di nodi uguale a otto e un numero di archi uguale a dodici.

Indicando con N il numero di nodi di un grafo con questa struttura si può facilmente generalizzare il procedimento visto sopra ottenendo come valore per gli archi $N \times 2 - 4$ e come valore per i cammini possibili $2^{N/2-1}$.

Tanto per avere una sensazione di cosa voglia significare questo in termini di tempo di calcolo, viene proposta la tabella 8.2 nella quale ogni riga contiene le caratteristiche di un grafo con la struttura vista in precedenza e nella colonna Tempo si indica il tempo che impiegherebbe un computer in grado di calcolare la lunghezza di un milione di cammini al secondo per trovare il cammino minimo esplorando tutte le possibili alternative. Si può notare come già per un grafo di dimensioni molto contenute il tempo di una ricerca esaustiva sia improponibile e considerando che i navigatori satellitari odierni risolvono questo genere di problemi con grafi con migliaia di nodi in qualche secondo è ovvio che deve esistere qualche algoritmo più efficiente della ricerca esaustiva.

L'algoritmo di base per risolvere questo tipo di problemi fu scoperto alla fine degli anni '60 da Edsger Dijkstra e da lui prese il nome. Questo algoritmo è in grado di trovare il cammino minimo da ogni nodo verso un nodo predeterminato in tempo quadratico rispetto al numero di nodi (in alcuni casi particolari anche in meno tempo). Una condizione necessaria perché l'algoritmo possa essere applicato è che il grafo non deve contenere archi con peso negativo.

Cerchiamo di capirne intuitivamente il funzionamento tramite l'esempio di figura 8.10 volendo trovare il cammino minimo dal nodo A al nodo H.

L'idea fondamentale dell'algoritmo è quella di potere ad ogni passo trovare un nodo per il quale si possa con certezza dire qual è il cammino minimo da esso verso il nodo di partenza. Al passo successivo se ne troverà un altro che verrà aggiunto all'insieme dei nodi di cui si conosce

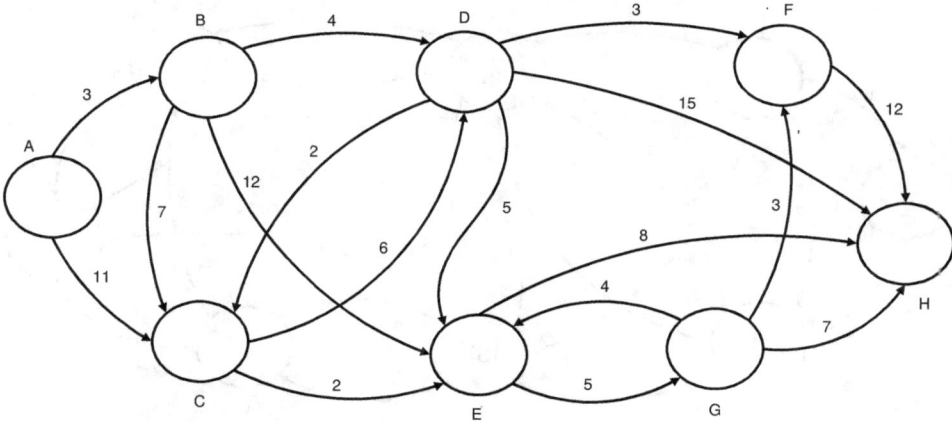

Figura 8.10: Problema del cammino minimo da A a H

il cammino minimo e così via fino ad arrivare al nodo di interesse. Nell'esempio in figura 8.10 il primo nodo di cui sappiamo il cammino minimo è banalmente il nodo A, poiché per arrivare da A a sé stesso la distanza è zero. Attenzione che questo in realtà è vero perché avevamo posto che l'algoritmo potesse applicarsi solo a grafi con pesi non negativi, altrimenti non sarebbe necessariamente vero. A questo punto l'algoritmo prevede che da questo nodo vengano aggiornate le distanze che lo separano dai nodi direttamente raggiungibili da esso e solo per quelli, utilizzando i pesi che si trovano sugli archi da esso uscenti (nel caso il grafo non sia orientato qualsiasi arco).

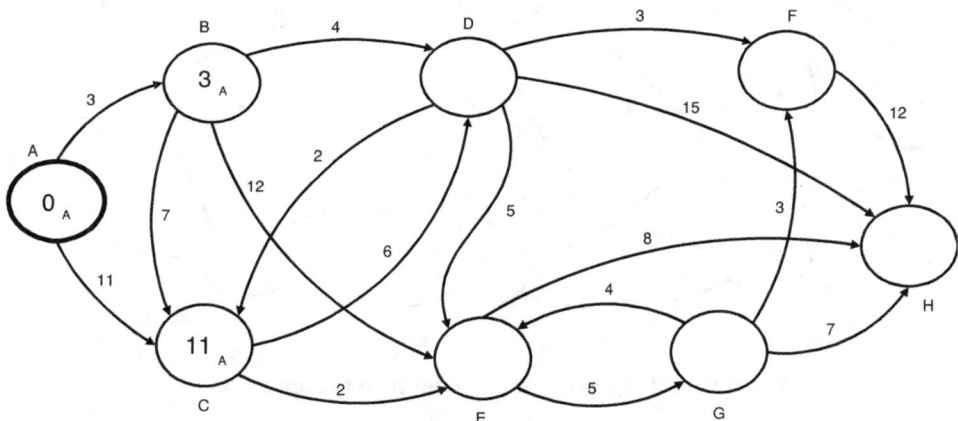

Figura 8.11: Aggiornamento dei pesi partendo da A

Nella figura 8.11 si nota come il nodo A sia evidenziato perché di quello si sa il cammino minimo ed è un'informazione che non potrà successivamente cambiare, inoltre al suo interno è indicato il numero 0 (il cammino minimo da A verso A) e il nodo di provenienza A. L'aggiornamento prevede poi che per i nodi B e C (gli unici raggiungibili direttamente da A) venga inserito al loro interno il costo per raggiungere A attraverso gli archi che li uniscono ad A e anche l'indicazione del nodo attraverso il quale si è arrivati a quel costo (in questo caso A). A questo punto l'algoritmo prevede di scegliere il nodo con il costo minore (i nodi senza il costo è come se avessero al loro interno un costo infinito e quindi non possono essere scelti). Nel caso in figura verrà quindi scelto il nodo B che ha costo 3 e a quel punto si ripartirà con i passaggi visti in precedenza, ottenendo la figura 8.12

Come si può vedere nell'aggiornamento è stato trovato un cammino migliore per arrivare a C e quindi il suo contenuto è stato modificato inserendo il nuovo costo (10) e il nuovo nodo dal quale si è arrivati (B). Allo stesso modo sono stati anche aggiornati i nodi D ed E nei quali sono

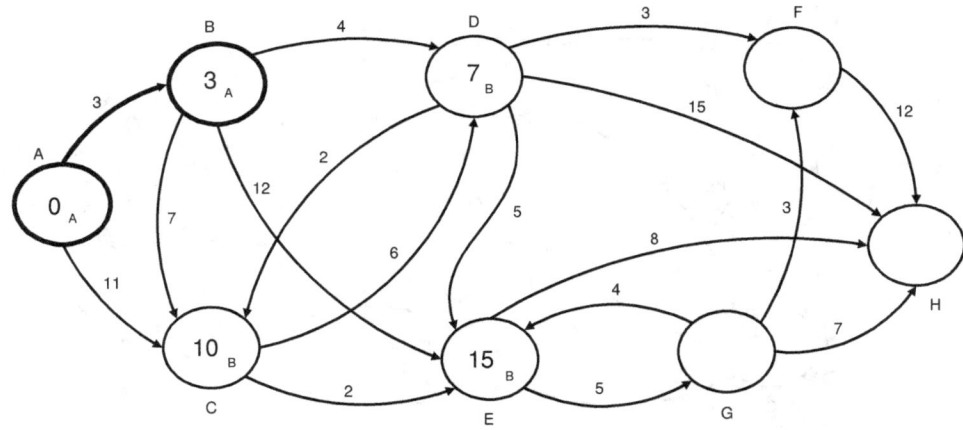

Figura 8.12: Aggiornamento dei pesi partendo da B

stati inseriti i nuovi valori. Per chiarezza di visualizzazione è stato anche evidenziato l'arco che porta da A a B perché in questo modo alla fine sarà possibile visualizzare facilmente il percorso minimo. A questo punto si tratta di scegliere il nodo con il costo minimo tra C, D e E e verrà scelto D poiché contiene il peso minimo, ottenendo quanto si può vedere in figura 8.13.

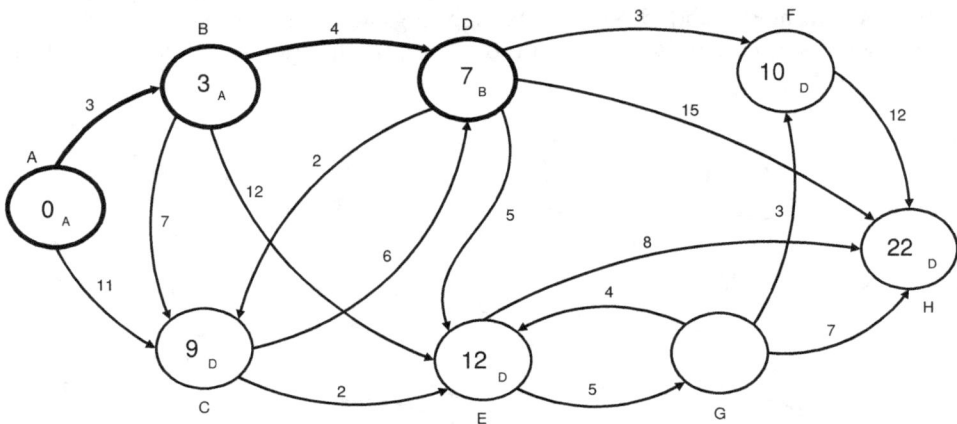

Figura 8.13: Aggiornamento dei pesi partendo da D

Da notare che a questo punto il nodo di cui ci interessava sapere il cammino minimo che lo separava da A, cioè H, ha già un costo (22) al suo interno, solo che finché non verrà anch'esso incluso nell'insieme dei nodi di cui si conosce con sicurezza il cammino minimo (quelli evidenziati nelle figure), nulla si potrà dire su questo valore, che potrebbe essere quello finale oppure no. Continuando con i passaggi che a questo punto dovrebbero essere chiari arriveremo alla figura 8.14 nella quale l'algoritmo ha scoperto il costo del cammino minimo e da quali archi è composto, cioè, procedendo a ritroso, H-E, E-C, C-D, D-B e B-A per un costo totale di 19.

Si può notare come anche i nodi che non fanno parte del cammino minimo da A a H (F e G) abbiano comunque al loro interno il costo minimo per arrivare ad A partendo da sé stessi e quindi come conseguenza del funzionamento dell'algoritmo si ottiene il costo minimo da tutti i nodi verso A. Se interessa solo il cammino minimo da A verso uno specifico nodo, per risparmiare risorse computazionali ci si può fermare una volta che il nodo interessato sia stato incluso nell'insieme dei nodi "stabili", quelli cioè evidenziati nelle figure (in questo esempio specifico il nodo H era anche l'ultimo ad essere raggiunto quindi in questo caso non ci sarebbe nessuna differenza).

A questo punto viene proposta una possibile implementazione della soluzione proposta che, come detto, cerca di riprodurre nel modo più fedele possibile la spiegazione appena mostrata.

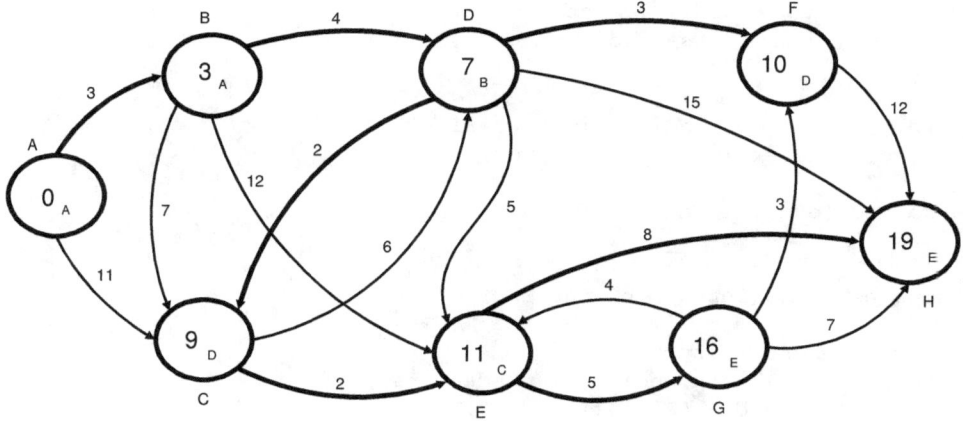

Figura 8.14: Risultato dell'applicazione dell'algoritmo

```
1   struct Arco_orientato{
2       int peso;
3       int nodo_destinazione;
4       Arco_orientato(int a, int b):nodo_destinazione(a), peso(b){};
5   };
6
7   struct Nodo{
8       int precedente;
9       list <Arco_orientato> archi;
10      int distanza;
11      Nodo():precedente(-1),distanza(std::numeric_limits<int>::max()){};
12  };
13
14  Nodo nodi[100];
15  set <int> stabili;
16  int N,M;
17
18  int dijkstra(int begin, int end, int n_nodi)
19  {
20      nodi[begin].distanza = 0;
21      stabili.insert(begin);
22      Nodo nodo_corrente = nodi[begin];
23      int ultimo_inserito = begin;
24      while (stabili.size() != n_nodi)
25      {
26          list <Arco_orientato>::iterator i = nodo_corrente.archi.begin();
27          for(;i!=nodo_corrente.archi.end();++i)
28          {
29              int nodo_da_aggiornare = i->nodo_destinazione;
30              if (nodi[nodo_da_aggiornare].distanza > nodi[ultimo_inserito].
                    distanza + i->peso)
31              {
32                  nodi[nodo_da_aggiornare].distanza = nodi[ultimo_inserito].
                        distanza + i->peso;
33                  nodi[nodo_da_aggiornare].precedente = ultimo_inserito;
34              }
35          }
36          int min = std::numeric_limits<int>::max();
37          for (int i = 1; i <= n_nodi; i++)
38          {
39              if (stabili.find(i) == stabili.end() && nodi[i].distanza < min)
40              {
```

```
41              min = nodi[i].distanza;
42              ultimo_inserito = i;
43            }
44          }
45          nodo_corrente = nodi[ultimo_inserito];
46          stabili.insert(ultimo_inserito);
47      }
48      return nodi[end].distanza;
49  }
50
51  void stampa_percorso(int begin, int end)
52  {
53      if (begin == end) return;
54      stampa_percorso(begin,nodi[end].precedente);
55      cout << (char)(end + 'A' - 1) << " ";
56  }
57
58  int main(int argc, char *argv[])
59  {
60      fstream in("input.txt",ios::in);
61      in >> N >> M;
62      for (int i=0; i<M; i++)
63      {
64          int a,b,c;
65          in >> a >> b >> c;
66          Arco_orientato temp(b,c);
67          nodi[a].archi.push_back(temp);
68      }
69      dijkstra(1,N,N);
70      for (int i = 1; i<=N; i++)
71      {
72          cout << "La distanza minima tra A e " << (char)(i +'A' -1)
73          << " vale " << nodi[i].distanza << " con percorso ";
74          stampa_percorso(1,i);
75          cout << endl;
76      }
77      return 0;
78  }
```

Le strutture dati che verranno utilizzate sono **Arco_orientato** e **Nodo**:

- **Arco_orientato** contiene il *peso*, il *nodo* verso il quale si dirige e il costruttore che inizializza questi due attributi

- **Nodo** contiene il *precedente*, che rappresenta il nodo dal quale si arriva e servirà per ricostruire il cammino minimo, la *lista degli archi orientati* che escono da quel nodo e la *distanza* che separa quel nodo dal nodo di partenza, che verrà aggiornata fino a quando non si troverà il valore minimo. Il costruttore si occupa di inizializzare il precedente a -1 per indicare che il nodo al momento della creazione non ha un precedente e la distanza viene inizializzata al valore massimo degli interi usando la funzione del template di classe numeric_limits **max()**.

Il grafo verrà rappresentato da un vettore di nodi (in questo esempio al massimo 100) e si utilizzerà un insieme di nodi (riga 15), nel senso dei numeri che li rappresentano, per contenere quali nodi sono diventati stabili.

La funzione *dijkstra* riceve come parametri il nodo di partenza, il nodo di arrivo e il numero di nodi che compongono il grafo. La distanza del nodo di partenza viene inizializzata a 0 e lo stesso viene inserito nell'insieme dei nodi stabili (righe 20 e 21). La variabile *nodo_corrente* viene poi settata al nodo di partenza e l'indice di questo nodo viene inserito nella variabile *ultimo_inserito*.

A questo punto inizia il ciclo che ad ogni giro aggiungerà un nuovo nodo all'insieme dei nodi stabili: in questa versione il ciclo si fermerà quanto tutti i nodi saranno diventati stabili, come detto ci si potrebbe fermare una volta raggiunto il nodo finale.

Alla riga 27 il ciclo *for* permette di scorrere la lista degli archi uscenti dal nodo corrente per aggiornare la distanza se viene trovato un percorso più breve (riga 30): oltre a aggiornare la distanza viene anche segnato l'indice del nodo precedente (riga 33), per poter successivamente ricostruire il percorso se fosse richiesto (ovviamente questa riga può essere saltata nel momento in cui fosse richiesta solo la lunghezza del cammino e non il cammino stesso).

All'uscita di questo ciclo tutti i nodi sono stati aggiornati e, come spiegato, adesso va scelto il nodo con distanza minore per renderlo il nuovo nodo corrente da cui fare ripartire l'algoritmo. Per questo vengono fatti scorrere tutti i nodi (riga 37), cercando quale ha la distanza minore tra quelli non ancora inclusi nell'insieme dei nodi stabili (riga 39). Per verificare se un nodo (o meglio il suo indice) è incluso nel *set* dei nodi stabili, viene utilizzato il metodo *find*, che ritorna un iteratore all'elemento cercato e nel caso che non lo trovi, che è ciò che interessa, ritorna l'iteratore *end*, che indica appunto che non è stato trovato.

Il nodo con distanza minore viene quindi inserito nell'insieme dei nodi stabili e diventerà il nuovo nodo corrente.

La funzione poi termina ritornando il valore della distanza del nodo *end*, che quindi è la lunghezza del cammino minimo da *begin* a *end*. Inoltre nelle strutture che contengono i nodi sono presenti le informazioni per poter ricostruire tutti i cammini minimi da *begin* verso ogni altro nodo.

Nel listato inoltre, alle righe 51-56, è presente una funzione che permette di stampare il cammino minimo da *begin* a *end*, che in maniera ricorsiva ricostruisce il percorso a ritroso e lo stampa correttamente da *begin* a *end*, grazie al fatto che la stampa (riga 55) è stata inserita dopo la chiamata ricorsiva. Da notare che questa funzione può essere chiamata con qualsiasi valore per il parametro *end*, ma il valore di *begin* dovrà essere per forza quello usato nella chiamata alla funzione *dijkstra*, poichè i valori dei cammini calcolati sono corretti se il nodo iniziale è *begin*, per qualsiasi altro nodo iniziale non avrebbero senso.

Capitolo 9

Problemi territoriali risolti

In questo capitolo sono inseriti tutti i problemi territoriali[1] non trattati negli esempi visti in precedenza, con suggerimenti per la soluzione e la soluzione stessa con spiegazioni. I suggerimenti vengono posti sotto forma di domande per sollecitare la riflessione e mostrare aspetti del problema che potrebbero non essere immediatamente evidenti, oltre che per sviluppare osservazioni magari non direttamente applicabili al problema, ma che potrebbero essere d'aiuto in altri. Quindi si consiglia di leggere le domande una ad una, verificare mentalmente quanto proposto ed eventualmente implementarlo e solo alla fine procedere alla soluzione personale del problema, per poi sottoporlo al correttore automatico (vedi 1.2) e infine passare ad un confronto con la soluzione proposta, individuandone le differenze per poterne trarre vantaggio in altri problemi.

9.1 Codice segreto - territoriali 2005

Codice segreto (codice)

Difficoltà D = 1

Descrizione del problema

Chicco e Spillo comunicano con dei messaggi scritti in codice per non essere scoperti. Il loro codice funziona così: ogni vocale è rappresentata con la vocale successiva in ordine alfabetico, e ogni consonante con la consonante successiva. La Y, che è l'ultima vocale, è rappresentata in codice dalla A, che è la prima vocale. Allo stesso modo, la Z è rappresentata in codice dalla B. Per le cifre il discorso è simile: ogni cifra è rappresentata dalla successiva, e 9 è rappresentato da 0.

Il codice mantiene la distinzione maiuscole/minuscole. Gli spazi e i segni d'interpunzione (compresi gli accenti) non sono modificati dal codice segreto.

Aiutiamo Chicco e Spillo scrivendo un programma per codificare i loro messaggi!

Dati di input

Il file input.txt contiene un intero N nella prima riga. Le successive N righe contengono del testo in chiaro, con al più 80 caratteri per riga.

Dati di output

Il programma, leggendo il file di input, deve scrivere in output N righe contenenti il corrispondente testo in codice.

---

[1]Non viene affrontato il problema denominato "La poltrona di Korrot" perché la formulazione risulta noiosa e complessa.

Assunzioni

- Il testo in input è composto soltanto da lettere, cifre e segni d'interpunzione.

- Non ci sono caratteri accentati: al posto degli accenti, si usano gli apostrofi.

- Ogni riga di testo contiene al più 80 caratteri in formato ASCII.

- L'alfabeto è quello esteso a 26 lettere: A B C D E F G H I J K L M N O P Q R S T U V W X Y Z.

- Le vocali sono A E I O U Y. Tutte le altre lettere sono consonanti.

Esempi di input/output

File input.txt	File output.txt
2 Il cellulare di Elena e' 338-4189961. Ti aspetta alla stazione alle 8, VAI!	Om dimmymesi fo Imipe i' 449-5290072. Vo etqivve emme tveboupi emmi 9, WEO!

9.1.1   Suggerimenti

Il problema chiede di ricodificare una stringa di caratteri secondo certe regole spiegate nel testo.

- Sai come sono rappresentati i caratteri a basso livello (ti dice qualcosa il termine codice ASCII)?

- Sai leggere una stringa di caratteri in input (non capita spesso in questi problemi)?

- Sai come memorizzare una stringa di caratteri in C o in C++?

- Conviene leggere le strighe una a una e effettuare le trasformazioni alla fine di ogni lettura o farle carattere per carattere?

- É possibile applicare una banale trasformazione a tutti i caratteri "spostandoli" di una posizione in avanti per ottenere il codice desiderato? Sembrerebbe di no.

- Se non è possibile applicare la semplice trasformazione indicata sopra è perchè ogni gruppo di caratteri (vocali, consonanti, numeri e altri segni) deve essere trattato in maniera separata. Sai come è possibile discriminare un carattere di un gruppo dagli altri? Esistono delle funzioni di libreria che possono aiutare?

- Il codice deve mantenere la distinzione tra maiuscole e minuscole: conviene fare due codifiche diverse a seconda che il carattere sia minuscolo o maiuscolo oppure si può fare in un altro modo?

9.1.2   Soluzione

```
1  int N;
2  char buffer[100];
3  char vocali[]="aeiouy";
4  char vocaliCambiate[]="eiouya";
5  char consonanti[]="bcdfghjklmnpqrstvwxz";
6  char consonantiCambiate[]="cdfghjklmnpqrstvwxzb";
7  int vocale(char c) {
8  return (c=='a' || c=='e' || c=='i' || c=='o' || c=='u' || c=='y');
9  }
10 char traduciVocali(char c) {
11     int i;
```

```
12      for (i=0; i<6; i++)
13          if (c==vocali[i]) return vocaliCambiate[i];
14  }
15  char traduciConsonanti(char c) {
16      int i;
17      for (i=0; i<20; i++)
18          if (c==consonanti[i]) return consonantiCambiate[i];
19  }
20  int main()
21  {
22      FILE *in, *out;
23      int i,j;
24      in=fopen("input.txt","r");
25      out=fopen("output.txt","w");
26      fscanf(in,"%d",&N);
27      fgets(buffer,81,in);
28      for (j=0; j<N; j++)
29      {
30          fgets(buffer,81,in);
31          for (i=0;buffer[i]!='\0';i++)
32          {
33              int flag=0;
34              char temp, c=tolower(buffer[i]);
35              if (c!=buffer[i]) flag=1;
36              if (isalpha(c))
37              {
38                  if (vocale(c)) temp=traduciVocali(c);
39                  else temp=traduciConsonanti(c);
40                  if (flag) temp=toupper(temp);
41                  fprintf(out,"%c",temp);
42              }
43              else if (isdigit(c)) fprintf(out,"%d",((c-'0')+1)%10);
44              else fprintf(out,"%c",c);
45          }
46      }
47      return 0;
48  }
```

La soluzione è piuttosto semplice, in questo esercizio forse le difficoltà maggiori risiedono nella lettura dell'input: il creatore del testo fornendo l'input in quel modo, con l'intero che indica il numero di righe, ha forse pensato di rendere più semplice la successiva lettura, ma a causa del modo in cui il C gestisce l'input questo causa più problemi che altro. Dopo aver letto con la *fscanf* (riga 26) il numero di righe, rimane nel buffer di input un "a capo", che deve essere tolto per permettere la lettura della riga successiva: a questo proposito viene usata la *fgets*[2], che alla riga 27 ha l'unico scopo di eliminare il ritorno a capo e che successivamente verrà invece usata per leggere ogni riga. Una volta letta una riga e inserita in un buffer si tratta semplicemente di scorrerla e applicare le regole del problema ad ogni singolo carattere.

Per le trasformazioni delle lettere sono state create delle stringhe (righe 3-6) che fungono da "mappa" per passare dalla lettera originale a quella codificata, in modo molto semplice: si cerca nella stringa originale la posizione della lettera da convertire e poi si cerca nella stringa che rappresenta la codifica la lettera in quella stessa posizione. Per i numeri non si fa altro che sommare 1, avendo l'accortezza di usare l'operatore di modulo per gestire la trasformazione della cifra 9 e tutto quello che avanza viene ristampato così com'è (tra le altre cose anche il ritorno a capo viene letto dalla *gets* e ristampato in output).

La complessità in questo esercizio non costituisce un problema, perché è evidente che si tratta di un algoritmo lineare, in quanto scorre ogni riga senza mai tornare indietro, e quindi potrebbe

---

[2]Non viene usata la più usuale *fscanf*, poichè nella lettura di stringhe lo spazio verrebbe interpretato come terminatore di lettura, spezzando le frasi prima del loro termine naturale.

gestire senza problemi anche input molto grossi.

9.2   Il nobile chimico - territoriali 2005

Il nobile chimico (chimico)

Difficoltà D = 2

Il problema Il nobile chimico Alfredo produce nel suo laboratorio due sostanze liquide potenzialmente inquinanti: l'Aminozalina e il Brinofulo. A fine giornata le deve smaltire in appositi contenitori, dislocati lungo il tragitto che parte dal laboratorio e arriva alla sua abitazione. Per limitare le possibilità d'inquinamento, Alfredo deve distribuire l'Aminozalina nel maggior numero possibile di contenitori mentre deve dividere il Brinofulo nel minor numero possibile di contenitori. Tuttavia Aminozalina e Brinofulo non possono essere assolutamente mescolati nel medesimo contenitore, altrimenti la loro miscela esplode. Ogni volta che raggiunge un contenitore per lo smaltimento dei liquidi, Alfredo deve eseguire una sola delle tre seguenti azioni:

   (i) versare Aminozalina fino al riempimento del contenitore;
   (ii) versare Brinofulo fino al riempimento del contenitore;
   (iii) non versare nulla nel contenitore.

Data la quantità A di litri di Aminozalina e la quantità B di litri di Brinofulo da smaltire, e conoscendo l'elenco degli N contenitori (con rispettiva capacità) nell'ordine secondo cui sono incontrati lungo il tragitto dal laboratorio alla sua abitazione, Alfredo deve decidere se e quale sostanza versare in ciascun contenitore.

Dati di input

Il file input.txt contiene nella prima riga gli interi A e B (rispettivamente i litri di Aminozalina e di Brinofulo da smaltire) e il numero N di contenitori disponibili. Tali valori sono separati da uno spazio. Nelle successive N righe (usando una riga per ogni contenitore) è contenuto un numero per riga: tali numeri rappresentano le capacità dei singoli contenitori elencati nell'ordine in cui vengono incontrati da Alfredo.

Dati di output

Il file output.txt deve contenere N righe, una per ogni contenitore. Ogni riga contiene due numeri separati da uno spazio, rispettivamente il numero di litri di Aminozalina e di Brinofulo smaltiti nel corrispondente contenitore. Si noti che ogni riga deve contenere uno zero nei casi (i) e (ii) descritti sopra, e due zeri nel caso (iii).

Assunzioni

- $1 < A, B < 10000$

- $1 < N < 100$

- Le singole capacità dei contenitori sono degli interi positivi di valore inferiore a 10000.

- Le capacità dei contenitori sono sicuramente sufficienti per smaltire tutta l'Aminozalina e il Brinofulo prodotti.

- I dati in input garantiscono l'esistenza di una (e una sola) soluzione ottima, quindi Alfredo ha un unico modo ottimo per smaltire le sostanze.

- La soluzione ottima prevede che tutti i contenitori utilizzati vengano riempiti completamente (non puo' succedere che l'Aminozalina o il Brinofulo terminino prima che i contenitori effettivamente usati per lo smaltimento siano tutti completamente riempiti).

Esempi di input/output

File input.txt	File output.txt
20 25 7	1 0
1	0 13
13	4 0
4	5 0
5	8 0
8	2 0
2	0 12
12	

9.2.1 Suggerimenti

Il problema richiede di scorrere un vettore di numeri e vedere se soddisfano alcune condizioni.

- Ti sembra un problema greedy?

- Puoi provare che lo è?

- La prova vale sia per l'Aminozalina che per il Brinofulo, solo per uno dei due o per entrambi?

- Supposto che il problema sia greedy, ti basta un solo ordinamento o sono necessari due ordinamenti diversi per le due sostanze?

- Se riordini i bidoni, sei poi in grado di stampare la soluzione?

9.2.2 Soluzione

C'è un consenso unanime da parte dei responsabili territoriali[3] che la stesura del testo non rispecchi esattamente l'intenzione dell'ideatore, che voleva si usasse un approccio greedy, cosa che è dimostrata dal fatto che il correttore da il massimo punteggio alle soluzioni di tipo greedy. Siccome però non c'è nessuna evidenza sicura che sia così se non i risultati che da il correttore, si mostreranno due soluzioni, una semplice che usa un approccio greedy, ma che in generale potrebbe dare risultati scorretti, l'altra, più complessa, che dovrebbe dare risultati giusti.

Soluzione greedy

```
1   int A; //Aminozalina
2   int B; //Brinofulo
3   int N; //numero di contenitori
4   struct bidone {
5       int posizione;
6       int capacita;
7       int riempito; //0 = vuoto, 1 = Aminozalina 2 = Brinofulo
8   };
9   bidone bidoni[100];
10  int compare_posizione(const void *a, const void *b) {
11      bidone ba = *(const bidone *) a;
12      bidone bb = *(const bidone *) b;
13      return (ba.posizione > bb.posizione) - (ba.posizione < bb.posizione);
14  }
```

---

[3]Almeno questo è ciò che ricordo, ma la discussione sul problema è avvenuta nel 2011, il problema è del 2005 e questa revisione che sto facendo è del 2013, quindi potrei ricordare cose sbagliate. Nel caso, come per tutto quello che scrivo, gli eventuali errori sono solo da imputarsi a me.

```
15  int compare_capacita(const void *a, const void *b) {
16      bidone ba = *(const bidone *) a;
17      bidone bb = *(const bidone *) b;
18      return (ba.capacita > bb.capacita) - (ba.capacita < bb.capacita);
19  }
20
21  int main()
22  {
23      fstream in,out;
24      in.open("input.txt",ios::in);          out.open("output.txt",ios::out);
25      in >> A >> B >> N;
26      for (int i=0; i<N; i++){
27          bidoni[i].posizione=i;
28          in >> bidoni[i].capacita;
29          bidoni[i].riempito=0;
30      }
31      qsort(bidoni,N,sizeof(bidone),compare_capacita);
32      for (int i=0; i<N && A > 0;i++){
33          A-=bidoni[i].capacita;
34          bidoni[i].riempito=1;
35      }
36      for (int i=N-1; i>=0 && B > 0; i--){
37          if (B >= bidoni[i].capacita){
38              B-=bidoni[i].capacita;
39              bidoni[i].riempito=2;
40          }
41      }
42      qsort(bidoni,N,sizeof(bidone),compare_posizione);
43      for (int i=0; i<N ; i++)
44          if (bidoni[i].riempito == 0)
45              out << "0 0" << endl;
46          else if(bidoni[i].riempito == 1)
47              out << bidoni[i].capacita << " 0" << endl;
48          else
49              out << "0 " << bidoni[i].capacita << endl;
50      return 0;
51  }
```

Sia per l'Aminozalina che per il Brinofulo, date le condizioni del problema, non è detto che iniziando a svuotarli in modo greedy, a partire cioè dal contenitore meno capiente per l'Aminozalina o dal più capiente per il Brinofulo si arrivi alla soluzione ottima. Volendo vedere un controesempio supponiamo di avere 30 litri di Brinofluoro e avere la sequenza di contenitori, già ordinati, fatta così: 21 10 10 10 3 3 3. Svuotando il Brinofulo nel primo contenitore dovrei poi usare i tre contenitori con capienza 3 litri, non potendo riempire completamente quelli da 10, arrivando così ad usare 4 recipienti. Se invece non avessi svuotato il Brinofulo nel primo contenitore, poi avrei potuto svuotarlo nei tre successivi, usando complessivamente solo 3 contenitori.

Chiarito questo fatto guardiamo la soluzione greedy, che come già detto permette di arrivare al punteggio massimo, almeno sul correttore online. Il primo passo per affrontare il problema consiste nell'ordinare la sequenza dei contenitori in base alla loro capacità, per poi svuotare il Brinofulo a partire da quello più grande e l'Aminozalina a partire da quello più piccolo. Il problema è che, per come viene richiesto di stampare l'output, abbiamo necessità di ricordarci la loro collocazione originale: un modo per risolvere questo problema è quello di memorizzare all'interno di una struttura (righe 4-8) sia la capacità del bidone, che la sua posizione originale, che il tipo di sostanza che eventualmente è stata versata dentro. In questo modo possiamo ordinare il vettore dei contenitori per capienza così da poter applicare l'algoritmo greedy nei due sensi e successivamente riordinare per posizione originale, avendo salvato nella variabile *riempito* il tipo di sostanza che vi è stata versata dentro (oppure se non vi è stato versato nulla). A questo proposito basta semplicemente definire due funzioni, *compare_posizione* (riga 10) e *compare_capacita* (riga 15) che se utilizzate nell'algoritmo *qsort* riordinano il vettore o per capienza (riga 31) o per posizione originale (riga 42).

La parte greedy della soluzione è poi semplice: per l'Aminozalina è sufficiente scorrere i contenitori a partire dal più piccolo e riempirli finché c'è della sostanza da smaltire (righe 32-35), mentre per il Brinofulo bisogna anche controllare se la sostanza da smaltire riempie completamente il contenitore (riga 37), altrimenti bisogna passare al bidone successivo (potrebbe anche essere che questo passaggio non serva a niente, dipende da come sono stati creati i dati in ingresso).

Infine, dopo aver riordinato i bidoni per rimetterli nella sequenza originale, si scorrono tutti per stampare il loro stato attuale (righe 43-49).

Soluzione dinamica

La soluzione dinamica è decisamente più complessa[4], ma come idea fondamentale si basa sullo stesso principio che era già stato illustrato nel problema di Lino il giornalaio (vedi 7.4): dopo aver ordinato i bidoni si costruiscono le sottosoluzioni per ogni quantità possibile di sostanza, considerando che se conosco la soluzione per una data quantità k ottima avendo a disposizione i barili da 0 a $j-1$, aggiungendo il barile j-esimo avrò la soluzione ottima per la quantità $k + $ *capacità del barile j-esimo.*

Ovviamente questo approccio si può usare sia per l'Aminozalina che per il Brinofulo, modificando opportunamente il controllo che viene fatto per verificare la soluzione ottima, dal momento che in un caso interessa usare meno bidoni possibili, mentre nell'altro il numero maggiore possibile. Premetto che in tutto quello che si dirà di seguito si suppone che le due soluzioni, per l'Aminozalina e il Brinofulo, siano disgiunte, cioè non ci sono bidoni che fanno parte della soluzione ottima sia per una sostanza che per l'altra: nel testo questo non è detto, ma sembra una supposizione ragionevole, considerando anche il fatto che se si verificasse ciò il testo del problema non definisce cosa sia l'ottimo.

Per comprendere la soluzione meglio analizziamo tramite dei grafici alcuni casi d'esempio, partendo da una situazione semplice per poi complicarla in modo da renderla più generale. Gli esempi prenderanno in considerazione solo il problema di avere meno bidoni possibile, ma come si vedrà nel codice proposto l'idea è esattamente la stessa se si volesse avere il maggior numero di bidoni.

La figura 9.1 mostra un caso con quattro bidoni, di capacità rispettivamente 1, 2, 3 e 4. Per ogni sottoproblema viene aggiornata la tabella, dove nella prima riga compare la casella da cui si è partiti per arrivare alla soluzione (serve per poi poter ricostruire la soluzione), nella seconda il numero di bidoni che occorrono per arrivare a quella soluzione e nella terza la quantità di liquido che si riesce a smaltire. Aggiornare la tabella è semplice, almeno apparentemente:

- dato il bidone j di capacità k,

    - per ogni casella a partire dalla quantità k fino alla somma di tutti i bidoni visti in precedenza, compreso l'attuale, si aggiorna la soluzione della casella corrente i verificando se porta a una soluzione migliore, cioè se (soluzione per il problema i-k) + 1 è migliore di quando già scoperto per la casella i (nel caso non ci fosse niente è sicuramente migliore)

Guardiamo ad esempio la terza tabella, quella per il sottoproblema con 3 bidoni, in cui si parte dalla casella 3 (capacità del nuovo bidone) e si arriva fino alla casella 6 (somma delle capacità di tutti i bidoni)

- casella 3: fino a questo momento la soluzione era con 2 bidoni (la somma del primo con il secondo), però vedo che la soluzione per la casella 0 (cioè i-k) + 1 è migliore e quindi scrivo 1 nella casella 3.

- casella 4: non è stata ancora esplorata, quindi la soluzione è sicuramente ottima e vale (soluzione della casella 1) + 1, cioè 2

- casella 5: come sopra

- casella 6: come sopra (ma attenzione...)

---

[4]Decisamente troppo complessa a mio modo di vedere per il livello del problema, il che supporta la tesi che l'autore del problema volesse portare gli studenti a implementare la versione greedy.

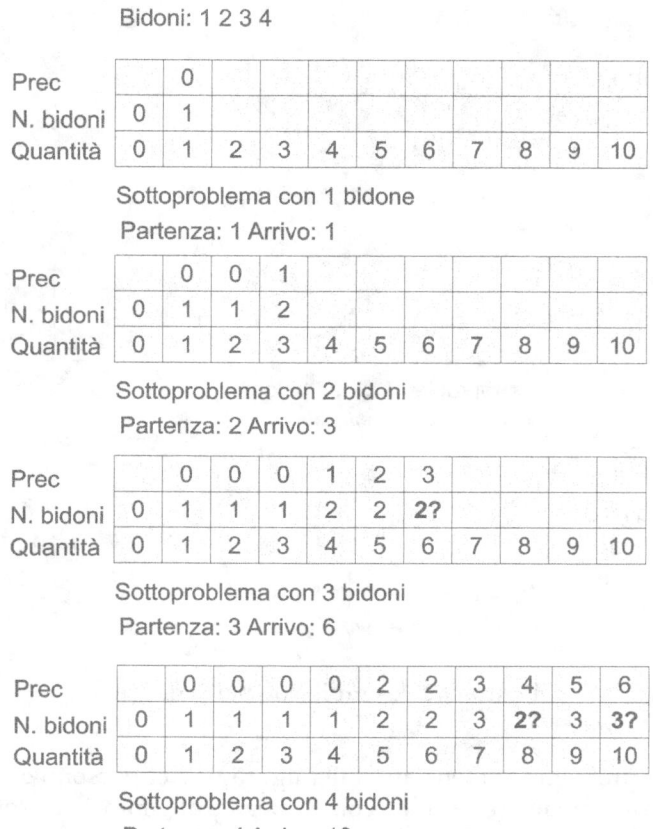

Bidoni: 1 2 3 4

Prec		0									
N. bidoni	0	1									
Quantità	0	1	2	3	4	5	6	7	8	9	10

Sottoproblema con 1 bidone
Partenza: 1 Arrivo: 1

Prec		0	0	1							
N. bidoni	0	1	1	2							
Quantità	0	1	2	3	4	5	6	7	8	9	10

Sottoproblema con 2 bidoni
Partenza: 2 Arrivo: 3

Prec		0	0	0	1	2	3				
N. bidoni	0	1	1	1	2	2	2?				
Quantità	0	1	2	3	4	5	6	7	8	9	10

Sottoproblema con 3 bidoni
Partenza: 3 Arrivo: 6

Prec		0	0	0	0	2	2	3	4	5	6
N. bidoni	0	1	1	1	1	2	2	3	2?	3	3?
Quantità	0	1	2	3	4	5	6	7	8	9	10

Sottoproblema con 4 bidoni
Partenza: 4 Arrivo: 10

Figura 9.1: Esempio con 4 bidoni diversi

A differenza del problema di Lino, in questo problema i bidoni possono essere usati esattamente una volta, il che può portare a dei problemi, come evidenziato in figura e nella discussione appena fatta sull'esempio. Davvero la quantità di liquido 6 può essere smaltita con due bidoni, nel sottoproblema di dimensione 3? In realtà no, perchè il risultato della casella 3 è stato ottenuto usando il bidone 3, che non può essere riutilizzato una seconda volta. Come risolvere, dal momento che comunque esiste una soluzione per la quantità 6 nel sottoproblema con 3 bidoni? Potrei verificare che se il barattolo usato in una soluzione precedente ha la stessa dimensione di quello con cui sto aggiornando allora non posso usarlo, a meno che non esistesse in precedenza una soluzione peggiore che però non faceva uso di quel barattolo, come in effetti succede in questo esempio.

Da qui in poi entro in quella che solitamente con i miei allievi chiamo la modalità "ginepraio", cioè il problema inizia a sfuggire di mano e non si sa dove possa andare a finire, quindi quello che dirò va un po' preso con le molle.

La soluzione potrebbe essere quella di ricordare non solo la soluzione ottima ma anche, se presente, la soluzione precedente (non ne servono altre perchè per come viene fatto l'aggiornamento se non posso usare un bidone perchè è già stato usato sicuramente l'altra soluzione non lo usa). Quindi, se in ogni casella tengo la soluzione ottima e quella precedente, in una situazione come quella descritta faccio questo controllo:

1. se la soluzione ottima non contiene il bidone che sto aggiornando, uso quella

2. se la soluzione ottima contiene il bidone che sto aggiornando, ma ne esiste un'altra, allora posso usare l'altra.

Così, a patto di complicare la struttura dati di supporto, posso gestire situazioni come quelle mostrate.

Capacità bidoni: 3 3 4

Prec		0	0	0							
N. bidoni	0	-	-	1							
Quantità	0	1	2	3	4	5	6	7	8	9	10

Sottoproblema con 1 bidone

Partenza: 3 Arrivo: 3

Prec				0			3				
N. bidoni	0	-	-	1	-	-	2				
Quantità	0	1	2	3	4	5	6	7	8	9	10

Sottoproblema con 2 bidoni

Partenza: 3 Arrivo: 6

Prec		0	0	0	0		3	3			6
N. bidoni	0	-	-	1	1	-	2	2	-	-	3
Quantità	0	1	2	3	4	5	6	7	8	9	10

Sottoproblema con 3 bidoni

Partenza: 4 Arrivo: 10

Figura 9.2: Esempio con barili doppi

C'è però un altro problema evidenziato dalla figura 9.2: ci possono essere più barili con la stessa capacità, quindi se faccio un controllo come spiegato al punto 2, nel sottoproblema con due bidoni non riuscirei a aggiornare la soluzione con la capacità 6, perchè troverei che la soluzione con capacità 3 usa già un bidone della stessa capacità e non ha una soluzione alternativa: per risolvere questo problema è stato usato un flag che memorizza se lo specifico bidone, al di là della sua capacità, è già stato usato un'altra volta e questo permette di gestire anche la presenza di casi con barili che si ripetono n-volte.

Si riporta di seguito solo la parte di codice che si occupa della generazione della tabella dinamica, con il dubbio che possa essere utile a qualcuno...

```
void costruisci_vettore(nodo *a, int (*cmp)(int,int)) {
    int somma_precedenti = 0;
    for (int i=0; i<N;i++){
        int inizio = bidoni[i].capacita;
        int fine = bidoni[i].capacita + somma_precedenti;
        for (int j = inizio; j <= fine; j++)
        if (a[j - bidoni[i].capacita].raggiungibile)
            {
                int flag = 0;
                if (cmp(a[j - bidoni[i].capacita].soluzioni[0].quanti + 1,
                        a[j].soluzioni[0].quanti) ||
                    a[j].soluzioni[0].quanti == 0)
                    {
                        if(a[j-bidoni[i].capacita].soluzioni[0].precedente
                            != bidoni[i].capacita)
                        {
                            a[j].soluzioni[1] = a[j].soluzioni[0];
                            a[j].soluzioni[0].quanti =
                            a[j - bidoni[i].capacita].soluzioni[0].quanti + 1;
                            a[j].soluzioni[0].precedente = bidoni[i].capacita;
                            a[j].raggiungibile = true;
                        }
                    if((a[j - bidoni[i].capacita].soluzioni[0].precedente ==
                        bidoni[i].capacita &&
                        a[j - bidoni[i].capacita].soluzioni[1].quanti != 0)
                        || flag == 0)
                        {
                            if(a[j-bidoni[i].capacita].soluzioni[0].precedente ==
```

```
28                              bidoni[i].capacita &&
29                              a[j - bidoni[i].capacita].soluzioni[1].quanti != 0)
30                              {
31                                  a[j].soluzioni[0].quanti =
32                                  a[j - bidoni[i].capacita].soluzioni[1].quanti + 1;
33                                  a[j].soluzioni[0].precedente = bidoni[i].capacita;
34                                  a[j].raggiungibile = true;
35                              }
36                          else
37                              {
38                                  a[j].soluzioni[0].quanti =
39                                  a[j - bidoni[i].capacita].soluzioni[0].quanti + 1;
40                                  a[j].soluzioni[0].precedente = bidoni[i].capacita;
41                                  a[j].raggiungibile = true;
42                                  flag = 1;
43                              }
44                      }
45                  }
46          }
47          somma_precedenti += bidoni[i].capacita;
48      }
49 }
```

Si possono individuare le parti principali:

- *for* alla riga 3: scansione di tutti i sottoproblemi di dimensione i

- riga 4-5: inizializzazione dell'intervallo di aggiornamento del bidone *i-esimo*

- *for* alla riga 6: scorrimento l'intervallo appena inizializzato per aggiornare la tabella dinamica

- *if* alla riga 10: controllo se si otteiene una soluzione migliore o se è la prima volta che si esplora la casella

- *if* alla riga 13: controllo se la soluzione ottima precedente non contiene un bidone con la capacità dell'attuale

- *if* alla riga 22: controllo se la soluzione ottima precedente contiene un bidone con la capacità dell'attuale, ma c'è un'altra soluzione subottima oppure è la prima volta che uso il bidone corrente

- *if* alla riga 27 e *else* alla riga 36: distinzione tra i casi gestiti dall'*if* precedente, altra soluzione o prima volta che si usa il bidone corrente.

Può essere interessante notare che, essendo le soluzioni per Aminolazina e Brinofulo equivalenti a meno di un controllo, viene passata come parametro la funzione che si occupa del controllo (riga 10), in modo da evitare di dover scrivere due funzioni esattamente uguali tranne che per una riga.

Per il resto il codice è simile a quello visto per la soluzione greedy, con l'ordinamento iniziale dei bidoni e l'ordinamento successivo dei bidoni per stampare la soluzione nell'ordine in cui i bidoni vengono incontrati.

9.3 Torero Escamillo - territoriali 2007

Torero Escamillo (torero)

Difficoltà D = 2 (tempo limite 1 sec)

Descrizione del problema

Il celebre torero Escamillo deve indossare il proprio costume prima di entrare nell'arena. Egli è costretto a rispettare un dato numero di precedenze, indossando certi indumenti prima di altri, mentre alcuni indumenti possono essere liberamente indossati in un ordine qualsiasi. Per esempio, le "medias" (calze) vanno indossate prima delle "zapatillas" (scarpe), ma non vi è alcun vincolo sull'ordine con cui indossare la "chaquetilla" (giacca) e la "montera" (cappello). Il costume di Escamillo è particolarmente raffinato ed elaborato e si compone di N indumenti. Sfortunatamente, Carmen non ha ancora consegnato uno degli N indumenti necessari alla vestizione di Escamillo. Aiutalo a vestirsi il più possibile, calcolando il massimo numero di indumenti che può indossare in attesa che Carmen gli consegni l'indumento mancante.

Dati di input

Il file input.txt contiene nella prima riga una tripla di interi, separati da uno spazio: l'intero positivo N che indica il numero di indumenti per la vestizione di Escamillo, dove gli indumenti sono numerati da 1 a N; l'intero positivo M che indica il numero di precedenze tra coppie di indumenti da rispettare durante la vestizione; l'intero Q, compreso tra 1 e N, che indica l'indumento non ancora consegnato da Carmen. Ognuna delle successive M righe contiene una coppia di interi, compresi tra 1 e N, separati da uno spazio. Tale coppia di interi I e J rappresenta la precedenza in cui l'indumento numero I deve essere indossato prima dell'indumento numero J.

Dati di output

Il file output.txt è composto da una riga contenente un solo intero, che rappresenta il massimo numero di indumenti che Escamillo riesce a indossare in attesa dell'indumento Q che Carmen deve ancora consegnargli.

Assunzioni

$1 < N < 100000 \quad 1 < M < 100000 \quad 1 \leq Q \leq N$

Esempi di input/output

File input.txt	File output.txt
4 5 3	1
1 3	
1 4	
3 2	
3 4	
4 2	

9.3.1 Suggerimenti

Il problema, di semplice comprensione, chiede di individuare in una serie di regole di precedenza, quelle che vengono implicate una volta che una di esse viene a mancare.

- Qual è la struttura dati appropriata per rappresentare la struttura dei dati in input (in particolre qual è l'elemento che dovrebbe condurre subito a individuare quella corretta)?

- Supponendo che tu abbia risposto "Un grafo!" alla domanda precedente (che fra l'altro è la risposta corretta) puoi pensare se saresti in grado di usare un vettore per rappresentarlo (magari un vettore di strutture)?

- Che struttura useresti per rappresentare una regola di precedenza?

- Se ordini il vettore delle regole di precedenza e continui a ciclare su di esso togliendo di volta in volta le regole che non possono essere soddisfatte, hai la sicurezza di arrivare alla soluzione del problema? Quand'è che ti devi fermare? É importante ordinare il vettore prima di ciclare su di esso o è indifferente?

- Siccome le dimensioni dell'input sono dell'ordine di n=100000 sia nel numero di nodi (i vestiti) che nel numero di archi (le regole di precedenza) qual è la massima complessità computazionale accettabile dell'algoritmo risolutivo?

- Indipendentemente dal tipo di soluzione che intendi adottare, sei in grado di garantire che la complessità sia di tipo lineare?

9.3.2 Soluzione

```
1   struct indumento{
2       bool indossabile;
3       vector<int> lista;
4       indumento():indossabile(true){}
5   };
6   int N,M,Q,non_indossabili;
7   indumento indumenti[100000];
8   void propaga(int n) {
9       if (indumenti[n].indossabile == false) return;
10      indumenti[n].indossabile = false;
11      non_indossabili++;
12      for (int j = 0; j < indumenti[n].lista.size(); j++)
13          propaga(indumenti[n].lista[j]);
14  }
15  int main(int argc, char** argv)
16  {
17      ifstream in("input.txt");
18      ofstream out("output.txt");
19      in >> N >> M >> Q;
20      for (int i=0; i < M; i++) {
21          int r,s;
22          in >> r >> s;
23          indumenti[r].lista.push_back(s);
24      }
25      propaga(Q);
26      out << N - non_indossabili << endl;
27      return 0;
28  }
```

Anche in questo caso un'opportuna scelta della struttura dati e un procedimento ricorsivo ci permettono di arrivare velocemente alla soluzione[5]. Il fatto che il grafo sia la struttura più adatta è evidente dalla non linearità delle relazioni tra vestiti, per cui uno stesso vestito può essere necessario per indossare altri vestiti e a sua volta abbia bisogno di altri vestiti per poter essere indossato. Alle righe 1-5 viene definita la struttura che rappresenta un indumento, dove la variabile

---

[5]Alla data della stesura di questo paragrafo, nonostante una serie di prove che inducono a pensare che la soluzione sia corretta, il correttore ufficiale indica che tutte i casi di test producono risposte sbagliate. L'impressione è che siano sbagliati i casi del correttore, oppure mi sfugga qualcosa di essenziale nella comprensione del test. Successive versioni di questo manuale potranno risolvere la questione.

booleana *indossabile* (settata a *true* dal costruttore) indica se quell'indumento è indossabile e un vettore di interi che contiene gli indumenti che devono essere indossati dopo questo. In questa soluzione è stato usato un *vector* al posto della *list* già usata in altre soluzioni per mostrare che, nella rappresentazione di questo tipo di problemi, di fatto non ci sono differenze significative e la sintassi nella scansione di un vettore potrebbe risultare più naturale a chi è abituato ad utilizzare il C. La lettura e l'inserimento dei dati (righe 17-24) è molto semplice, poichè si usa l'indice del vettore degli indumenti come numero dell'indumento e si aggiungono in *lista* gli indumenti di cui esso è precedenza.

A questo punto la funzione ricorsiva *propaga* non deve far altro che una visita (in profondità o in ampiezza è in questo caso indifferente) del grafo ottenuto partendo dal nodo che rappresenta l'indumento mancante: la visita si concluderà dopo che tutte le precedenze sono state propagate e alcuni nodi potrebbero rimanerne esclusi, ma in questo caso non si prosegue con la visita in quanto essi sono proprio l'insieme degli indumenti indossabili, perchè nessuna regola di precedenza li riguarda. Siccome il problema chiedeva la loro quantità, è stata usata la variabile globale *non_indossabili*, incrementata ogni volta che un indumento si aggiungeva all'insieme degli elementi non indossabili durante l'esplorazione (riga 11), per ottenere come differenza il numero di indumenti indossabili.

A questo punto ci si potrebbe domandare se la soluzione proposta rientra nei vincoli di complessità imposti dalle dimensioni dell'input del problema, dal momento che, come sappiamo, alcuni algoritmi ricorsivi possono comportare costi di tipo esponenziale: in questo caso invece è evidente che l'algoritmo è lineare nel numero di nodi, dal momento che una volta che un nodo risulta visitato viene escluso da eventuali visite successive e quindi ogni nodo verrà visitato al più una volta.

9.4 Codici e pizzini - territoriali 2008

Codici e pizzini (pizzini)

Difficoltà D = 1.

Descrizione del problema

Il Commissario Basettoni è riuscito a localizzare il nascondiglio del pericoloso Gambadilegno. Facendo irruzione nel covo, Basettoni trova una serie di foglietti (detti "pizzini") che riportano, cifrati, i codici di accesso ai conti correnti del gruppo di malavitosi capeggiato da Gambadilegno.

Il Commissario Basettoni chiede aiuto a Topolino per interpretare questi pizzini. Dopo approfondite analisi, Topolino scopre le seguenti cose:

- ogni pizzino contiene N righe e ciascuna riga è una sequenza di cifre decimali ('0', '1', ..., '9') concatenate senza spazi intermedi (quindi la sequenza 0991, come tale, non va interpretata come il numero 991);

- ogni pizzino riporta, cifrato, un codice di accesso a N cifre;

- tale codice si ottiene concatenando una dopo l'altra, senza spazi intermedi, le cifre estratte dalle N sequenze scritte nel pizzino, più precisamente, una cifra per ogni sequenza;

- la cifra da estrarre per ciascuna sequenza è quella in posizione p, dove p è il numero di anagrammi che, per tale sequenza, appaiono nel pizzino.

Un anagramma di una sequenza S è ottenuto permutando le sue cifre (per esempio, 1949 e 9419 sono anagrammi); inoltre, S è anagramma di se stessa. Quindi Topolino deduce che, per calcolare il numero p di anagrammi di S, deve includere S tra i suoi anagrammi contenuti nel pizzino. In questo modo, p = 1 indica che una sequenza non ha altri anagrammi, a parte se stessa, per cui va estratta la sua prima cifra.

Per illustrare quanto descritto sopra a Basettoni, Topolino prende un pizzino che contiene i tre anagrammi 1949, 9419 e 9149 (e non ce ne sono altri) e ne estrae la loro terza cifra, ossia 4, 1 e 4, poiché p = 3; poi, prende un altro pizzino con due soli anagrammi 1949 e 9419, estraendone la seconda cifra, ossia 9 e 4, poiché p = 2. Utilizzando questo meccanismo di estrazione delle cifre, aiutate Topolino a decifrare i pizzini di Gambadilegno trovati da Basettoni.

Dati di input

Il file input.txt è composto da N+1 righe.

La prima riga contiene un intero positivo che rappresenta il numero N di sequenze contenute nel pizzino.

Ciascuna delle successive N righe contiene una sequenza di cifre decimali ('0', '1', ..., '9') senza spazi intermedi.

Dati di output

Il file output.txt è composto da una sola riga contenente una sequenza di N cifre decimali, senza spazi intermedi, ossia il codice di accesso cifrato nel pizzino.

Assunzioni

- $1 \leq N \leq 100$.

- Ogni sequenza contiene al massimo 80 cifre decimali.

- Le sequenze contenute in uno stesso pizzino sono tutte diverse tra di loro.

- Una sequenza di K cifre decimali presenta al massimo K anagrammi in uno stesso pizzino. Inoltre, tali anagrammi non necessariamente appaiono in righe consecutive del pizzino.

Esempi di input/output

File input.txt	File output.txt
6	411244
1949	
21	
9419	
12	
4356373	
9149	

9.4.1 Suggerimenti

Il problema chiede di estrarre da una serie di stringhe una cifra secondo le regole spiegate nel testo.

Leggendo il testo ti è subito chiara qual è la regola da applicare per estrarre il messaggio dai pizzini?

Qual è la struttura dati più adatta per contenere le singole cifre che compongono i pizzini (attenzione che ogni riga, pur contenendo cifre decimali, non rappresenta un numero decimale)? Se volessi usare una variabile intera per memorizzare una singola cifra, quali problemi avresti (leggere bene le assunzioni)?

Sei in grado di leggere le singole righe come stringhe?

Come faccio a controllare se due stringhe sono l'una l'anagramma dell'altra? Devo scorrere la prima stringa e per ogni lettera vedere se esiste nella seconda?

Esiste un modo più rapido e efficace di quello proposto sopra?

9.4.2 Soluzione

```
1   struct riga{
2       int numero_anagrammi;
3       string valore;
4       Riga():numero_anagrammi(0){}
5   };
6   riga righe[100];
7   string ordinate[100];
8   int main()
9   {
10      fstream in, out;
11      in.open("input.txt",ios::in);    out.open("output.txt",ios::out);
12      in >> N;
13      for (int i=0;i< N;i++)
14      {
15          in >> righe[i].valore;
16          ordinate[i] = righe[i].valore;
17          sort(ordinate[i].begin(), ordinate[i].end());
18      }
19      for (int i=0;i< N;i++)
20          for (int j=0;j< N;j++)
21              if (ordinate[i]==ordinate[j])
22                  righe[j].numero_anagrammi++;
23      for (int i=0;i< N;i++)
24          out << righe[i].valore.at(righe[i].numero_anagrammi-1);
25      return 0;
26  }
```

La parte fondamentale è quella che ci permette di verificare quando due stringhe sono una l'anagramma dell'altra. Per esperienza con gli studenti la prima idea in genere è quella di scorrere la prima stringa carattere per carattere e vedere se ogni carattere è anche presente nella seconda, eliminandoli di volta in volta in modo da non usare lo stesso carattere più volte. Quest'idea, non difficile ma nemmeno banale da implementare, richiede una certa attenzione per evitare piccoli errori che potrebbero invalidare il resto del programma. Un'idea decisamente migliore, simile a quella presente nella soluzione del problema "Teste di serie" (vedi paragrafo 4.5), è quella di ordinare le stringhe: così facendo otteniamo per ogni stringa una "firma", che è composta dalle lettere ordinate e di conseguenza due stringhe sono anagrammi l'una dell'altra se presentano la stessa "firma". Questo approccio ha almeno due vantaggi:

- possiamo usare la funzione di libreria *sort* per ordinare scrivendo in questo modo una sola riga di codice, sicuramente corretto.

- l'ordinamento con la funzione *sort* è decisamente più veloce della prima idea sui confronti delle lettere (complessità $NlogN$ contro N^2)

Tutto quello che segue a questo punto risulta piuttosto ovvio: si procede a confrontare ogni stringa ordinata con ogni altra stringa (i due cicli *for* alle righe 19-20) e ogni volta che si incontra una corrispondenza si incrementa il contatore degli anagrammi contenuto nella struttura riga, in modo che alla fine ogni riga contenga quante volte essa è l'anagramma di altre righe (se la riga non è anagramma di nessun altra comunque il contatore verrà incrementato una volta quando la riga viene confrontata con se stessa).

A questo punto basta scorrere tutte le righe ed estrarre la cifra nella posizione indicata dal numero di anagrammi, ricordandosi di sottrarre 1 all'indice della stringa (riga 24), poichè l'indice di stringa parte da 0 e il numero di anagrammi parte invece da 1.

In questo caso il problema della complessità computazionale non sembra determinante, in quanto le stringhe in input sono al massimo 100. Un calcolo approssimativo del costo indica che l'ordinamento iniziale ha un costo di tipo $NLlogL$, con L lunghezza della stringa da ordinare, poiché abbiamo N stringhe da ordinare e il costo dell'ordinamento abbiamo già detto essere quello del *sort*, mentre i cicli di confronto hanno un costo di tipo N^2L, dove la componente quadratica è dovuta ai due cicli e quella lineare in L al costo del confronto tra stringhe. Anche con i valori massimi di N e L si vede quindi che il costo totale non arriva al milione di operazioni e quindi abbondantemente entro i limiti.

9.5 Essenza di profumi - territoriali 2009

Essenza per profumi (essenza)

Difficoltà D = 1.

Descrizione del problema

L'essenza di un fiore raro è molto ricercata tra i profumieri. Il prezzo di mercato viene fissato giornalmente dal CGE, il Consorzio dei Grossisti di Essenze. Inoltre, essendo di natura organica, l'essenza acquistata da un profumiere deperisce dopo un certo periodo e quindi può essere rivenduta soltanto entro K giorni dall'acquisto (data di scadenza).

Un profumiere è venuto a conoscenza del prezzo di mercato dell'essenza che il CGE prevede per i prossimi N giorni ($N \geq K$), per semplicità numerati da 1 a N. Ritenendo molto affidabili le previsioni del CGE, il profumiere intende comprare una certa quantità di essenza il giorno i per rivenderla il giorno j, tenendo presente però che non può andare oltre la data di scadenza (quindi deve essere $i \leq j \leq i+K$). Il profumiere intende fare un solo acquisto e una sola vendita successiva all'acquisto.

Aiutate il profumiere a calcolare il massimo guadagno che può ottenere, calcolato come la differenza tra il prezzo dell'essenza al giorno j e quello al giorno i. Notate che è permesso scegliere j=i: in questo modo, anche se il prezzo di mercato dell'essenza fosse in discesa per tutto il periodo considerato, sarebbe possibile evitare perdite.

Dati di input

Il file input.txt è composto da due righe.

La prima riga contiene due interi positivi separati da uno spazio, rispettivamente il numero K di giorni per la data di scadenza e il numero N di prossimi giorni.

La seconda riga contiene N interi positivi separati da uno spazio, i quali rappresentano il prezzo di vendita dell'essenza nei prossimi N giorni.

Dati di output

Il file output.txt è composto da una sola riga contenente un intero che rappresenta il massimo guadagno del profumiere, con le regole descritte sopra.

Assunzioni

$1 \leq N \leq 1000, 1 \leq K \leq N$.

Esempi di input/output

File input.txt	File output.txt
2 6 3 6 2 6 9 6	7

9.5.1 Suggerimenti

Il problema si riduce alla ricerca di un intervallo all'interno di un vettore la cui differenza dei valori agli estremi sia massima.

- Sai trovare la differenza tra due valori distanti una sola posizione all'interno di un vettore?

- Puoi fare la stessa cosa per i tutti gli intervalli di distanza uno e trovare quale differenza tra gli estremi dell'intervallo è massima?

- Se l'intervallo al posto di avere distanza 1 avesse distanza K come modificheresti il programma precedente?

- Se vuoi controllare partendo dal primo elemento del vettore tutte le differenze da uno fino a K cosa devi usare?

- Puoi riapplicare lo stesso principio a differenze "mobili", cioè in cui al posto di partire dal primo elemento del vettore parti da quello in posizione *i*?

- Se hai seguito le idee presentate dovresti essere arrivato a una soluzione meccanica del problema, di complessità KN. Anche se in questo problema non è necessario, riusciresti a trovare un'altra idea completamente diversa che possa far diminuire il costo?

9.5.2 Soluzione

```
1   int K,N;
2   int vettore[1000];
3   int main()
4   {
5       ifstream in("input.txt");
6       ofstream out("output.txt");
7       in >> K >> N;
8       for (int i=0; i<N; i++)
9           in >> vettore[i];
10      int max=0;
11      for (int i=0; i<N; i++)
12          for (int j=0; j<=K; j++)
13              if (i+j<N && vettore[i+j] - vettore[i] > max)
14                  max = vettore[i+j] - vettore[i];
15          out << max << endl;
16      return 0;
17  }
```

La soluzione più ovvia di questo problema è piuttosto banale: dopo aver letto tutte quotazioni delle essenze e averle messe in un vettore, si scorrono tutti i giorni in cui può essere acquistata l'essenza (ciclo esterno alla riga 11) e si prova a fare la differenza con i valori nei giorni successivi fino a un massimo di K giorni, stando anche attenti a non uscire dal vettore. É interessante notare che il controllo sulla non uscita dal vettore ($i + j < N$) deve essere messo in *AND* come primo termine, in modo che se non fosse verificato non verrà eseguito il secondo controllo, che contenendo una lettura del vettore alla posizione $i + j$, potrebbe far terminare il programma nel caso di lettura esterna ai limiti.

Essendo la ricerca di un massimo, ci sarà una variabile per contenere il nuovo massimo che viene trovato e che inizialmente vale 0 per indicare che, nel caso peggiore, sarà comunque possibile avere un guadagno 0. Come detto nei suggerimenti, questo approccio ha un costo KN e se i due valori sono paragonabili diventa di tipo quadratico.

9.6 Treno di container - territoriali 2009

Treno di container (treno)

Difficoltà D = 2.

Descrizione del problema

Al porto sono arrivati N container della sostanza chimica di tipo A e N container della sostanza chimica di tipo B. I container sono stati caricati, uno dietro l'altro, su di un treno che ne può contenere 2N+2. Le posizioni dei container sul treno sono numerate da 1 a 2N+2. Il carico è stato fatto in modo che gli N container di tipo A occupino le posizioni da 1 a N, mentre quelli di tipo B da N+1 a 2N; le rimanenti due posizioni 2N+1 e 2N+2 sono vuote.

Per motivi connessi all'utilizzo delle sostanze chimiche nella fabbrica alla quale sono destinate, i container vanno distribuiti sul treno a coppie: ciascun container per la sostanza di tipo A deve essere seguito da uno di tipo B. Occorre quindi che nelle posizioni dispari (1, 3, 5, ..., 2N-1) vadano sistemati esclusivamente i container di tipo A mentre in quelle pari (2, 4, 6, ..., 2N) quelli di tipo B, lasciando libere le ultime due posizioni 2N+1 e 2N+2.

A tal fine, viene impiegata una grossa gru, che preleva due container alla volta, in posizioni consecutive i, i+1, e li sposta nelle uniche due posizioni consecutive j, j+1 libere nel treno (inizialmente, j = 2N+1). Tale operazione è univocamente identificata dalla coppia (i,j), dove entrambe le posizioni i e i+1 devono essere occupate da container mentre j e j+1 devono essere entrambe vuote.

Per esempio, con N = 4, abbiamo inizialmente la configurazione A A A A B B B B * *, dove le due posizioni vuote sono indicate da un asterisco *:

- Il primo spostamento della gru è (4,9) e porta alla configurazione:

  ```
  A A A * * B B B A B
  1 2 3 4 5 6 7 8 9 10
  ```

- Il secondo spostamento è (6, 4) e porta alla configurazione:

  ```
  A A A B B * * B A B
  1 2 3 4 5 6 7 8 9 10
  ```

- Il terzo spostamento è (2, 6) e porta alla configurazione:

  ```
  A * * B B A A B A B
  1 2 3 4 5 6 7 8 9 10
  ```

- Il quarto spostamento è (5,2) e porta alla configurazione:

  ```
  A B A B * * A B A B
  1 2 3 4 5 6 7 8 9 10
  ```

- Il quinto e ultimo spostamento è (9,5) e porta alla configurazione desiderata:

  ```
  A B A B A B A B * *
  1 2 3 4 5 6 7 8 9 10
  ```

Notare che per N=4 è possibile, con cinque spostamenti, sistemare i 2N container nell'ordine giusto. Scrivere quindi un programma che determini la successione degli spostamenti eseguiti dalla gru per ottenere un analogo risultato nel caso in cui $3 \le N \le 1000$. Si richiede inoltre che il numero K di tali spostamenti non superi il valore 3N.

Dati di input

Il file input.txt è composto da una sola riga, contenente l'intero N che rappresenta il numero di container per ciascuna delle due sostanze.

Dati di output

Il file output.txt è composto da K+1 righe.

La prima riga contiene due interi positivi separati da uno spazio, rispettivamente il numero K di spostamenti operati dalla gru e il numero N di container per ciascuna delle due sostanze

Le righe successive contengono la sequenza di K spostamenti del tipo (i,j), tali che partendo dalla sequenza AAA...ABBB...B**, si arrivi alla sequenza ABABAB...AB** con le regole descritte sopra. Ciascuna delle righe contiene una coppia di interi positivi i e j separati da uno spazio a rappresentare lo spostamento (i,j).

Assunzioni

$3 \leq N \leq 1000, 1 \leq i,j \leq 2N+1, K \leq 3\,N$.

Esempi di input/output

File input.txt	File output.txt
3	4 3
	2 7
	6 2
	4 6
	7 4

9.6.1 Suggerimenti

Si tratta di modificare le posizioni degli elementi in un vettore per raggiungere una particolare configurazione finale utilizzando regole prestabilite.

- Qual è la struttura dati adatta (attenzione perchè la risposta più ovvia è sbagliata)?

- Hai realmente bisogno di un vettore?

- Se usi un vettore, sei capace di spostare coppie di elementi da un punto all'altro?

- Se non usi un vettore, cosa ti interessa realmente?

- Riesci a ridurre il problema in un problema uguale a quello di partenza, solo di dimensione inferiore?

9.6.2 Soluzione

```
1   int K,N;
2   ifstream in("input.txt");
3   ofstream out("output.txt");
4   void calcola(int j) {
5       if (j==10){
6           out << (j-2)/2 << " " << j-1 << endl;
7           return;
8       }
9       out << (j-2)/2 << " " << j-1 << endl;
10      out << j-3 << " " << (j-2)/2 << endl;
11      calcola(j-2);
12  }
13  int main()
14  {
15      in >> N;
```

```
16    K = 2*N-3;
17    out << K << " " << N << endl;
18    calcola(2*N+2);
19    out << 6 << " " << 4 << endl;
20    out << 2 << " " << 6 << endl;
21    out << 5 << " " << 2 << endl;
22    out << 2*N+1 << " " << 5 << endl;
23    return 0;
24  }
```

Siccome non è così evidente quale sia il punto d'attacco del problema e l'esempio che viene mostrato penso sia di proposito elusivo, bisogna cercare di vedere se sono presenti delle regolarità e nel caso sfruttarle per arrivare alla soluzione. Guardando l'esempio[6] si può vedere che esiste già una coppia di vagoni di tipo AB che si trova al centro del treno, quindi senza scombinare questa configurazione già corretta posso spostarla nei posti vuoti, creando due vuoti al suo posto. Ciò che si presenta a questo punto dovrebbe suggerire il modo di procedere: se nei buchi che si sono creati vado a sostituire due vagoni di tipo BB presi dal fondo, escludendo gli ultimi due che sono già corretti, mi ritrovo nella stessa situazione di partenza, solo che il problema adesso ha una dimensione inferiore di 2, come si può vedere in figura 9.3.

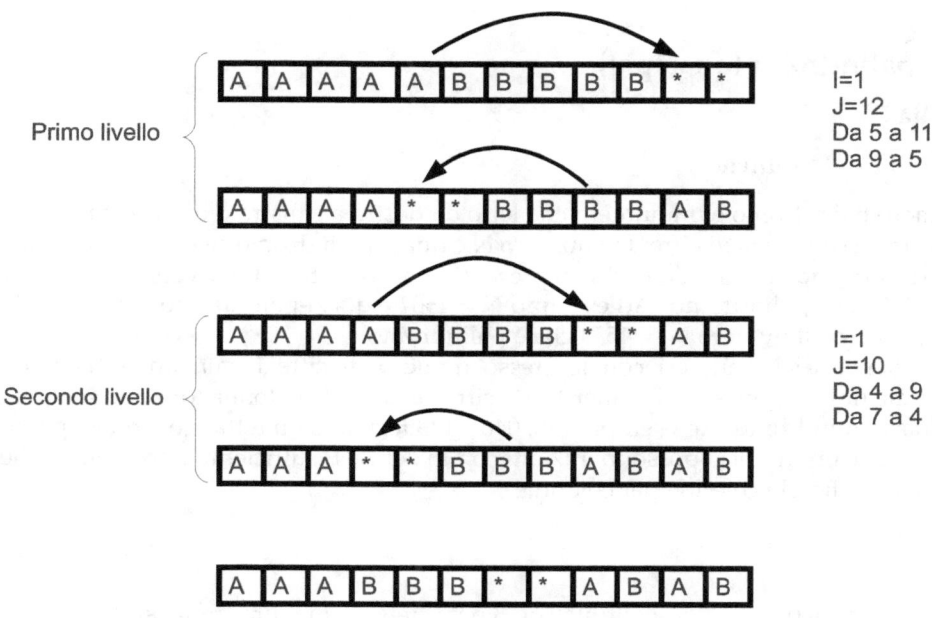

Figura 9.3: Idea ricorsiva

Quando da un problema riusciamo a riportarci allo stesso problema, ma con una dimensione inferiore, dovrebbe subito venirci in mente la possibilità di poter applicare un approccio ricorsivo. Come da figura 9.3 infatti posso applicare lo stesso ragionamento al secondo livello e ridurre ancora il problema di 2 unità, passando dal problema di dimensione 10 a quello di dimensione 8 (quando parlo di dimensione 10 intendo dire la dimensione del treno, che in funzione di N risulta $2N + 2$). Tutto molto bello, c'è solo un problema: quando si arriva al problema di dimensione 8 (cioè N=3), il procedimento così come applicato a tutti i livelli precedenti, non funziona più a causa delle dimensioni ridotte. Per risolverlo però basta osservare che nell'esempio ci veniva già data la soluzione del problema con N=4, quindi quando la ricorsione arriva alla dimensione 10 basta fermarsi e proseguire con le mosse già note.

Alla fine si arriverà a una situazione con tutte le coppie AB e basterà spostare l'ultima coppia in posizione 5-6 al posto dei buchi creati dal procedimento applicato e il problema sarà risolto.

---

[6]Personalmente ho utilizzato dei bigliettini contrassegnati con le lettere A e B e gli asterischi, per poter visualizzare meglio gli spostamenti e verificare la correttezza di quanto pensato.

É necessario usare un vettore per memorizzare il contenuto dei vagoni? No, poiché quello che interessa è solo di stampare gli spostamenti e quelli sono individuati a partire dagli estremi dell'intervallo da modificare, come si vede in figura 9.3. Se chiamiamo gli estremi i e j (tra l'altro i in questo tipo di impostazione non interessa), si vede che a ogni spostamento devo spostare la coppia di vagoni all'indice $(j-2)/2$ in posizione $j-1$ e successivamente la coppia di vagoni all'indice $j-3$ in posizione $(j-2)/2$. Abbiamo quindi solo la necessità di stampare man mano gli spostamenti effettuati: l'unico problema potrebbe essere che il testo chiede di stampare prima il numero degli spostamenti che gli spostamenti stessi, ma anche questo può essere risolto facilmente sapendo che, dato questo procedimento, il numero di spostamenti è sempre $2N-3$, dove il 2N deriva dal fatto che per ogni livello facciamo 2 spostamenti e il -3 deriva dal fatto che quando arriviamo al caso N=4 gli spostamenti da fare sono solo 5 al posto di 8.

Questo ci garantisce inoltre di arrivare alla soluzione in meno di 3N mosse, come richiede il testo. Ci sono altre possibilità di effettuare gli spostamenti per ridurre il problema oltre a quella proposta, in ogni caso è possibile stare sotto a 3N.

9.7 Quasi-palindromi - territoriali 2010

Quasi-palindromi (quasipal)

Difficoltà D = 1.

Descrizione del problema

Un numero palindromo è un numero che letto da destra a sinistra o da sinistra a destra produce la stessa sequenza di cifre. Un numero N è quasi-palindromo se è palindromo oppure è tale che sostituendo alcune delle cifre 0 presenti in N con altre cifre diverse da 0 si ottiene un numero N' che è palindromo. Ad esempio N = 4504 è quasi-palindromo perché sostituendo 0 con 5 si ottiene il numero N' = 4554 che è palindromo.

Un insieme di M numeri con lo stesso numero di cifre forma un rettangolo quasi-palindromo (le cui righe sono i numeri) se le cifre nella stessa colonna formano sempre un numero quasi-palindromo. Ad esempio 120, 046 e 123 formano un rettangolo quasi-palindromo (notare che alcuni numeri possono iniziare con lo zero). È sufficiente porli nelle righe come segue, per verificarlo colonna per colonna:

    120
    046
    123

Infatti, la cifra 0 in 120 va sostituita con 3 per ottenere un palindromo sulla terza colonna.

Scrivere un programma che dati M numeri di N cifre ciascuno, li stampi in ordine (uno per riga) in modo tale che formino un rettangolo quasi-palindromo.

Dati di input

Il file input.txt è composto da M+1 righe. La prima riga contiene due interi positivi M e N separati da uno spazio. Ciascuna delle successive M righe contiene una sequenza di N cifre decimali consecutive (senza separazione di spazi), che rappresenta uno degli M numeri.

Dati di output

Il file output.txt è composto da M righe contenenti gli M numeri in ingresso ordinati in modo da formare un rettangolo quasi-palindromo.

Assunzioni

$2 \leq N, M \leq 8$. Viene garantito che esiste sempre una soluzione. Alcuni numeri possono iniziare con una o più cifre 0.

Esempi di input/output

File input.txt	File output.txt
3 3	120
046	046
120	123
123	

9.7.1 Suggerimenti

Il problema richiede di trovare delle permutazioni di un insieme di cifre che rispondano a un certo criterio, chiamato *quasi palindromia*.

- Data una stringa di caratteri sei in grado di verificare se è palindroma o no?

- Su una stringa lunga N quanti controlli devono essere fatti per verificarne la palindromia o meno?

- Cosa cambia al controllo di palindromia se il carattere 0 può essere usato come "jolly"?

- Una volta stabilito come verificare la *quasi palindromia*, verificare se un rettangolo di caratteri è *quasi palindromo* non è altro che la ripetizione dello stesso controllo fatto su ogni colonna. Cambia qualcosa il fatto che il controllo debba essere fatto sulle colonne e non sulle righe?

- Come è possibile ottenere tutte le permutazioni di N interi? (se non lo ricordi vedi esempio 6.4)

- É necessario permutare realmente le righe del rettangolo, spostando ogni riga nella sua nuova posizione, con i costi computazionali che questo comporta? Oppure è possibile ottenere lo stesso risultato senza muovere righe di caratteri?

- Riesci a scomporre questo problema in una serie di funzionalità, in modo da non avere un unico grosso programma soggetto a errori, ma una serie di funzioni specializzate nel risolvere un solo compito?

9.7.2 Soluzione

```
1  int M, N;
2  int cifre[8], presente[8];
3  char rettangolo[8][8];
4  FILE *in,*out;
5  bool verifica_rettangolo() {
6      int i,j;
7      for (i=0;i<N;i++)
8          for (j=0;j<M/2;j++){
9              int is = cifre[j];
10             int id = cifre[M-j-1];
11             if ((rettangolo[is][i] != rettangolo[id][i]) && (rettangolo[is][i]
                   != '0' && rettangolo[id][i]!='0'))
12                 return false;
13         }
14     return true;
15 }
```

```
16   void stampa() {
17       int i,j;
18       for (i=0;i<M;i++)
19       {
20           int riga = cifre[i];
21           for (j=0;j<N;j++)
22               fprintf(out,"%c",rettangolo[riga][j]);        fprintf(out,"\n");
23       }
24   }
25   void calcola_permutazioni(int inizio, int fine) {
26       int i;
27       if (inizio >= fine){
28           if (verifica_rettangolo()){
29               stampa();
30               exit(0);
31           }
32       return;
33       }
34       for (i = 0; i < fine; i++){
35           if (presente[i]){
36               cifre[inizio] = i;
37               presente[i] = 0;
38               calcola_permutazioni(inizio+1,fine);
39               presente[i]=1;
40           }
41       }
42   }
43   int main()
44   {
45       int i,j;
46       in = fopen("input.txt","r");
47       out = fopen("output.txt","w");
48       fscanf(in,"%d %d",&M,&N);
49       for (i=0;i<M;i++){
50           char temp[10];
51           fscanf(in,"%s",temp);
52           for (j=0;j<N;j++)
53               rettangolo[i][j] = temp[j];
54       }
55       for (i = 0; i < M; i++){
56           presente[i]=1;
57           cifre[i]=i;
58       }
59       calcola_permutazioni(0,M);
60       return 0;
61   }
```

La soluzione utilizza un approccio a "forza bruta", come già visto nell'esempio 6.4, che risulta fattibile poichè l'input presenta al massimo 8 righe e le permutazioni possibil di 8 righe risultano essere 8!, quindi ampiamente esplorabili nei tempi richiesti.

La strategia risolutiva essenzialmente consiste nel generare tutte le possibili permutazioni e per ognuna verificare se ci si trova in presenza di un rettangolo quasi-palindromo, nel qual caso stamparlo e terminare il programma.

La generazione delle permutazioni (righe 34-41) è del tutto uguale a quella già vista nell'esempio 6.4, dove viene utilizzato il vettore *cifre* per contenere la permutazione da costruire e il vettore *presente* per tenere traccia delle righe già usate e poter fare backtracking su tutte le permutazioni.

Vengono poi definite una serie di funzioni ausiliare il cui compito è piuttosto ovvio, ma che risultano comode per strutturare meglio il codice:
- *verifica_rettangolo*: data una permutazione di righe controlla se il rettangolo corrispondente è *quasi palindromo*. Per farlo la funzione parte dalla prima colonna e, a cominciare dagli

estremi, confronta le coppie di cifre in posizione opposta per vedere se sono uguali o almeno una delle due è 0, nel qual caso passa alla colonna successiva. Dopo aver controllato tutte le colonne, se ognuna è risultata essere palindroma, ritorna *true*, altrimenti appena si accorge della presenza di una colonna non palindroma ritorna immediatamente *false*.

- *stampa*: si occupa semplicemente di stampare il rettangolo secondo quanto richiesto dal testo del problema

- *calcola_permutazioni*: è la funzione ricorsiva che genera tutte le permutazioni possibili delle righe, ognuna delle quali verrà usata da *verifica_rettangolo* per controllare la *quasi palindromia*.

Il costo dell'algoritmo sarà, nel caso pessimo, di tipo $N!$ moltiplicato per il costo del controllo della palindromia, che risulta lineare in N, ma come già detto essendo N molto piccolo non avrà problemi a risolvere il problema nei tempi stabiliti.

9.8 Sbarramento tattico - territoriali 2010

Sbarramento tattico (sbarramento)

Difficoltà D = 2.

Descrizione del problema

L'esercito di Orchi dell'Oscuro Signore degli Anelli marcia a ranghi serrati verso il Fosso di Helm. Per contrastarne la marcia, Re Theoden decide di richiamare tutte le sue N armate per creare uno sbarramento unico, con le seguenti regole.

Campo di battaglia: è rappresentato da una tabella di dimensione NxN, le cui righe e colonne sono numerate da 1 a N. Posizione: ognuna delle N armate occupa una posizione distinta [i,j] nella tabella, all'incrocio tra la riga i e la colonna j. Movimento: permette di passare dalla posizione corrente [i,j] a una vicina con un giorno di marcia: nord [i-1,j] (se i > 1), sud [i+1,j] (se i < N), est [i,j+1] (se j < N) e ovest [i,j-1] (se j > 1). Una sola armata alla volta si sposta con un movimento. Sbarramento: si crea ponendo tutte le armate su un'unica riga R della tabella, attraverso una serie di movimenti.

Theoden vuole calcolare il numero minimo di movimenti necessari per spostare tutte le armate in un unico sbarramento sulla riga R. Aiutate Theoden a calcolare tale numero minimo.

Dati di input

Il file input.txt è composto da N+1 righe. La prima riga contiene due interi positivi N e R, separati da uno spazio: il numero N di righe e di colonne nella tabella (nonché il numero di armate) e l'indice R della riga su cui far convergere lo sbarramento delle armate. Ciascuna delle successive N righe contiene una coppia di interi i e j, separati da uno spazio, a indicare che un'armata è presente nella posizione [i,j] della tabella.

Dati di output

Il file output.txt è composto da una sola riga contenente un intero non negativo, il minimo numero di movimenti per posizionare tutte le armate sulla riga R della tabella, in posizioni distinte all'interno di tale riga.

Assunzioni

- $2 \leq N \leq 500$.

- Durante un movimento, due o più armate non possono mai occupare la stessa posizione intermedia.

Esempi di input/output

File input.txt	File output.txt
8 3	31
5 5	
1 6	
2 2	
6 5	
3 2	
7 1	
1 2	
8 1	

9.8.1 Suggerimenti

Il problema richiede di minimizzare la somma dei costi di una serie di spostamenti che portano degli elementi da una configurazione iniziale verso una configurazione finale.

- Qual è la struttura dati da utilizzare?

- Se hai pensato a una matrice, sei sicuro che sia realmente necessaria?

- Sai calcolare il costo minimo di spostamento di un'armata dalla posizione i, j alla posizione r,s, con i,j,r e s qualsiasi?

- Gli spostamenti delle armate sono indipendenti tra di loro oppure per muovere un'armata ho bisogno di sapere dove si trovano tutte le altre per evitare di sovrapporle, come sembra indicare l'assunzione 2?

- Se hai risposto positivamente alla domanda precedente, pensaci meglio: siccome non viene richiesto di scrivere la sequenza di spostamenti ma solo il loro costo, è sempre possibile determinare una sequenza di mosse che permetta di spostare due armate qualsiasi in due punti qualsiasi, evitando che si sovrappongano? (ai fini della soluzione, non è necessario sapere quale sia la sequenza, basta stabilire che esista sempre)

- Presa un'armata qualsiasi, qual è il costo per spostarla in "verticale" dalla riga in cui si trova fino alla riga R, mantenendo la stessa colonna?

- Se tutte le armate fossero su colonne diverse il problema sarebbe di semplice soluzione, cosa succede invece quando due o più armate si trovano sulla stessa colonna?

- Che strategia devo usare per poter minimizzare il costo dello spostamento di più armate che si trovano sulla stessa colonna? Ho necessità di tenere memoria delle posizioni sulla colonna R che sono già occupate da un'armata? Da che armata parto e che ordine seguo per spostarle tutte?

- Posso arrivare alla soluzione del problema senza necessità di mantenere un vettore che mi indichi quali sono le posizioni della riga R che sono già occupate?

9.8.2 Soluzione

```
1   struct armata{
2   int r,c;
3   };
4   int N, R;
5   armata armate[500];
6   FILE *in,*out;
7   int cmp(const void *a, const void *b) {
8       armata uno = *(armata *)a;
9       armata due = *(armata *)b;
10      if (uno.c > due.c) return 1;
11      if (uno.c < due.c) return -1;
12      return 0;
13  }
14  int main()
15  {
16      int i,j;
17      int mosse = 0;
18      in = fopen("input.txt","r");
19      out = fopen("output.txt","w");
20      fscanf(in,"%d %d",&N,&R);
21      for (i=0;i<N;i++)
22          fscanf(in,"%d %d",&armate[i].r,&armate[i].c);
23      qsort(armate,N,sizeof(armata),cmp);
24      for (i=0;i<N;i++)
25          mosse+=abs(armate[i].r-R) + abs(armate[i].c - (i+1));
26      fprintf(out,"%d\n",mosse);
27      return 0;
28  }
```

Questo problema in prima lettura può sembrare molto più complesso di quanto in realtà sia, soprattutto in considerazione della seconda assunzione, che porta a pensare che in qualche modo debba calcolarmi una precisa sequenza di mosse di cui successivamente calcolare il costo. In realtà, proprio perchè viene chiesto solo il costo e non le mosse necessarie a raggiungerlo, non bisogna preoccuparsi di quali mosse debbano fare le armate, ma calcolare il costo in maniera indipendente per ciascuna, come se fosse l'unica presente sul campo di battaglia, stando solo attenti a non metterle nella stessa posizione finale sulla riga R, poichè quello non è possibile.

Fatta questa osservazione il problema risulta molto semplice da affrontare e può essere risolto in due modi.

Nel primo modo possiamo osservare che il costo minimo di spostamento si ha se l'armata si sposta dalla riga in cui si trova fino alla riga R mantenendosi sulla stessa colonna (possiamo dire che si sposta "ortogonalmente" alla riga). Poichè possono esserci più armate sulla stessa colonna e nella configurazione finale ogni armata dovrà essere in una colonna diversa da quella di tutte le altre, non è possibile spostare semplicemente ogni armata in modo ortogonale, poichè potrebbe finire su una casella già occupata. Se però si tiene traccia delle caselle già occupate e ci si sposta nella prima casella libera della riga R a destra o a sinistra della colonna di partenza dell'armata, si ottiene il costo minimo complessivo. Da che armata si parte e in che ordine? Anche se potrebbe non sembrare così ovvio, l'ordine con cui si vanno a inserire le armate è indifferente, a patto di seguire esattamente quanto specificato sopra, poichè a ordini diversi corrispondono mosse diverse, ma ogni eventuale costo aggiuntivo per ogni armata che si deve spostare di colonna viene compensato dal guadagno fatto da altre armate e alla fine il costo è il medesimo.

Il secondo modo, quello proposto nel codice, sfrutta una specie di approccio *greedy*, partendo da questa osservazione: se ordino le armate per colonne crescenti, posso partire dalla prima e inserirla nella prima posizione della riga R, la seconda nella seconda posizione, fino ad arrivare all'ultima. Questo modo di procedere mi garantisce di avere il costo minimo per motivi analoghi a quelli visti nell'approccio precedente: ogni volta che inserisco un'armata, se anche il suo costo non sarà il minimo assoluto, verrà compensato dai vantaggi che avranno altre armate nei posizionamenti successivi. Perché ciò funzioni è necessario che si proceda prima all'ordinamento, altrimenti non è detto che gli svantaggi pagati da alcune armate vengano compensati con i vantaggi ricevuti da altre.

Rispetto al primo modo non serve aggiungere una struttura dati supplementare, un vettore, per tenere traccia dei posti che vengono via via occupati e questo rende il codice più semplice e veloce da implementare. Come infatti si vede bisogna solo definire la funzione per il confronto (righe 7-13) necessaria al *qsort*, che servirà per ordinare gli elementi di tipo *armata* (righe 1-3). Una volta che il vettore di armate risulta ordinato per colonne crescenti è sufficiente scandirlo e calcolare la distanza di ogni armata dalla posizione i-esima della riga R (righe 24-25).

Volendo confrontare i due metodi in termini di complessità computazionale si può vedere che il primo metodo ha un costo N moltiplicato per il numero di confronti che devono essere fatti per stabilire in quale casella inserire l'armata e nel caso pessimo (tutte le armate nella prima colonna) il costo complessivo diventa di tipo quadratico. Nel secondo caso invece abbiamo il costo dell'ordinamento ($NlogN$) più il costo del calcolo che invece è di tipo lineare, che rimane tale anche nel caso pessimo. In ogni caso sono ambedue compatibili con la dimensione dell'input del problema.

9.9 Sequenza per tamburello - territoriali 2010

Sequenza per tamburello (tamburello)

Difficoltà D = 1.

Descrizione del problema

Marco ha trovato alcune antiche sequenze in un manoscritto. Ogni sequenza è composta da N pallini pieni o vuoti e rappresenta un brano da suonare al tamburello in N istanti consecutivi di tempo: all'i-esimo istante, il tamburello viene percosso se l'i-esimo pallino è pieno e, invece, non viene percosso se tale pallino è vuoto ($1 <= i <= N$).

Marco vuole capire se una data sequenza è periodica: in tal caso, vuole estrarne il periodo, ossia il più piccolo segmento iniziale che si ripete nel resto della sequenza. In altre parole, se P è la sequenza di pallini pieni e vuoti che rappresenta il periodo, allora la sequenza in input è periodica se può essere ottenuta concatenando P per due o più volte e tale P deve essere di lunghezza minima.

Per esempio, rappresentando con 1 ogni pallino pieno e con 0 ogni pallino vuoto, la sequenza periodica 101010101010 ha 10 come periodo e la sequenza 101001010001010010100 ha 10100101000 come periodo. Invece, la sequenza 11011011 non è periodica. Aiutate Marco in questo compito, in modo che possa imparare a suonare velocemente tali brani per tamburello.

Dati di input

Il file input.txt è composto da due righe. La prima riga contiene un intero positivo N, che indica il numero di pallini nella sequenza. La seconda riga contiene una sequenza di interi 0 e 1, separati da uno spazio, dove 1 rappresenta un pallino pieno e 0 un pallino vuoto.

Dati di output

Il file output.txt è composto da una sola riga contenente l'intero 2 se la sequenza in input non è periodica. Altrimenti, se è periodica, la riga contiene la sequenza di 0 e 1, separati da uno spazio, che rappresenta il periodo P della sequenza fornita in input.

Assunzioni

$2 \leq N \leq 100000$.

Esempi di input/output

File input.txt	File output.txt
12 1010101010 1 0	1 0

9.9.1 Suggerimenti per la soluzione

Il problema chiede di cercare la più piccola sottosequenza che si ripete integralmente su tutta la sequenza iniziale, che in altre parole può essere definito come il problema di trovare il periodo di un vettore.

- Qual è la struttura dati che bisogna utilizzare (piuttosto ovvio)?

- Prova a risolvere il problema per un caso più piccolo, in particolare il più piccolo possibile è quello in cui il periodo è lungo $N/2$ e si ripete due volte. Cosa bisogna utilizzare per risolvere questo problema (un ciclo *for*, un *while*, ecc.)?

- Sei in grado di riscrivere il problema per un periodo di lunghezza $N/3$?

- Confronta le soluzioni dei due problemi precedenti per $N/2$ e $N/3$: sei in grado di generalizzare la soluzione per un periodo N/k, con k un valore intero qualsiasi?

- Se dai punti precedenti sei stato in grado di generalizzazione la soluzione al periodo N/k puoi provare tutti i periodi per trovare il più piccolo?

- Conviene partire da $k = 2$ e procedere con periodi decrescenti $N/2, N/3, ..., 3, 2, 1$ oppure conviene partire dal periodo più piccolo e aumentarne la grandezza per fermarsi al primo trovato?

- Ma k può assumere qualsiasi valore o alcuni possono essere scartati a priori? In altri termini il periodo di una sequenza di lunghezza N può avere qualsiasi valore o è vincolato solo ad alcuni possibili?

- Ha senso escludere a priori le sequenze di lunghezza pari a un numero primo, provando solo se hanno periodo 1, oppure questo implicitamente è un controllo che si fa già se abbiamo risposto alla domanda precedente?

9.9.2 Soluzione

```
1   int sequenza[100000];
2   int N;
3
4   bool corrispondenza(int inizio, int periodo) {
5       int i;
6       for(i=0;i<periodo;i++)
7           if (sequenza[i]!=sequenza[i+inizio])
8               return false;
9       return true;
10  }
11
12  bool trova_periodo(int periodo) {
13      int i;
14      for (i=periodo;i<N;i+=periodo)
15          if (!corrispondenza(i,periodo))
16              return false;
17      return true;
```

```
18  }
19
20  int main()
21  {
22      int i,j;
23      FILE *in = fopen("input.txt","r");
24      FILE *out = fopen("output.txt","w");
25      fscanf(in,"%d",&N);
26      for (i=0;i<N;i++)
27          fscanf(in,"%d",&sequenza[i]);
28      for (i=1;i<=N/2;i++)
29          if(N%i == 0)
30              if (trova_periodo(i))
31              {
32                  for (j=0;j<i;j++)
33                      fprintf(out,"%d ",sequenza[j]);
34                  exit(0);
35              }
36      fprintf(out,"2");
37      return 0;
38  }
```

Dopo aver letto l'input (righe 23-27), il ciclo *for* di riga 28 scorre tutti i periodi possibili, a partire da quello di lunghezza 1 fino a quello di lunghezza $N/2$, fermandosi (riga 34) e stampando direttamente il risultato al primo periodo incontrato, che quindi è sicuramente il più piccolo. Per verificare se esiste un periodo vengono utilizzate due funzioni: la funzione *trova_periodo* riceve come input il periodo da testare (riga 30), restituendo *true* o *false* se il periodo viene trovato o meno; questa funzione usa poi *corrispondenza* che verifica se i primi *periodo* elementi del vettore sono uguali a quelli spostati in avanti di una quantità *inizio*, multipla del periodo che si sta testando (righe 6-7). Dalla figura 9.4 si può vedere l'idea sul test del periodo 4: *trova_periodo* verifica prima se i primi quattro elementi sono uno a uno uguali ai quattro elementi che partono dall'indice 4, poi ripete la stessa cosa confrontando i primi quattro elementi con i quattro che partono dall'indice 8.

Si può infine notare come alla riga 29 venga controllato se il periodo che si vuole testare è un sottomultiplo della lunghezza del vettore, poichè, se non lo è, si passa direttamente al candidato successivo, non essendo possibile che quello sia un periodo esatto del vettore.

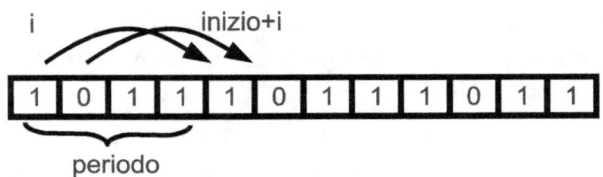

Figura 9.4: Esempio di esecuzione

Questa soluzione ha un costo computazionale che può essere approssimativamente calcolato in questo modo:

- ogni volta che testiamo un periodo vengono controllati tutti gli elementi del vettore, quindi questo passaggio richiede circa N confronti (nel caso vengano fatti tutti, altrimenti meno)

- quanti periodi vengono testati? Nel caso peggiore in cui la sequenza non è periodica e quindi devo testarli tutti primi di accorgemene, i periodi possibili sono solo quelli che dividono esattamente la lunghezza del vettore, quindi il numero dei suoi divisori. Sicuramente questo numero è minore di $N/2$, bisognerebbe poi vedere di quanto, il che è un problema di teoria dei numeri che esula dalla presente trattazione. Se il numero N fosse una potenza del 2 avremmo un numero di periodi possibili pari a $log_2 N$, per situazioni diverse è molto più difficile da stimare, ma si può presumere che non cresca in modo lineare e quindi l'algoritmo nel complesso sia subquadratico.

9.10 Eserciti galattici - territoriali 2011

Eserciti Galattici (galattici)

Difficoltà D = 2

Descrizione del problema

L'esercito della Signoria è riuscito a costruire un'arma segreta: il temibile Sarcofago Nero. Esso legge una parola segreta S costituita da lettere minuscole dell'alfabeto: a, b, c, ..., z (ogni lettera può comparire zero, una o più volte). Il Sarcofago Nero può assumere N configurazioni al suo interno, numerate da 1 a N. La parola segreta S viene accettata se raggiunge la configurazione finale (avente numero N) a partire dalla configurazione iniziale (avente numero 1) dopo aver letto tutte le lettere in S una alla volta. Per ogni configurazione I del Sarcofago Nero, la tripletta (I,J,c) indica che la lettera c lo fa transitare dalla configurazione I alla configurazione J. L'esercito rivale ha carpito una parola segreta S, ma non sa se è quella del Sarcofago Nero. Il tuo compito è quello di trovare la configurazione interna Q che esso raggiunge, dopo aver letto S, a partire dalla configurazione iniziale.

Dati di input

Il file input.txt è composto da M+2 righe. La prima riga contiene tre interi positivi separati da uno spazio, che rappresentano il numero M delle triplette, il numero N di configurazioni e il numero K di lettere nella sequenza S. La seconda riga contiene K lettere separate da uno spazio, le quali formano la sequenza S. Ciascuna delle rimanenti M righe contiene due interi positivi I e J e una lettera c, separati da una spazio, che rappresentano la tripletta (I,J,c) per la transizione del Sarcofago Nero.

Dati di output

Il file output.txt è composto da una sola riga contenente il numero Q della configurazione raggiunta dal Sarcofago Nero a partire dalla sua configurazione iniziale (avente numero 1), dopo aver letto tutta la sequenza S.

Assunzioni

- $2 \leq M \leq 100$.

- $2 \leq N \leq 100$.

- $2 \leq K \leq 10$.

- $1 \leq Q \leq N$.

Esempi di input/output

File input.txt	File output.txt
5 3 6	2
a a a b a b	
1 3 a	
1 2 b	
2 1 a	
3 2 b	
3 3 a	

9.10.1 Suggerimenti

Il problema richiede di applicare una serie di regole per spostarsi da uno stato iniziale conosciuto ad uno finale sconosciuto.

- Data una regola composta da uno stato iniziale e un input (la lettera della parola segreta) posso stabilire a che lettera andrò a finire tramite un *if*?

- Ma non sapendo al momento della stesura del codice quali saranno le regole che dovrò applicare posso rappresentarle tramite una serie di *if*?

- Allora se l'approcio precedente non è possibile, come può essere rappresentata una regola?

- E un insieme di regole?

- Se riesco a rappresentare correttamente un insieme di regole posso iterare il procedimento su ogni singola lettera per arrivare alla lettera finale?

9.10.2 Soluzione

```
1   int M,N,K;
2   char parola[11];
3   int I,J;
4   char c;
5   struct transizione{
6       int I,J;
7       char c;
8   };
9   transizione t[100];
10  int main()
11  {
12      ifstream in("input.txt");
13      ofstream out("output.txt");
14      in >> M >> N >> K;
15      for(int i = 0; i < K; i++)
16          in >> parola[i];
17      for(int i = 0; i < M; i++)
18          in >> t[i].I >> t[i].J >> t[i].c;
19      int stato_attuale = 1;
20      for(int i = 0; i < K; i++){
21          int j = 0;
22          while (t[j].c != parola[i] || t[j].I != stato_attuale)
23              j++;
24          stato_attuale = t[j].J;
25      }
26      out << stato_attuale;
27      return 0;
28  }
```

La parte più difficile di questo problema è, a detta di molti tra cui io, la comprensione del testo, che risulta in alcuni punti disorientante. Se comunque, anche grazie all'esempio, si riesce a penetrarne il significato, ci si accorge di trovarsi di fronte all'implementazione di una semplice macchina a stati finiti, dove le regole descrivono le transizioni tra stati. Per capire meglio il funzionamento si può vedere la figura 9.5, dove è stata rappresentata la macchina che risulta dalle regole date nel caso di esempio. Gli stati della macchina sono rappresentati dai nodi del grafo, mentre ogni regola è un arco orientato: ad esempio la regola rappresentata dalla tripletta (1, 3, a) nel disegno è l'arco che esce dal nodo 1 e entra nel nodo 3 con segnata la *a*. Partendo dal nodo 1 e seguendo il flusso delle regole come mostrato nella tabella in figura è evidente come si possa arrivare alla soluzione richiesta.

Ogni regola può essere rappresentata come una struttura contenente le informazioni su stato iniziale, stato finale e lettera (righe 5-8), in modo da poter creare poi il vettore contenente le regole

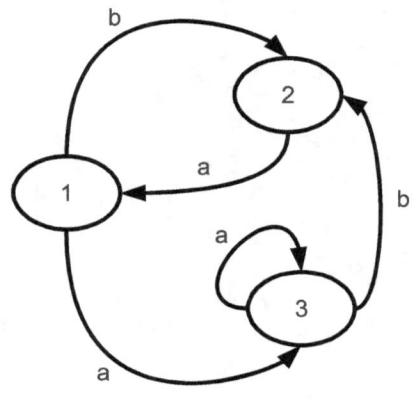

Stato iniziale	1	3	3	3	2	1
Lettera	a	a	a	b	a	b
Stato finale	3	3	3	2	1	**2**

Figura 9.5: Macchina a stati finiti

(riga 9). Basterà a questo punto scandire tutte le lettere della parola segreta (riga 20), che agiscono da input sulla macchina a stati e, scorrendo tutte le regole (riga 22), trovare quella corretta da applicare, in modo da avere una transizione di stato e poter reiterare il procedimento. Lo stato in cui si troverà la macchina alla fine della lettura della parola segreta sarà quindi il risultato cercato.

9.11 Nanga Parbat - territoriali 2011

Nanga Parbat (nanga)

Difficoltà D = 1

Descrizione del problema

Durante la lunga scalata delle cime attorno al Nanga Parbat, Reinhold Messner riesce a trasmettere al campo base, a intervalli regolari, solo il dislivello percorso rispetto all'ultima trasmissione. Se invia un numero positivo P, allora è salito di P metri rispetto alla precedente trasmissione; se invia un numero negativo -P, allora è sceso di P metri rispetto alla precedente trasmissione; se infine invia P=0, non ha cambiato altitudine. Messner parte dal campo base a 5000 metri. I suoi collaboratori al campo base ricevono tali rilevamenti: aiutali a identificare l'altitudine che risulta più frequentemente rilevata in questo modo.

Dati di input

Il file input.txt è composto da N+1 righe. La prima riga contiene l'intero positivo N, il numero dei rilevamenti trasmessi da Messner. Ciascuna delle successive N righe contiene un intero che rappresenta il dislivello percorso rispetto alla precedente trasmissione.

Dati di output

Il file output.txt è composto da una sola riga contenente l'altitudine che risulta più frequentemente rilevata in questo modo dal campo base.

Assunzioni

- $2 \leq N \leq 1000$.

- $-100 \leq P \leq 100$.

Esempi di input/output

File input.txt	File output.txt
8 3 -1 6 -7 1 4 0 -4	5002

Nota/e

- L'altitudine iniziale viene rilevata ai fini della risposta.

- Viene garantito nei dati di input che l'altitudine più frequentemente rilevata è unica.

9.11.1   Suggerimenti

Il problema richiede di contare quante volte ogni numero è presente all'interno di un insieme e trovare il massimo numero di occorrenze.

- Dato un insieme di N numeri, che struttura useresti per memorizzare il numero di volte che compare ognuno di essi?

- Sapendo che i numeri sono interi, è possibile migliorare il modo in cui vengono memorizzati?

- Se non fossero interi potresti fare le stesse cose?

- Usando il numero come indice del vettore e il valore come contatore del numero di volte che quel numero compare, lo spazio occupato dal vettore verrebbe sfruttato bene? In quali condizioni questo approcio non sarebbe più possibile?

9.11.2   Soluzione

```
1   int N;
2   int alt = 100000;
3   int quote[200001];
4   int main()
5   {
6       int temp;
7       ifstream in("input.txt");
8       ofstream out("output.txt");
9       in >> N;
10      for (int i = 0; i < N; i++){
11          in >> temp;
12          alt += temp;
```

```
13        quote[alt]++;
14    }
15    int max = 0, quanti = quote[0];
16    for (int i = 0; i<200001 ; i++)
17        if (quote[i]>quanti){
18            max = i;
19            quanti = quote[i];
20        }
21    out << max - 95000;
22    return 0;
23 }
```

Questa prima soluzione utilizza un vettore in maniera "non standard", nel senso che al posto di memorizzare i dati in certe posizioni come avviene solitamente, usa gli indici del vettore come valore delle quote e i valori corrispondenti come numero delle volte che quella quota è stata raggiunta. In questo modo per ogni nuova lettura del dislivello è immediato calcolare la quota raggiunta e usare questo dato come indice nel vettore, incrementando di uno il valore corrispondente, per indicare che quella quota è stata raggiunta un'altra volta (righe 10-14).

Alla fine della lettura di tutti i dislivelli nel vettore delle quote si avranno una serie di valori ed è sufficiente trovare l'indice corrispondente al valore massimo per avere la soluzione del problema (righe 15-20).

Gli unici due aspetti a cui prestare attenzione sono i seguenti:

- per come sono le assunzioni, cioè massimo 1000 rilevazioni e ogni dislivello limitato a 100 in valore assoluto, la massima altezza che sarebbe possibile raggiungere è di 105000 e la minima di -95000 (poichè la quota di partenza è di 5000 metri). Quindi il vettore deve avere 200001 elementi per poter contenere tutti i casi possibili, anche se ovviamente la maggior parte dello spazio risulterà sprecata.

- siccome gli indici del vettore sono solo positivi mentre le quote potrebbero anche essere negative, si suppone di partire da metà vettore, cioè a quota 100000, si fanno tutti i calcoli e solo alla fine si va a rimettere a posto il risultato sottraendo 95000 (riga 21), che è l'*offset* che è stato aggiunto all'inizio per evitare quote negative.

Sebbene questa soluzione sia molto efficiente, avrebbe dei problemi nel caso che le assunzioni fossero diverse e costringessero ad avere vettori più grandi per memorizzare le quote visitate. Se ad esempio il dislivello massimo tra una trasmissione e la successiva fosse di 100000 al posto che di 100, avremmo bisogno di un vettore di 100000 × 1000 × 2 elementi, cioè 200.000.000 di elementi, che è una dimensione enorme, in genere oltre il limite che viene posto nelle gare e questo nonostante i posti che poi verrebbero utilizzati sarebbero al massimo 999 (poichè per le ipotesi del problema almeno una quota doppia è presente).

Per risolvere il problema si potrebbe utilizzare una *map*, uno dei contenitori standard del C++, chiamato anche *array associativo*, che come un normale array serve a contenere una sequenza di valori omogenei, solo che al posto di poterli indirizzare solo tramite un indice numerico, permette di usare qualsiasi tipo di "etichetta" per contrassegnare una posizione nel vettore.

In questo caso verrebbe ancora utilizzato un indice numerico, solo che a differenza di un vettore normale, solo le caselle corrispondenti a una quota raggiunta verrebbero create e quindi la quantità di spazio utilizzata sarebbe sembre al massimo proporzionale a 999, indipendentemente dalla grandezza dei dislivelli massimi, come si può vedere nell'esempio di figura 9.6.

Le uniche difficoltà in questo tipo di soluzione risiedono nell'utilizzo della *map*, che può risultare poco chiaro per chi non l'ha mai utilizzata.

```
1 int N;
2 map <int , int> m;
3 int alt = 5000;
4 pair<map<int,int>::iterator,bool> ret;
5 int main(int argc, char** argv)
6 {
7     int temp;
8     ifstream in("input.txt");
```

```
9      ofstream out("output.txt");
10     in >> N;
11     for (int i = 0; i < N; i++){
12         in >> temp;
13         alt += temp;
14         ret = m.insert(pair<int,int>(alt,1));
15         if (ret.second == false)
16             ret.first->second++;
17     }
18     map<int,int>::iterator i;
19     i = m.begin();
20     int max = i->first;
21     int quanti = i->second;
22     for (map<int,int>::iterator i = m.begin(); i!=m.end();i++)
23         if (i->second > quanti){
24             max = i->first;
25             quanti = i->second;
26         }
27     out << max;
28     return 0;
29 }
```

Come si vede nel codice per ogni dislivello letto viene creata una coppia tramite il container *pair*, in cui il primo elemento è la quota attuale e il secondo viene messo a 1, per indicare che la quota è stata raggiunta una volta, e questa coppia viene inserita nella *map* (riga 14). Il metodo *insert* ritorna a sua volta una coppia, il cui primo elemento è un iteratore all'elemento della mappa inserito e il secondo vale *true* se il *pair* è stato aggiunto correttamente (cioè se è la prima volta che la quota viene inserita nella mappa) oppure *false* se la quota è già presente nella mappa. In quest'ultimo caso bisogna quindi incrementare il valore indicizzato dalla quota (righe 15-16).

Terminato l'inserimento è necessario, come per il vettore della soluzione precedente, cercare il massimo: in questo caso non è possibile scandire la mappa utilizzando un indice, ma bisogna usare un iteratore (righe 20-24).

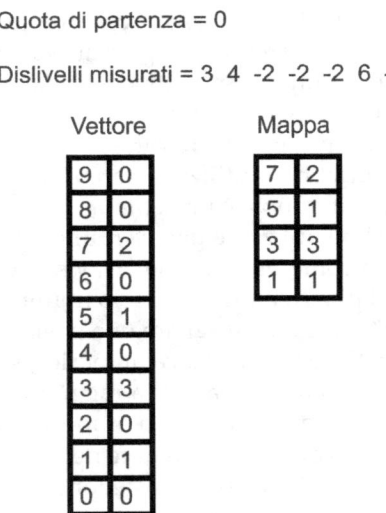

Figura 9.6: Confronto tra vettore e mappa

9.12   Gran Prix - territoriali 2012

Gran Prix (granprix)

Difficoltà D = 1.

Descrizione del problema

State assistendo a un Gran Premio di Formula 1. Prima dell'inizio, il tabellone riporta la griglia di partenza, ovvero l'ordine in cui le vetture partiranno dalla linea del traguardo. Non appena inizia il gran premio, per ogni sorpasso, il tabellone scrive due numeri: quello della vettura che ha effettuato il sorpasso, e quello della vettura che è stata superata. Il vostro compito è di scrivere un programma che, ricevuti in ingresso l'ordine di partenza e la lista dei sorpassi, calcoli chi ha vinto il gran premio.

Per esempio, considerate il seguente gran premio, con 3 macchine e 4 sorpassi. L'ordine iniziale di partenza è stato: la vettura numero 2, poi la vettura numero 1 e infine la vettura numero 3. I sorpassi sono stati, nell'ordine:

1. la numero 3 ha superato la numero 1;

2. la numero 3 ha superato la numero 2;

3. la numero 1 ha superato la numero 2;

4. la numero 2 ha superato la numero 1;

In questo caso, è facile vedere che la vettura numero 3 ha vinto il gran premio. Come si può notare dall'esempio, i sorpassi avvengono sempre tra due vetture consecutive.

Dati di input

Il file di input è costituito da 1+N+M righe di testo. La prima riga contiene due interi positivi separati da uno spazio: N che è il numero di vetture e M che è il numero di sorpassi. Le successive N righe contengono l'ordine di partenza: per ogni riga c'è un numero intero K che rappresenta una vettura, con $1 \leq K \leq N$. La vettura che parte in i-esima posizione nell'ordine di partenza si trova quindi nella riga (i+1) del file. Le restanti M righe contengono tutti i sorpassi, nell'ordine in cui sono avvenuti, uno in ogni riga. Ogni riga contiene due interi separati da uno spazio: A, ovvero il numero della vettura che ha effettuato il sorpasso, e B, ovvero il numero della vettura che ha subito il sorpasso.

Dati di output

Il file di output deve contenere un solo intero: il numero della vettura che ha vinto il gran premio.

Assunzioni

- $2 \leq N \leq 30$

- $1 \leq M \leq 100$

Esempi di input/output

File input.txt	File output.txt
3 4	3
2	
1	
3	
3 1	
3 2	
1 2	
2 1	

9.12.1 Suggerimenti

Il problema è molto semplice, richiedendo a prima vista di lavorare su un vettore e applicando degli spostamenti ai suoi elementi, ma è istruttivo perchè si può migliorare la strategia risolutiva in maniera elegante e non immediatamente ovvia.

- Dato che ogni macchina è rappresentata da un numero, quale sarà la struttura dati più adatta a memorizzare la griglia di partenza?

- Ogni sorpasso corrisponde a scambiare tra loro due elementi del vettore, solo che non so quali sono, quindi devo ogni volta scorrere il vettore per trovare le macchine, potrei evitare questa continua ricerca?

- E se al posto di memorizzare il numero di macchina come valore lo usassi come indice del vettore e nella casella corrispondente mettessi la posizione della macchina? Cosa cambierebbe? Avrei ancora bisogno di cercare le macchine o sarebbero immediatamente individuate dall'indice del vettore?

- Se uso il numero di macchina come indice e il valore corrispondente come posizione, cosa vuol dire in questo caso effettuare un sorpasso?

- Finora si è dato per scontato che sia necessario avere un vettore, ma è davvero necessario considerando che mi interessa solo il primo classificato?

9.12.2 Soluzione

Per questo esercizio verranno presentate tre soluzioni, in quello che a me sembra l'ordine di intuitività, nel senso che verrà mostrata prima quella più intuitiva e via via quelle meno ovvie, il ché non vuole dire che qualcuno non possa trovare più intuitiva l'ultima presentata, ma solo che dai miei colloqui con alcuni alunni (e anche a mia impressione), di solito la soluzione che viene in mente è la prima, che adesso vedremo.

```
1   int vetture[31];
2   int N,M;
3   void sorpasso(int A, int B) {
4       int i;
5       for (i=0;i < N;i++)
6           if (vetture[i] == A) break;
7       int temp = vetture[i];
8       vetture[i] = vetture [i-1];
9       vetture[i-1] = temp;
10  }
11
12  int main()
13  {
14      fstream in,out;
```

```
15      in.open("input.txt",ios::in);     25).
16      out.open("output.txt",ios::out);
17      in >> N >> M;
18      for (int i=0;i < N;i++)
19          in >> vetture[i];
20      for (int i=0;i < M;i++) {
21          int A, B;
22          in >> A >> B;
23          sorpasso(A,B);
24      }
25      out << vetture[0];
26      return 0;
27 }
```

La prima idea è quella di "mappare" direttamente il problema attraverso un vettore, poichè sembra naturale usare l'indice del vettore come posizione della macchina e nel valore corrispondente inserire il numero di macchina, come viene fatto nelle righe 18-19. A questo punto il sorpasso non è altro che lo scambio di posto tra due macchine, anche questo conseguenza diretta del modo naturale di modellare il problema. L'unica cosa da notare nella funzione *sorpasso* (righe 3-10) è che basta trovare la posizione della prima macchina per scambiarla con la macchina in posizione precedente, poichè nel problema si dice che il sorpasso avviene sempre tra macchine consecutive. Effettuati tutti i sorpassi non resta che stampare l'elemento in prima posizione (riga 25).La soluzione è molto semplice, però richiede ad ogni sorpasso di cercare nel vettore la macchina interessata e questo porta a una complessità computazionale di tipo quadratico: mediamente cercare un elemento in un vettore è proporzionale alla lunghezza del vettore e questa ricerca viene fatta tante volte quanti sono i sorpassi, perciò se numero di macchine e numero di sorpasso sono confrontabili e vicini a N, la complessità della soluzione sarà di tipo N^2.

Per evitare di fare la ricerca si può pensare di usare il numero di macchina come indice e di memorizzare nelle celle del vettore le posizioni in gara, ribaltando quanto fatto prima. Se ad esempio la macchina 4 è in sesta posizione, nel vettore l'elemento di indice 4 (numero della macchina) conterrà il valore 6 (posizione della macchina). Questo diverso modo di vedere il problema porta alla seguente soluzione:

```
1  int vetture[31];
2  int N,M;
3
4  int main()
5  {
6      fstream in,out;
7      in.open("input.txt",ios::in);
8      out.open("output.txt",ios::out);
9      in >> N >> M;
10     for (int i=1;i <= N;i++) {
11         int temp;
12         in >> temp;
13         vetture[temp] = i;
14     }
15     for (int i=0;i < M;i++) {
16         int A, B;
17         in >> A >> B;
18         vetture[A]--;
19         vetture[B]++;
20     }
21     for (int i=1;i <=N;i++)
22         if (vetture[i] == 1)
23             out << i << endl;
24     return 0;
25 }
```

Come si vede alle righe 10-14 il vettore viene costruito seguendo quanto detto e a questo punto il sorpasso non è altro che un decremento di posizione per la macchina che sorpassa (migliora di

1 la propria posizione) e un incremento per la macchina sorpassata (peggiora di 1 la propria posizione). Questo evita di dover ricercare nel vettore la macchina e quindi la complessità scende da N^2 a N. È vero che rispetto alla soluzione di prima adesso bisogna cercare nel vettore quale macchina ha posto 1, cioè ha vinto la gara, ma questo ha costo ancora N e quindi il costo totale della soluzione rimane N.

A questo punto però può sorgere il sospetto che forse, dovendo solo stampare la prima posizione, non serva tenere traccia realmente delle posizioni di tutte le macchine, ma basti sapere solo chi di volta in volta è in testa. In effetti, supponendo che alla partenza sia in testa la macchina A, l'unica cosa che ci interessa è se ci sono sorpassi in cui una qualsiasi macchina supera A, perchè se così è sarà quella macchina a guidare la gara. A questo punto si ripete lo stesso ragionamento solo che stavolta lo si applicherà alla nuova macchina che guida la gara e così via, fino ad avere esaminato tutti i sorpassi, ottenendo così il vincitore della gara. Questa idea porta al codice seguente:

```
1   int primo;
2   int N,M;
3
4   int main()
5   {
6       fstream in,out;
7       in.open("input.txt",ios::in);
8       out.open("output.txt",ios::out);
9       in >> N >> M;
10      in >> primo;
11      for (int i=2;i <= N;i++) {
12          int temp;
13          in >> temp;
14      }
15      for (int i=0;i < M;i++) {
16          int A, B;
17          in >> A >> B;
18          if (B == primo)
19              primo = A;
20      }
21      out << primo << endl;
22      return 0;
23  }
```

Alla riga 10 viene letta la macchina in "pole position", le successive letture (righe 11-14) sono necessarie solo per avanzare con la lettura, ma tutte le informazioni vengono "buttate via". Successivamente si controllano tutti i sorpassi e solo se viene superata la macchina che in quel momento è alla testa della gara si provvede a inserire il nuovo capoclassifica. Alla fine nella variabile *primo* ci sarà il vincitore della gara. Rispetto alla soluzione precedente questa è sostanzialmente comparabile dal punto di vista della complessità computazionale (entrambe sono di tipo lineare, sebbene quest'ultima preveda qualche operazione in meno), ma l'occupazione della memoria passa da N (la lunghezza del vettore) a 1.

Dopo aver visto queste tre diverse soluzioni ci si potrebbe domandare se vale la pena durante la gara di "limare" l'idea risolutiva per passare da una soluzione di complessità quadratica e occupazione di memoria di tipo lineare a una con complessità lineare e occupazione di memoria unitaria. La risposta in questo caso è NO, poichè date le assunzioni del problema (massimo 30 macchine e 100 sorpassi) anche eventuali soluzioni di tipo cubico sarebbero andate più che bene. Diverso sarebbe stato il discorso se il numero massimo di macchine fosse stato ad esempio 1000000 con un numero di sorpassi anch'esso limitato a 1000000: in questo caso la soluzione quadratica non sarebbe stata in grado di risolvere i casi con input grosso, mentre le ultime due sì. Si può ancora notare come informazioni non direttamente inerenti al problema (le assunzioni sulle dimensioni dell'input) possano aiutare a non perdere tempo durante la gara.

9.13 Turni di guardia - territoriali 2012

Turni di guardia (turni)

Difficoltà D = 2.

Descrizione del problema

La Banda Bassotti è stata rimessa in libertà. Zio Paperone, in partenza per un viaggio di K giorni, ha la necessità di far sorvegliare il deposito: quindi ha bisogno che sia sempre presente almeno una persona. Per risparmiare, decide di chiedere la disponibilità di amici e parenti, e ognuno di questi fornisce un intervallo di giorni in cui è disponibile per la sorveglianza. Paperone però sa che dovrà fare un regalo a ognuna delle persone che userà, e volendo risparmiare al massimo deve coinvolgere il minimo numero di persone, senza lasciare mai il deposito scoperto. In questo modo riuscirà a risparmiare sui regali.

Per esempio, supponiamo che il viaggio di Zio Paperone sia di K=8 giorni, con partenza il giorno 0 e ritorno il giorno K-1=7 e che le disponibilità siano le seguenti (per ogni nome, tra parentesi si indicano il giorno iniziale e il giorno finale della disponibilità).

  Paperino (3,5)
  Paperoga (0,2)
  Battista (1,3)
  Gastone (5,6)
  Archimede (4,7)

In questo caso, a Zio Paperone basta coinvolgere Paperoga, Paperino e Archimede per assicurarsi che il deposito sia sempre sorvegliato, e se la cava con tre regali.

Sapendo il numero di giorni di viaggio, e le disponibilità di ognuno, il vostro compito è quello di aiutare Zio Paperone a calcolare il minimo numero di persone che servono ad assicurare una sorveglianza continua al deposito.

Dati di input

Il file di input è costituito da 2+N righe. La prima riga contiene un intero positivo K, ovvero il numero di giorni del viaggio. La seconda riga contiene un intero positivo N, il numero di persone che hanno dato la disponibilità a Zio Paperone. Le restanti N righe contengono una coppia di interi A e B per ognuna delle N persone: questa coppia di interi rappresenta l'inizio e la fine della disponibilità della i-esima persona.

Dati di output

Il file di output deve contenere un solo intero positivo R, che è il numero minimo di persone necessarie ad assicurare una sorveglianza continua al deposito.

Assunzioni

$1 \leq K, N \leq 50$ Per ognuna delle N righe, si ha $0 \leq A \leq B \leq K-1$ Esiste sempre almeno una soluzione in ognuno dei casi di input.

Esempi di input/output

File input.txt	File output.txt
8	3
5	
3 5	
0 2	
1 3	
5 6	
4 7	

9.13.1 Suggerimenti

Il problema assomiglia molto ai precedenti "Giri sulla scopa Nimbus 3000" (territoriali 2007 a pagina 48 e "Missioni segrete" (territoriali 2008 a pagina 62), si tratta di vedere a che tipologia di problema appartiene, se è risolubile tramite un approccio *greedy* (più semplice) o necessita della *programmazione dinamica*.

- Come possono essere rappresentati i turni?

- Nell'algoritmo risolutivo i turni possono essere trattati in un qualsiasi ordine oppure un ordinamento secondo qualche criterio può essere essenziale per arrivare alla soluzione del problema?

- Se sì, secondo quale criterio (giorno di inizio, giorno di fine, durata) possono essere ordinati i turni?

- Una volta scelto che un turno fa parte dell'insieme minimo dei turni, questa scelta potrebbe in un secondo momento essere messa in discussione (e quindi si dovrebbe utilizzare la *programmazione dinamica*) oppure no (e quindi il modo corretto di procedere sarebbe di quello di utilizzare una strategia *greedy*)?

9.13.2 Soluzione

In questo problema si può arrivare molto velocemente alla soluzione se si riesce a stabilire che si tratta di un problema di tipo greedy. Si arriva a mostrare che è così tramite le seguenti osservazioni:

1. gli intervalli dei turni di guardia devono coprire completamente tutti i giorni, come da testo del problema, quindi esiste almeno un intervallo che inizia dal primo giorno:

   - se è solo uno lo scelgo e questa scelta non può essere cambiata, perchè nessun altro intervallo potrebbe coprire il primo giorno

   - se sono più di uno scelgo quello che ha la data di fine maggiore, perchè sceglierne un altro comporterebbe solo un numero minore di giorni di "copertura" e nessun vantaggio. Anche in questo caso la scelta non potrà essere modificata successivamente, perchè nessuna altra scelta potrebbe portarmi in una situazione migliore

2. a questo punto la data di fine del turno scelto sarà la nuova data di inizio per scegliere i turni successivi, reiterando il procedimento dal punto 1, fino a quando non verrà selezionato un turno che finisce l'ultimo giorno.

In questo modo si è arrivati alla conclusione che il problema è di tipo *greedy*, e quindi conviene ordinare i turni di guardia usando come parametro per l'ordinamento il giorno di inizio, in modo da poter implementare in maniera efficiente l'algoritmo appena descritto.

```
1  class Turno {
2      public:
3      int inizio, fine;
4      bool operator< (const Turno& t) const {
5      return inizio < t.inizio; }
6  };
7
8  Turno turni[50];
9  int K,N;
10
11 int main() {
12     ifstream in("input.txt");
13     ofstream out("output.txt");
14     in >> K >> N;
15     for (int i=0; i<N; i++)
16         in >> turni[i].inizio >> turni[i].fine;
17     sort(turni, turni + N);
18     int fine = -1;
19     int i = 0;
20     int quanti = 0;
21     while (fine < K-1){
22         int max = turni[i].fine;
23         while (turni[i].inizio - 1 <= fine){
24             if (turni[i].fine > max) max = turni[i].fine;
25             i++;
26         }
27         fine = max;
28         quanti++;
29     }
30     out << quanti << endl;
31     return 0;
32 }
```

Alle righe 1-5 viene definita la classe Turno (si poteva anche fare con una struttura) per gestire i turni, avente come attributi il giorno iniziale e finale e viene ridefinito l'operatore di minore perchè necessario all'algoritmo di ordinamento (vedi 4.4.2). Dopo aver letto l'input (rige 13-15) viene chiamato l'algoritmo *sort* per ordinare il vettore dei turni a partire da quello che inizia per primo fino a quello che inizia per ultimo. Alla riga 17 viene inizializzato il valore del primo giorno a -1, in modo che l'algoritmo possa gestire in maniera corretta il fatto che un turno, per avere una copertura completa, possa iniziare a ridosso del turno precedente (eventualmente anche prima). Alla riga 20 inizia il ciclo principale, che terminerà non appena verrà inserito un turno che ha come giorno finale l'ultimo giorno da coprire. All'interno di questo ciclo ci sarà un ulteriore *while* (riga 22) che si occuperà di scegliere, tra i vari turni che possono essere aggiunti perchè hanno il giorno iniziale che permette di non lasciare "buchi", quello che ha il giorno finale maggiore (riga 23). Una volta scelto il nuovo turno da inserire verrà aggiornato il valore del giorno a cui finora si è riusciti a dare copertura e verrà incrementato il contatore dei turni.

9.14   Barbablù - territoriali 2012

Il tesoro del Pirata Barbablù (barbablu)

Difficoltà D = 2.

Descrizione del problema

John Steam della compagnia "Oriental Steam Navigation" decide di organizzare una spedizione di recupero del tesoro del Pirata Barbablù, custodito nel relitto del galeone del pirata, affondato al largo di Gobal, che si trova adagiato su un fianco a 30 metri di profondità. L'unico punto di accesso al relitto è uno squarcio sulla fiancata, in corrispondenza della cabina numero 1. Nel galeone sono presenti cabine e corridoi che le collegano. Tutti i corridoi sono totalmente sommersi dall'acqua a causa della rottura degli oblò mentre in alcune delle cabine sono rimaste delle sacche d'aria. A causa degli spazi angusti non è possibile, per i sommozzatori, esplorare la nave con le bombole d'aria; sono quindi costretti a nuotare in apnea, sfruttando le sacche d'aria presenti nel tragitto per respirare.

Prima di procedere con le operazioni di recupero ti viene commissionata la realizzazione di un programma in grado di individuare il percorso più breve all'interno del galeone che permetta ai sommozzatori di raggiungere la cabina con il tesoro a partire dall'apertura. In alcune cabine sono presenti sacche d'aria che possono essere usate per respirare. Un sommozzatore riesce a nuotare senza aria per 20 metri al massimo prima di dover riprendere fiato.

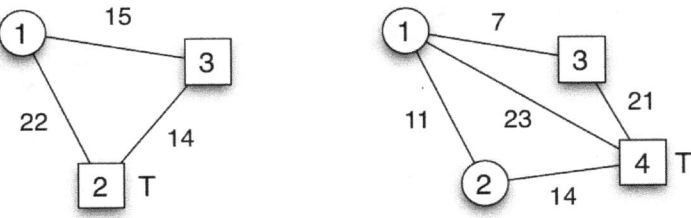

Figura 1

In Figura 1 sono mostrati due possibili scenari. La cabina di ingresso è come detto la numero 1, mentre la cabina del tesoro (rappresentato da una T) è la numero 2 per l'esempio di sinistra, e la numero 4 per l'esempio di destra. Le cabine con la sacca d'aria sono quadrate, mentre quelle senza sacca sono tonde. A fianco di ogni corridoio è segnata la sua lunghezza in metri. L'esempio di sinistra ammette una sola soluzione, di lunghezza 29 metri, mentre quello di destra non ha soluzioni.

Le cabine della nave sono numerate da 1 ad N e sono collegate tra loro da M corridoi. L'apertura è la numero 1 mentre il tesoro si trova nella cabina numero C (con $1 \leq C \leq N$). Di ogni cabina si conosce l'eventuale presenza di aria e di ogni corridoio la lunghezza in metri.

Il tuo compito è quello di trovare la lunghezza in metri del percorso più breve che permette ad un sommozzatore di partire dalla cabina con l'apertura e di raggiungere il tesoro, in apnea, sfruttando le eventuali sacche d'aria trovate nel percorso. La cabina del tesoro ha sempre una sacca d'aria, che consente al sommozzatore di recuperare il tesoro.

Dati di input

Il file input.txt è composto da M+2 righe. La prima riga contiene quattro interi positivi separati da uno spazio, che rappresentano il numero N delle cabine, il numero M dei corridoi, il numero C che rappresenta la cabina del tesoro e il numero K che rappresenta quante cabine hanno sacche d'aria al loro interno. La seconda riga contiene K numeri separati da uno spazio che rappresentano i numeri (distinti) delle cabine che contengono aria. Ciascuna delle rimanenti M righe contiene tre interi I,J, L separati da uno spazio che indicano la presenza di un corridoio che collega le cabine I e J di lunghezza L (in metri).

Dati di output

Il file output.txt è composto da una sola riga contenente la lunghezza in metri del percorso più breve che permetta, a partire dall'apertura, di raggiungere la cabina del tesoro in apnea. Riportare -1 se non esiste nessun percorso che soddisfa i vincoli.

Assunzioni

- $2 \le N \le 30$;

- $2 \le M \le 100$ $1 \le C \le N$;

- $0 \le K \le N$

Esempi di input/output

File input.txt	File output.txt
3 3 2 2 2 3 1 2 22 1 3 15 2 3 14	29

File input.txt	File output.txt
4 5 4 2 3 4 1 2 11 1 3 7 1 4 23 2 4 14 3 4 21	-1

9.14.1 Suggerimenti

Il problema, a una prima lettura, sembra potersi ricondurre a una ben precisa tipologia di algoritmi, anche se alcuni vincoli possono modificare la strategia risolutiva in maniera non ovvia.

- Qual è la struttura dati più adatta per rappresentare i dati in input, considerando le figure mostrate nel testo?

- Quali sono i dati importanti che devono essere memorizzati e come inserirli all'interno della struttura dati proposta (oppure mantenerli come variabili esterne)?

- Che strategia risolutiva posso adottare considerando che mi viene chiesto di trovare un cammino minimo con certe condizioni (l'ossigeno) che limitano il numero di percorsi possibili?

- Le condizioni sull'ossigeno, oltre a limitare il numero di percorsi possibili, possono dare origine a dei casi particolari che l'algoritmo pensato in precedenza potrebbe non trattare?

- Se sì, esistono delle modifiche semplici che potrebbero portare a una soluzione sempre corretta?

9.14.2 Soluzione

Già dalla prima lettura del testo si può intuire come questo problema possa essere affrontato avendo delle conoscenze di base sulla teoria dei grafi. Le figure mostrate chiariscono immediatamente che la rappresentazione naturale di questo problema è un grafo, dove i nodi sono le cabine e i corridoi sono gli archi: in particolare il problema risulta quello di trovare un cammino minimo che porta dal nodo di partenza al nodo dove è contenuto il tesoro. Come visto in questa guida esiste un algoritmo efficiente per raggiungere questo scopo (vedi pagina 90), ma anche una visita in ampiezza (vedi pagina 78) opportunamente modificata può risolvere il problema, a fronte di una difficoltà implementativa decisamente minore.

Adesso si vedrà come una visita in ampiezza può portare a una soluzione adeguata del problema, dove per adeguata si intende che è in grado di trovare il risultato corretto in buona parte dei casi proposti[7], per poi discutere i limiti di questa soluzione. Rispetto a una visita "normale", in questo caso è necessario tenere traccia in ogni cabina della migliore distanza che si è trovata fino a quel momento e dell'aria rimasta al sub per arrivare fino ad essa. Man mano che la visita procede questi valori verranno aggiornati, fino a quando si arriverà ad avere per ogni nodo il minor costo possibile del cammino per raggiungerlo e a questo punto nella cabina del tesoro sarà contenuta la soluzione.

Una semplice implementazione di questa idea è quella mostrata nel codice sottostante.

```
1   #define INFINITO 1000000
2   struct corridoio{
3       int porta_a, lunghezza;
4       corridoio(int p, int l):porta_a(p), lunghezza(l){}
5   };
6   struct cabina{
7       bool aria;
8       list <corridoio> corridoi;
9       int distanza;
10      int ossigeno_rimasto;
11      cabina():aria(false), distanza(INFINITO),ossigeno_rimasto(20){}
12  };
13  cabina cabine[31];
14  int N,M,C,K;
15  queue <int> coda;
16  void visita() {
17      while (!coda.empty()){
18          int c = coda.front();
19          coda.pop();
20          list <corridoio>::iterator i = cabine[c].corridoi.begin();
21          for (; i != cabine[c].corridoi.end(); i++){
22              if (i->lunghezza < cabine[c].ossigeno_rimasto){
23                  if (cabine[c].distanza + i->lunghezza <
24                      cabine[i->porta_a].distanza){
25                      cabine[i->porta_a].distanza =
26                      cabine[c].distanza + i->lunghezza;
27                      if (cabine[i->porta_a].aria == false)
28                          cabine[i->porta_a].ossigeno_rimasto =
29                          cabine[c].ossigeno_rimasto - i->lunghezza;
30                      coda.push(i->porta_a);
31                  }
32              }
33          }
34      }
35  }
36
37  int main() {
38      ifstream in("input.txt");
39      ofstream out("output.txt");
40      in >> N >> M >> C >> K;
41      for (int i = 0; i < K; i++){
42          int temp;
43          in >> temp;
44          cabine[temp].aria = true;
45      }
46      for (int i = 0; i < M; i++){
47          int r,s,t;
48          in >> r >> s >> t;
```

---

[7]Al momento della stesura di questo paragrafo la soluzione proposta risolve correttamente tutti i casi di test presenti sul correttore del sito italiano delle Olimpiadi di Informatica.

```
49          corridoio c(s,t);
50          cabine[r].corridoi.push_back(c);
51          corridoio d(r,t);
52          cabine[s].corridoi.push_back(d);
53      }
54      coda.push(1);
55      cabine[1].distanza = 0;
56      visita();
57      if (cabine[C].distanza == INFINITO)
58          out << "-1" << endl;
59      else
60          out << cabine[C].distanza << endl;
61      return 0;
62  }
```

Come prima cosa vengono definite le strutture per gestire i dati di corridoi e cabine: ogni corridoio (righe 2-5) contiene informazioni sulla cabina verso la quale è diretto e la sua lunghezza, mentre ogni cabina (righe 6-12) ha un flag booleano per indicare se contiene sacche d'aria o no, la lista dei corridoi che partono o arrivano a quella cabina, la distanza minima per arrivare a quella cabina partendo dalla cabina 1, che viene inizializzata a INFINITO dal costruttore, e la quantità di ossigeno rimasto rispetto al percorso fatto per giungere a quella cabina. Per memorizzare i dati viene quindi creato un vettore di cabine (lungo 31 e non 30 per lavorare con gli indici dei dati del problema che partono da 1 e non da 0) e anche una coda che servirà nell'implementazione della visita in ampiezza.

Dopo aver letto i dati in input e averli inseriti nel vettore delle cabine (righe 40-53), viene inserita la prima cabina nella coda e viene chiamata la funzione che effettuerà la visita in ampiezza, registrando tutti i valori calcolati dei cammini per raggiungere le varie cabine. Questa funzione (righe 16-35) durante le visite registrerà nelle cabine la lunghezza minima in questo modo:

- viene estratta dalla coda il numero di cabina corrente, finchè ce ne sono (righe 17-19)

- per ognuno dei corridoi che partono da quella cabina (righe 20-21) si controlla che sia possibile attraversarlo, dato l'ossigeno rimasto nella cabina corrente (riga 22)

- se è possibile si verifica se la cabina alla quale porta quel corridoio verrà raggiunta con un percorso più corto di quello già presente nella cabina di arrivo (righe 23-24): se la cabina è la prima volta che viene visitata questa condizione sarà ovviamente vera, perchè la distanza era stata inizializzata a INFINITO, se non è la prima volta, la condizione sarà vera se il nuovo percorso è più corto di quello trovato in precedenza

- in caso di condizione soddisfatta verrà aggiornato il valore della distanza e se la cabina non contiene sacche d'aria verrà anche aggiornato il nuovo valore di ossigeno rimasto

- infine la cabina alla quale ha portato il corridoio verrà inserita in coda, per essere elaborata nei successivi passaggi

Alla fine della funzione nella cabina numero C si troverà la distanza minima per raggiungerla oppure INFINITO, nel qual caso significa che non esiste un cammino per raggiungere la cabina del tesoro che soddisfi le condizioni sull'ossigeno.

Come si può vedere il codice non presenta delle complessità particolari, come già detto è una visita in ampiezza con aggiunte le condizioni descritte nel problema. Rimangono però dei problemi interessanti e non immediatamente visibili che verranno discussi adesso.

Un primo problema che può sorgere è quello di domandarsi se il numero di cammini da esplorare non sia troppo grande e quindi non computabile in un tempo ragionevole. Questo dipende ovviamente da quanti sono i cammini possibili in un grafo, dato che il nostro algoritmo tende a esplorarli tutti: l'esatto numero dipende oltre che dal numero di vertici e archi anche da come questi sono connessi, in generale comunque sono in un numero che cresce esponenzialmente al crescere dei vertici, come si era già visto in un semplice esempio a pagina 90. In questo problema il numero di vertici viene limitato a 30 e il numero di archi a 100, ma anche in questo caso potrebbero esserci grafi la cui esplorazione, se venissero analizzati tutti i cammini, richiederebbe troppo

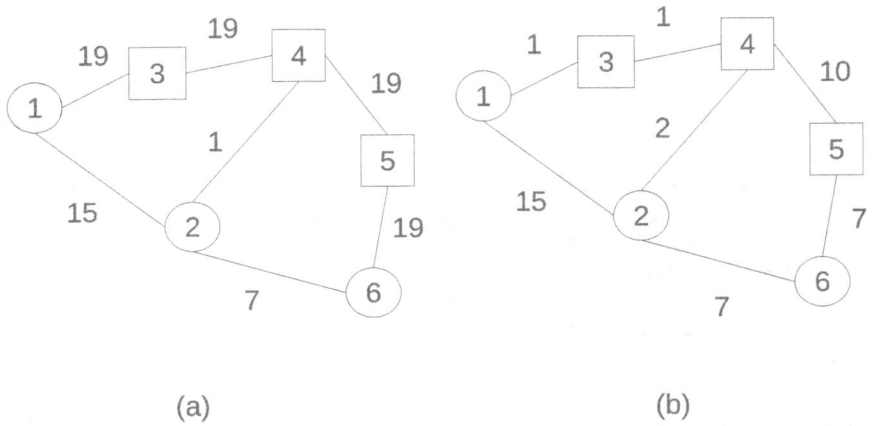

Figura 9.7: Casi "problematici" per il problema

tempo. Di fatto questo però non dovrebbe succedere, perchè le limitazioni sull'ossigeno e il fatto che non vengono riesplorati percorsi che si sa già non poter essere minimi portano a drastiche riduzioni del numero di percorsi esplorati. Esistono poi delle semplici modifiche al codice proposto, lasciate come esercizio al lettore, che possono ridurre ancora di più il numero potenziale di percorsi:

- nell'input di esempio sono presenti dei corridoi di lunghezza maggiore di 20: è evidente che tali corridoi non potranno mai essere percorsi dal sub, quindi non devono essere inseriti nel grafo

- quando si arriva alla cabina del tesoro si può memorizzare la lunghezza minore trovata fino a quel momento, che non è detto essere quella finale, ma che sicuramente pone un limite superiore agli altri percorsi che devono ancora essere visitati: se cioè mentre procedo con le visite mi accorgo di arrivare a delle cabine intermedie con una distanza superiore al valore attuale del percorso per arrivare al tesoro, non procederò oltre perchè sicuramente quel percorso non potrà migliorare il costo per arrivare alla cabina del tesoro.

Un'altra domanda che potrebbe sorgere è quella se convenga scegliere una visita in ampiezza o in profondità: in problemi come questi dove le visite vengono usate per esplorare i cammini senza sapere a priori nulla sulle caratteristiche del percorso più breve, non c'è differenza tra l'una e l'altra e quindi la scelta non è importante: anche in questo caso il lettore è invitato a provare a sostituire la coda con una pila e verificare che le prestazioni mediamente non cambiano.

Rimane un ultimo interrogativo che, pur essendo approfondito per ultimo, è quello più importante: ma l'algoritmo proposto è in grado di trovare la soluzione in tutti i casi possibili? La risposta purtroppo è no e il perchè lo si può vedere dall'esempio di figura 9.7

Se si guarda il grafo (a), l'algoritmo proposto darebbe come cammino minimo 54, ottenuto percorrendo i vertici 1 - 2 - 4 - 5 - 6. In realtà si vede subito che il percorso 1 - 3 - 4 - 2 - 6 darebbe un risultato migliore (46), ma l'algoritmo non può scoprirlo perchè la cabina 2 può essere raggiunta con costo 15 e quindi passare da 3 e 4 darebbe un risultato peggiore, anche se poi verrebbe ripagato dal minore costo dell'arco 2 - 6. Ovviamente fare direttamente 1 - 2 - 6 non è possibile, perchè non si riesce a percorrere il corridoio 2 - 6 avendo solo una riserva di ossigeno pari a 5, ma se si guarda meglio si può vedere che c'è una possibilità non evidente che permette di ottenere un valore minore di 46: se il sub, dopo essere arrivato alla cabina 2 direttamente dalla cabina 1 va alla cabina 4 per riprendere fiato (la sua scorta di ossigeno torna a 20), poi può tornare indietro e andare dalla 2 alla 6 perchè adesso ha una riserva di ossigeno di 19. Quindi il cammino minimo per arrivare al tesoro costa 24 ed è 1 - 2 - 4 - 2 - 6.

Perchè l'algoritmo proposto non lo trova? Per come è fatto non è in grado di tornare sui propri passi, cioè trovare cammini che contengano più volte lo stesso nodo e questo gli impedisce di scoprire cammini come quello dell'esempio (a): però con alcune semplici modifiche si può fare in modo che vengano scoperti percorsi come quello.

In particolare il problema risiede nel fatto che a volte si può affrontare il costo di un cammino più lungo in cambio di una situazione migliore per quanto riguarda l'ossigeno rimasto, se questo può portare successivamente a un cammino globale più corto. Se ad ogni passo si controlla se è possibile migliorare la situazione dell'ossigeno, è possibile passare più volte sullo stesso nodo se questo aumenta la quantità di ossigeno rimasto. Il codice che realizza questo controllo è il seguente:

```
1   if (cabine[c].ossigeno_rimasto - i->lunghezza >
2       cabine[i->porta_a].ossigeno_rimasto && i->porta_a != C)
3   {
4       cabine[i->porta_a].distanza = cabine[c].distanza + i->lunghezza;
5       cabine[i->porta_a].ossigeno_rimasto =
6       cabine[c].ossigeno_rimasto - i->lunghezza;
7       coda.push(i->porta_a);
8   }
```

Come si può vedere, se la situazione dell'ossigeno viene migliorata si aggiorna il valore di ossigeno rimasto e anche la nuova distanza, anche se fosse peggiore di quella trovata in precedenza: l'unica accortezza è quella di mettere in AND la condizione che la cabina di arrivo non sia quella del tesoro, altrimenti il rischio è quello di aggiornare in quella cabina l'ossigeno peggiorando un risultato ottenuto in precedenza, cosa che ovviamente non va bene e che succederebbe ad esempio nel grafo di figura 9.7 (b).

Questo nuovo frammento di codice va inserito tra la riga 31 e la 32 del primo codice proposto, in modo da rendere il programma corretto anche su esempi "patologici".

9.15   Gardaland - territoriali 2013

Gardaland (gardaland)

Difficoltà D = 1

Descrizione del problema

Nel 2012 le Olimpiadi Internazionali di Informatica (IOI) si sono svolte, per la prima volta, in Italia, a Sirmione. Come da tradizione, nella giornata tra le due gare i concorrenti sono andati a divertirsi in un parco giochi, in questo caso, Gardaland. La mattina di quel giorno decine di pullman hanno prelevato i quattro ragazzi che costituiscono la squadra olimpica di ciascuna nazione dal Garda Village, dove erano stati alloggiati, e li hanno portati a Gardaland. Come sempre negli spostamenti, le varie nazioni erano state ripartite a blocco unico tra i pullman, ossia tutti gli atleti di una stessa nazione trovavano posto su uno stesso pullman. Per esempio, sul pullman dell'Italia viaggiavano anche Giappone, Israele e Irlanda. Al ritorno però, come sempre succede alle IOI, dopo una giornata in un parco giochi i ragazzi hanno fatto amicizia tra di loro, e al momento di tornare sui pullman sono saliti alla rinfusa. Grazie al lavoro delle guide, per ogni pullman è stata stilata una lista contenente, per ogni nazione, il numero di ragazzi a bordo. Il vostro compito è quello di aiutare Monica, responsabile dell'organizzazione, a capire se i pullman possono partire, ovvero se tutti i quattro ragazzi di ogni nazione che sono arrivati a Gardaland sono saliti sui pullman. In caso contrario, dovete segnalare a Monica in quanti mancano all'appello, divisi per nazioni.

Dati di input

Il file input.txt è composto da 1+N+L righe. La prima riga contiene due interi positivi separati da uno spazio: il numero N delle nazioni e il numero L di righe contenenti informazioni su chi è attualmente già salito sui pullman. (Ciascuna nazione verrà qui rappresentata con un intero compreso tra 0 e N-1). Ognuna delle successive N righe contiene un intero positivo:

nella riga i+1 (con i >= 1) troviamo il numero totale di ragazzi della nazione i-1. Ciascuna delle rimanenti L righe contiene due interi positivi: un intero compreso tra 0 e N-1 che rappresenta la nazione, e un intero positivo che specifica quanti ragazzi di quella nazione sono su un certo pullman. Ovviamente una stessa nazione può comparire diverse volte nelle L righe, e più precisamente compare su tante righe quanti sono i pullman ospitanti atleti di quella nazione.

Dati di output

Il file output.txt è composto da una sola riga contenente l'intero 0 (zero) se non manca alcun ragazzo. Altrimenti, il file contiene 1+C righe: la prima riga contiene un intero C, ovvero il numero di nazioni che hanno ragazzi ancora a Gardaland. Le restanti C righe contengono due interi: l'identificativo della nazione e il numero di ragazzi di quella nazione che non sono ancora saliti su alcun pullman. É necessario stampare le nazioni nell'ordine in cui sono state lette, ovvero in ordine crescente in base all'identificativo.

Assunzioni

- $2 \leq N \leq 100$

- $N \leq L \leq 1000$

- Contrariamente alle olimpiadi di informatica reali, dove gareggiano (massimo) 4 ragazzi per ogni nazione, nei casi di input si assume che ogni nazione abbia al massimo 100 ragazzi, e almeno 1 ragazzo. Quindi, indicando con R_i il numero di ragazzi della i-esima nazione, vale sempre $1 \leq R_i \leq 100$.

Esempi di input/output

File input.txt	File output.txt
3 5	2
4	0 1
4	2 1
3	
0 2	
1 3	
0 1	
2 2	
1 1	

9.15.1   Suggerimenti

A una prima occhiata il problema non sembra essere difficile, i limiti temporali data la dimensione del problema sembrano essere piuttosto larghi, si tratta eventualmente di trovare la soluzione più rapida e efficiente da scrivere, per risparmiare tempo per gli altri problemi.

- Quali sono le informazioni rilevanti? I pullman, i ragazzi, le nazioni?

- Il fatto che ogni nazione sia indicata da un numero intero e che i numeri siano tutti quelli compresi tra 0 e N-1, può aiutarmi a scegliere la struttura di supporto più adatta?

- Dal momento che devo memorizzare le nazioni e i ragazzi che mancano per ogni nazione, di quante variabili/strutture dati ho bisogno?

- Durante la lettura dei dati è possibile risolvere il problema? Prova a immaginare Monica che, armata di carta e penna, gira per ogni pullman e raccoglie le informazioni sui ragazzi di ogni nazione: quando arriva all'ultimo pullman può già essere in grado di avere la soluzione?

9.15.2 Soluzione

Il problema può essere risolto con un costo lineare e, come evidenziato nell'ultima domanda dei suggerimenti, già al momento della lettura dei dati è possibile trovare la soluzione. La scelta fondamentale che permette di raggiungere questo risultato è quella di usare un vettore per memorizzare i ragazzi di ogni nazione, sfruttando l'indice del vettore come "segnaposto" della nazione e il valore di ogni cella come il numero di ragazzi corrispondenti alla nazione individuata call'indice.

A questo punto è immediato aggiornare la situazione mano a mano che vengono lette le coppie nazione - numero ragazzi, in modo da avere infine una lista delle nazioni a cui mancano ancora ragazzi.

```
1   int nazioni[100];
2   int N,L;
3
4   int main() {
5       ifstream in("input.txt");
6       ofstream out("output.txt");
7       in >> N >> L;
8       for (int i = 0; i < N; i++)
9           in >> nazioni[i];
10      for (int i = 0; i < L; i++) {
11          int n,r;
12          in >> n >> r;
13          nazioni[n] -= r;
14      }
15      int assenti = 0;
16      for (int i = 0; i < N; i++)
17          if (nazioni[i] != 0)
18              assenti++;
19      out << assenti << endl;
20      if (assenti)
21          for (int i = 0; i < N; i++)
22              if (nazioni[i] != 0)
23                  out << i << " " << nazioni[i] << endl;
24      return 0;
25  }
```

Come si vede dal codice il vettore *nazioni* conterrà tutti i ragazzi presenti alle Olimpiadi per ogni nazione, vettore che viene inizializzato alle righe 8-9. Scorrendo poi le L righe che contengono i ragazzi presenti nei vari pullman, ad ogni lettura viene aggiornata la situazione relativa alla nazione letta, decrementando il valore contenuto nella cella di indice **n** del numero **r** ci ragazzi appartenenti a quella nazione (righe 10-14). A questo punto è semplice scorrere il vettore aggiornato, che conterrà in ogni cella il numero di ragazzi rimasti a Gardaland, 0 nel caso che tutti quelli della nazione siano sui pullman. Dopo aver contato il numero di nazioni che non hanno tutti i ragazzi (righe 16-18), si procede con la stampa del risultato (riga 19) ed eventualmente, se ci sono ragazzi assenti, con le assenze per ogni nazione (righe 21-23).

9.16 Brisbane - territoriali 2013

Brisbane (brisbane)

Difficoltà D = 2.

Descrizione del problema

Nel 2013, le IOI si svolgeranno a Brisbane (in Australia). La rappresentativa italiana ha già iniziato a studiare la città, per capire cosa ci sia di interessante da vedere, e come ci si possa spostare nella giornata libera successiva alla seconda gara delle Olimpiadi. L'offerta di trasporto pubblico a Brisbane è abbastanza variegata: ci sono due linee di bus, di cui una gratuita che gira intorno alla città, e due linee di traghetti che fermano in diversi punti del fiume Brisbane, che taglia la città in due; per quello che riguarda i prezzi, esiste un abbonamento giornaliero a tutti i trasporti pubblici, bus e traghetti insieme, oppure è possibile prendere un più economico abbonamento giornaliero ai soli traghetti, o un ancor più economico abbonamento ai soli bus.

La squadra italiana vorrà visitare il maggior numero di attrazioni possibile e per questo motivo Monica, la responsabile dell'organizzazione, ha deciso di cercare un buon compromesso tra il prezzo dei biglietti e le attrazioni che sarà possibile raggiungere partendo dall'hotel. Data una lista di attrazioni e la mappa dei collegamenti delle diverse linee del trasporto pubblico, il vostro compito è quello di aiutare Monica a capire *quante attrazioni sono raggiungibili* per ogni possibile scelta dei biglietti per i trasporti pubblici.

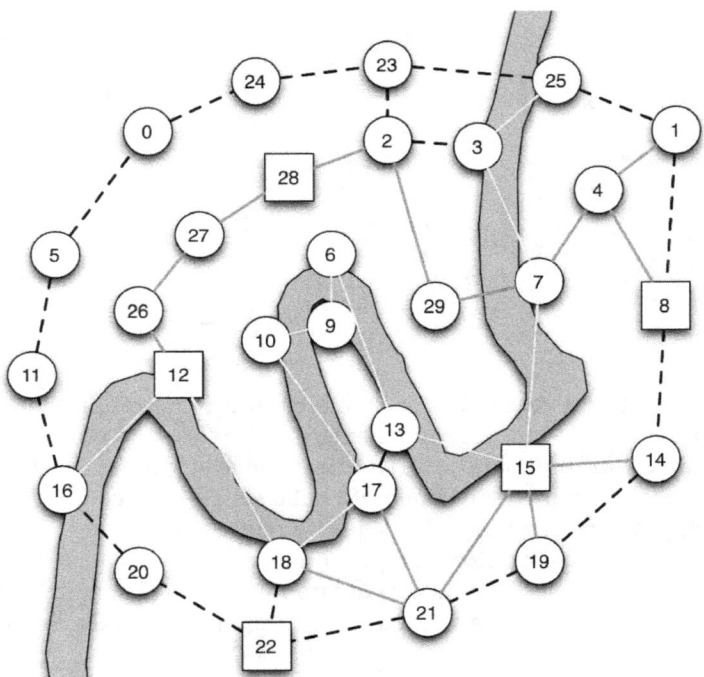

Per esempio, possiamo fare riferimento alla figura qui sopra, dove ad ogni fermata è associato un cerchio (o un quadrato nel caso di luogo di attrazione) e i collegamenti sono:

- tratteggiati – collegamenti gratuiti (bus gratuiti e brevi percorsi a piedi);

- rossi – bus a pagamento;

- gialli – traghetto.

Il punto di partenza della rappresentativa italiana è la fermata numero 0; le attrazioni da vedere sono quelle rappresentate con un quadrato, numerate rispettivamente 8, 12, 15, 22 e 28. Come si può vedere, spostandosi con i mezzi gratuiti si raggiungono solo due attrazioni (la numero 8 e la numero 22); comprando il biglietto del bus si raggiungono tutte le attrazioni; comprando il biglietto del traghetto si raggiungono, oltre alla 8 e la 22, anche la 12 e la 15 per un totale di quattro attrazioni. Il biglietto combinato, in questo caso, raggiunge tutte le attrazioni.

Dati di input

Il file input.txt è composto da 1+A+Mg+Mb+Mt righe. La prima riga contiene cinque interi positivi separati da uno spazio, che rappresentano il numero N delle fermate, il numero A di attrazioni, il numero Mg dei collegamenti gratuiti, il numero Mb dei collegamenti via bus e il numero Mt dei collegamenti via traghetto. Ogni fermata è rappresentata da un intero compreso tra 0 e N-1. Le successive A righe contengono ognuna una fermata (un intero compreso tra 0 e N-1) corrispondente ad una delle attrazioni che la rappresentativa italiana può visitare. Ognuna delle successive $Mg+Mb+Mt$ righe contiene un collegamento del trasporto pubblico, rappresentato da due interi positivi: le fermate collegate. Le prime Mg righe contengono i collegamenti gratuiti (bus gratuiti e brevi percorsi a piedi), poi le successive Mb contengono i collegamenti del bus a pagamento e infine le ultime Mt righe contengono i collegamenti dei traghetti. Il punto di partenza della rappresentativa italiana è la sempre la fermata numero 0.

Dati di output

Il file output.txt è composto da 4 righe contenenti ognuna un intero non negativo, rispettivamente, il numero di attrazioni raggiungibili:

1. senza comprare biglietti (solo con mezzi gratuiti);

2. comprando solo il biglietto giornaliero dei bus;

3. comprando solo il biglietto giornaliero dei traghetti;

4. comprando entrambe le tipologie di biglietti.

Assunzioni

- $2 \leq N \leq 1000$

- $N \leq Mg + Mb + Mt \leq 10000$

Esempi di input/output

File input.txt	File output.txt
6 2 2 4 2	1
1	1
5	2
0 1	2
2 5	
0 3	
1 3	
2 4	
4 5	
1 2	
3 4	

9.16.1 Suggerimenti

- Come in molti altri problemi la figura suggerisce immediatamente che genere di problema si vuole affrontare: qual è?

- Se il problema fosse semplicemente quello di scoprire se dati una serie di nodi e archi quali sono raggiungibili da un certo nodo e quali no, cosa bisognerebbe fare?

- Da momento che in questo caso il problema non sembra esattamente dello stesso tipo, è possibile scomporlo in più istanze dello stesso problema, risolvibili separatamente?

9.16.2 Soluzione

Dalla figura sembra evidente, e in effetti lo è, che il problema abbia a che fare con i grafi. Si trascuri per un attimo il fatto che ci siano varie tipologie di trasporto e si prendano in considerazione, ad esempio, solo gli archi che fanno parte del trasporto gratuito. Il problema si riduce a verificare se, dato un nodo di partenza, alcuni nodi particolari sono raggiungibili o meno. Per risolvere questo tipo di problema è sufficiente fare una visita, in profondità o in ampiezza (vedi pagina 78), e contare quanti dei nodi visitati sono delle attrazioni. Se alcune attrazioni non sono raggiungibili tramite la visita quelle non verranno contate.

Per risolvere i vari problemi è sufficiente trattare ogni tipo di trasporto (gratuito, bus, traghetti, tutti) come un grafo diverso e applicare a ognuno la stessa idea: per costruire i quattro diversi grafi è sufficiente, quando si leggono i dati dei collegamenti, inserirli nel grafo o nei grafi opportuni: ad esempio un collegamento del trasporto gratuito andrà in tutti i grafi, mentre quello dei bus solo nel grafo dei bus e in quello che li contiene tutti. Anche se questa idea prevede la ripetizione degli stessi dati più volte, cosa non necessaria se venissero adottati altri approci, ha dalla sua una semplicità implementativa notevole, perchè non richiede altro che di riapplicare quattro volte una visita di un grafo.

```
1  struct fermata{
2      bool attrazione;
3      list <int> collegamenti;
4      fermata():attrazione(false){}
5  };
6  int N, A, Mg, Mb, Mt;
7  fermata gratuiti[1000], bus[1000], traghetti[1000], tutti[1000];
8  void inserisci_collegamento(fermata *grafo,int a, int b) {
9      grafo[a].collegamenti.push_back(b);
10     grafo[b].collegamenti.push_back(a);
11 }
12 int visita(fermata *grafo, int n) {
13     int contatore = 0;
14     bool visitato[1000];
15     stack <int> pila;
16     fill(visitato, visitato + 1000,false);
17     pila.push(n);
18     while(!pila.empty()) {
19         int corrente = pila.top();
20         pila.pop();
21         if (visitato[corrente] == false) {
22             visitato[corrente] = true;
23             if (grafo[corrente].attrazione == true) contatore++;
24             list <int>::iterator i;
25             for (i = grafo[corrente].collegamenti.begin();
26                 i!=grafo[corrente].collegamenti.end(); i++)
27                 pila.push(*i);
28         }
29     }
30     return contatore;
31 }
```

```
32
33  int main() {
34      ifstream in("input.txt");
35      ofstream out("output.txt");
36      int temp,a,b;
37      in >> N >> A >> Mg >> Mb >> Mt;
38      for (int i = 0; i < A; i++) {
39          in >> temp;
40          gratuiti[temp].attrazione = bus[temp].attrazione =
41          traghetti[temp].attrazione = tutti[temp].attrazione = true;
42      }
43      for (int i = 0; i < Mg; i++)     {
44          in >> a >> b;
45          inserisci_collegamento(gratuiti,a,b);
46          inserisci_collegamento(bus,a,b);
47          inserisci_collegamento(traghetti,a,b);
48          inserisci_collegamento(tutti,a,b);
49      }
50      for (int i = 0; i < Mb; i++)     {
51          in >> a >> b;
52          inserisci_collegamento(bus,a,b);
53          inserisci_collegamento(tutti,a,b);
54      }
55      for (int i = 0; i < Mt; i++)     {
56          in >> a >> b;
57          inserisci_collegamento(traghetti,a,b);
58          inserisci_collegamento(tutti,a,b);
59      }
60      out << visita(gratuiti,0) << endl;
61      out << visita(bus,0) << endl;
62      out << visita(traghetti,0) << endl;
63      out << visita(tutti,0) << endl;
64      return 0;
65  }
```

Come prima cosa viene creata una struttura che rappresenta ogni fermata, che contiene le informazioni dei collegamenti che partono da quella fermata all'interno di una lista e un booleano che indica se la fermata è un'attrazione o meno, informazione che servirà a contare le attrazioni visitabili (righe 1-5).

I quattro grafi saranno quindi dei vettori di fermate, dimensionati secondo i limiti del problema.

La parte risolutiva vera e propria del problema è la funzione *visita*, che ha come parametri il grafo su cui deve essere applicata e il nodo di partenza (che in questo particolare problema è sempre il nodo 0). In questo caso è stata implementata una visita in profondità, ma si poteva fare anche una visita in ampiezza e non sarebbe cambiato niente. Il codice è uguale a quello mostrato a pagina 78, con alla riga 23 il controllo sulla condizione che il nodo visitato sia un'attrazione o no, per incrementare il contatore che poi verrà restituito dalla funzione. Due parole sulla funzione *fill* usata alla riga 16: come l'algoritmo *sort* fa parte dell'header *algorithm* e può essere comoda quando si deve inizializzare un vettore, in questo caso con tutte le cella a false: è chiaro che si sarebbe potuto usare un semplice *for*, ma abituarsi a usare le librerie che mette a disposizione il C++ può essere utile in casi più complessi.

A questo punto l'altra parte del processo risolutivo prevede una corretta lettura dei dati di input, in particolare dei collegamenti: dopo aver segnato le stazioni che sono anche delle attrazioni (righe 38-42), si ripete per tre volte la stessa serie di istruzioni, per leggere i tre tipi di collegamenti: i collegamenti gratuiti verranno inseriti in ogni grafo (righe 43-49), quelli dei bus solo nel grafo dei bus e in quello che li contiene tutti (righe 50-54) e quelli dei traghetti solo nel grafo dei traghetti e in quello che li contiene tutti (righe 55-59).

Dopo aver creato i grafi si chiamerà semplicemente la *funzione* visita sui quattro grafi (righe 60-63), ottenendo l'output desiderato.

9.17 Trova la parola - territoriali 2013

Trova la parola (trovaparola)

Difficoltà D = 2.

Descrizione del problema

Visto il successo del gioco Ruzzle©, che riprende il noto paroliere, i giochi basati su trovare parole stanno vivendo un periodo molto popolare. Luciano, patito di giochi di tutti i tipi, ha ideato un nuovo gioco, che funziona nel modo seguente: avete una griglia di caratteri e una parola da trovare nella griglia, partendo dalla cella in alto a sinistra. Le uniche mosse consentite sono gli spostamenti a destra o in basso. Ad esempio, considerate la seguente griglia e la parola "olimpiadi":

O	L	I	V	E	N	T
G	Q	M	P	W	E	R
G	T	R	I	A	Y	E
I	U	I	C	D	P	E
A	F	C	O	I	G	H
J	K	X	C	V	R	S
R	O	M	I	T	A	A
S	T	A	N	L	E	E

In questo caso, la sequenza di spostamenti è "DDBDBDBB", rappresentando gli spostamenti a destra con il carattere D e quelli in basso con il carattere B. Non esiste nessuna soluzione, invece, se la parola da cercare è "olimpionico". Il vostro compito consiste nello scrivere un programma che, ricevute in ingresso una parola (da cercare) e una griglia, restituisca la sequenza di spostamenti, qualora esista una soluzione, oppure stampi "ASSENTE". Se dovessero esistere molteplici sequenze di spostamenti corrette, è sufficiente stamparne una qualunque.

Dati di input

Il file input.txt è composto da 2+R righe. La prima riga contiene due interi positivi R e C: le dimensioni della griglia, ovvero il numero di righe R e il numero di colonne C. La riga successiva contiene P, una parola da cercare, rappresentata da una stringa lunga almeno 2 caratteri (alfabetici maiuscoli) e al massimo R+C-1 caratteri. Le rimanenti R righe del file contengono le righe della griglia, rappresentate da stringhe di C caratteri alfabetici maiuscoli.

Dati di output

Il file output.txt è composto da una sola riga contenente una stringa di testo: la sequenza di spostamenti necessari per trovare la parola nella griglia, se la parola è presente, oppure la stringa "ASSENTE" (senza le virgolette).

Assunzioni

- $2 \leq R,C \leq 100$;

Esempi di input/output

File input.txt	File output.txt
8 7	DDBDBDBB
OLIMPIADI	
OLIVENT	
GQMPWER	
GTRIAYE	
IUICDPE	
AFCOIGH	
JKXCVRS	
ROMITAA	
STANLEE	

File input.txt	File output.txt
8 7	ASSENTE
OLIMPIONICO	
OLIVENT	
GQMPWER	
GTRIAYE	
IUICDPE	
AFCOIGH	
JKXCVRS	
ROMITAA	
STANLEE	

Nota: John Romita e Stan Lee, che compaiono nell'ultima e penultima riga dell'esempio, sono rispettivamente il secondo disegnatore del fumetto Spider Man e il creatore dello stesso.

9.17.1   Suggerimenti

- Dalla figura sembra ovvio quale sia la struttura dati più adatta per memorizzare i dati, una matrice, può essere meno ovvio quali funzioni del linguaggio usare per la lettura dell'input (scanf, gets, una riga alla volta, un carattere alla volta,...). Quale ti sembra la migliore (magari prova in modi diversi)?

- Le dimensioni massime dell'input fino a quale complessità computazionale permettono di arrivare senza problemi (lineare, quadratica, cubica, ...)?

- Come in altri problemi sembra utile potersi "muovere" nella matrice, seguendo due possibili direzioni: siccome quando mi sposto in una matrice devo sempre stare attento a non uscire dei bordi, dove posso mettere delle sentinelle per evitare controlli espliciti?

- Riesco a implementare i movimenti tramite un approccio iterativo o viene più naturale un approccio ricorsivo?

- Se l'approccio ricorsivo creasse dei problemi nell'implementazione, potrei sostituirlo con uno iterativo molto semplice che, seppur non mi garantisca la correttezza in tutti i casi, può ragionevolmente portare molti punti in saccoccia?

9.17.2 Soluzione

Come già detto nei suggerimenti sembra piuttosto chiaro che una matrice sia la struttura dati adatta per affrontare questo problema: bisogna però porre qualche attenzione su come popolare la matrice, dato il file di input nel formato proposto. Quando infatti all'interno dello stesso file compaiono sia numeri che stringhe le normali funzioni per l'input potrebbero generare qualche problema: per questo particolare problema potremmo procedere in tre modi distinti

- usare l'operatore << (o *fscanf*) sia per i numeri che per le stringhe

- usare l'operatore << (o *fscanf*) per leggere i numeri e la *getline* (o la *fgets*) per le stringhe, leggendo quindi una riga di testo alla volta

- usare l'operatore << (o la *fscanf*) per leggere il contenuto della matrice carattere per carattere

Il primo approccio è in questo caso quello corretto, in quanto la lettura dei numeri non interferisce con la successiva lettura delle stringhe ed è molto comodo poichè, siccome ogni riga non contiene spazi, può essere letta tutta in un colpo e messa nella matrice così com'è.

Il secondo pone dei problemi, in quanto la *getline* (o la *fgets*) non funzionano nello stesso modo dell'operatore << (o della *fscanf*), in particolare gestiscono diversamente il terminatore, quindi alternarle all'interno dello stesso programma non è mai una buona idea.

L'ultimo approccio potrebbe sembrare corretto dal momento che nei dati forniti in output compare anche la lunghezza delle stringhe, sotto forma del valore di C, e sembra quindi un invito a leggere carattere per carattere con due cicli annidati limitati da C e R. In realtà così è molto più scomodo che con il primo approccio, poichè bisognerebbe anche gestire il terminatore di linea che altrimenti verrebbe letto come un qualsiasi altro carattere.

Di fatto il primo approccio rende anche inutile la lettura del valore di C, che non viene mai usato, ma in questo caso non bisogna preoccuparsene, quindi va letto ma poi ignorato, come mostrato alle righe 24-27 del codice sottostante.

```
int R,C;
char matrice[101][101];
char parola[201];
stack <char> percorso;

bool naviga(int i, int j, int l) {
    if (l == strlen(parola)-1 && matrice[i][j] == parola[l] )
        return true;
    if (matrice[i][j] != parola[l])
        return false;
    if (naviga(i+1,j,l+1) == true) {
        percorso.push('B');
        return true;
    }
    if (naviga(i,j+1,l+1) == true) {
        percorso.push('D');
        return true;
    }
}

int main() {
    ifstream in("input.txt");
    ofstream out("output.txt");
    in >> R >> C;
    in >> parola;
    for (int i = 0; i < R; i++)
```

```
27          in >> matrice[i];
28      if (naviga(0,0,0) == true) {
29          while(!percorso.empty()) {
30              out << percorso.top();
31              percorso.pop();
32          }
33          out << endl;
34      }
35      else
36          out << "ASSENTE" << endl;
37      return 0;
38  }
```

Una volta chiarito come procedere con la lettura dei dati, si può provare a risolvere il problema con un approccio banale, che può anche far guadagnare diversi punti, ma che fallisce in alcuni casi. L'idea potrebbe essere la seguente:

- si pone la posizione di partenza uguale all'angolo in alto a sinistra, cioè con i=0 e j=0 e la lettera da controllare uguale alla prima lettera nella parola P, cioè P[0]. Se la lettera in posizione di partenza e P[0] coincidono allora si procede, altrimenti ci si può già fermare

- si verifica che la lettera in posizione (i+1,j) sia uguale alla prossima lettera di P

    - se lo è si sposta la posizione corrente in (i+1,j), si concatena la lettera B in una stringa di supporto e si ripete il procedimento

    - se non lo è si verifica che la lettera in posizione (i,j+1) sia uguale alla prossima lettera di P

        * se lo è si sposta la posizione corrente in (i,j+1), si concatena la lettera D in una stringa di supporto e si ripete il procedimento
        * se non lo è la parola è ASSENTE

- se si arriva a una posizione pari alla lunghezza della parola P allora la parola è stata trovata e si stampa la stringa di supporto.

Questo procedimento è estremamente semplice da capire e implementare, ma ha il difetto di non portare sempre alla soluzione e apro un inciso: perchè vedere allora un procedimento non corretto? Come già detto in altre parti lo scopo di queste competizioni non è necessariamente quello di risolvere un problema correttamente, ma fare più punti possibile. É chiaro che la soluzione corretta porta al maggior numero di punti e quindi va ricercata, ma se non si riesce a fare di meglio anche una soluzione come questa non è da disdegnare.

Ma perchè non è corretta? Il problema sorge in alcuni casi, come si può vedere nella figura 9.8. Supponendo di dover cercare la parola BANCONE, nel caso indicato con (a) l'algoritmo produrrebbe la soluzione corretta, mentre nel caso (b) dopo essere giunto alla C si fermerebbe, poichè non troverebbe la O nè a destra nè in basso. Il problema nasce dal fatto che al passaggio precedente l'algoritmo era costretto a scegliere di scendere verso il basso, poichè è la prima cosa che controlla, e una volta sceso non ha modo di tornare sui propri passi. Per arrivare alla soluzione corretta sarebbe dovuto andare verso destra e avrebbe così trovato la soluzione con le lettere in italico. Ovviamente il problema non si può risolvere semplicemente scambiando l'ordine dei controlli (prima a destra e poi in basso), perchè basterebbe "ruotare" l'esempio (b) e il problema si presenterebbe comunque.

A questo punto dovrebbe essere chiaro che il modo naturale di impostare questo problema è quello di permettere all'algoritmo di poter effettuare sia la visita nella casella in basso che in quella di sinistra e questo può essere ottenuto molto semplicemente attraverso una funzione ricorsiva.

Come impostare la ricorsione? L'idea, come nel precedente approccio, è quella di, partendo dalla casella in alto a sinistra, visitare ogni casella che sia compatibile con la parola da cercare o in basso o a destra e ripetere questo procedimento fino a quando la lettera nella casella corrente non sia diversa da quella nella parola da cercare oppure fino a quando non troviamo la parola. Tradotto in pseudocodice la ricorsione può essere impostata così:

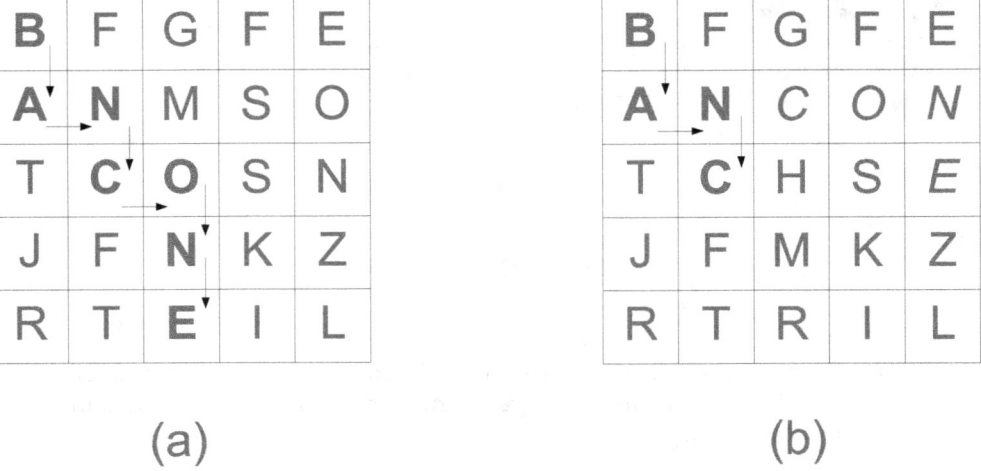

(a)   (b)

Figura 9.8: Problema con l'algoritmo banale

- siano i e j le coordinate di riga e colonna nella matrice del Ruzzle© e l l'indice della lettera corrente nella parola da cercare

- le condizioni di terminazioni saranno

  - se siamo arrivati fino alla fine della parola e la casella corrente ha il valore dell'ultima lettera, allora abbiamo trovato un percorso per la parola e restituiamo *true* (righe 7-8)

  - se la casella corrente è diversa dalla lettera alla quale siamo arrivati restituiamo *false* perchè quella strada non porta da nessuna parte (righe 9-10)

- se è possibile spostarsi nella casella in basso lo faccio e memorizzo il valore di spostamento 'B' in uno stack temporaneo (di cui si parlerà dopo) (righe 11-14)

- se è possibile spostarsi nella casella a destra lo faccio e memorizzo il valore di spostamento 'D' in uno stack temporaneo (righe 15-17)

Come si vede dal codice l'implementazione è immediata e la chiamata (riga 28) avrà come parametri i valori i = 0, j = 0 e l = 0, poichè si parte dalla casella in alto a sinistra e dalla prima lettera della parola cercata. Se la funzione ritorna *false* vuol dire che la parola non è stata trovata e quindi verrà stampato ASSENTE, altrimenti bisogna stampare un possibile percorso (non è necessariamente l'unico, ma è il primo che viene trovato). Per far questo nella funzione *naviga* viene utilizzato uno stack, nel quale vengono inserire tutte le mosse fatte per arrivare alla soluzione. Siccome lo stack verrà riempito a partire dalla fine, via via che le chiamate ricorsive ritornano, basterà svuotare lo stack (righe 29-32) in stampa per ritrovarsi il percorso nell'ordine corretto. Si sarebbe anche potuta usare una semplice stringa per poi stamparla al contrario, ma l'utilizzo di strutture dati più adatte (in questo caso uno stack), mette al riparo da ogni errore banale, poichè forza ad utilizzare il modo giusto.

Vale la pena a questo punto fare due osservazioni:

- l'algoritmo non rischia di uscire dai bordi della matrice in qualche caso particolare? No, e il motivo è che, spostandosi solo in basso o a destra, incontrerà sempre un terminatore di stringa che lo farà fermare perchè renderà il carattere non uguale a quello cercato: per la colonna di destra dopo i caratteri validi, il terminatore sarà presente perchè inserito in fase di lettura, per la riga sotto agli ultimi caratteri validi la presenza del terminatore (un carattere con tutti i bit a zero) è garantita dal fatto che essendo la matrice una variabile globale tutte le sue caselle vengono azzerate alla partenza del programma

- qual è la complessità di questo algoritmo? Mentre il primo algoritmo proposto era di complessità lineare questo è in generale di tipo esponenziale, poichè ogni chiamata ricorsiva

Figura 9.9: Caso pessimo per trovaparola

richiama due volte la stessa funzione e quindi, anche se N è piccolo (≤ 100) il numero di chiamate ricorsive nel caso pessimo (2^{100}) è troppo elevato. Però il caso pessimo è un caso molto particolare, che deve essere costruito di proposito, come si può vedere in figura 9.9, dove la parola da cercare è BANCO. In questo esempio la ricorsione è "obbligata" a provare tutte le strade, poichè si accorge che non porta a niente solo all'ultima lettera. Se però il caso è creato inserendo delle lettere casuali più eventualmente la parola da trovare, la maggior parte delle chiamate ricorsive verranno terminate all'inizio e quindi la maggior parte dei rami non verrà mai svolta, rendendo il costo poco più che lineare. Essendo al livello delle regionali si suppone che questa soluzione sia quella che consente di raccogliere tutti punti.

9.18 La congettura di Collatz - territoriali 2014

La congettura di Collatz (collatz)

Difficoltà D = 1

Descrizione del problema

Consideriamo il seguente algoritmo, che prende in ingresso un intero positivo N:

1. Se N vale 1, l'algoritmo termina.

2. Se N è pari, dividi N per 2, altrimenti (se N è dispari) moltiplicalo per 3 e aggiungi 1.

Per esempio, applicato al valore N = 6, l'algoritmo produce la seguente sequenza (di lunghezza 9, contando anche il valore iniziale N = 6 e il valore finale 1):

$$6, 3, 10, 5, 16, 8, 4, 2, 1.$$

La congettura di Collatz, chiamata anche congettura 3N+1, afferma che l'algoritmo qui sopra termini sempre per qualsiasi valore N; in altri termini, se prendo un qualsiasi numero intero maggiore di 1 applicare la regola numero 2 conduce sempre al numero 1.

È riferendosi a questa celebre congettura che il famoso matematico Erdős ha commentato sul come questioni semplici ma elusive mettono in evidenza quanto poco noi si possa accedere ai misteri del "grande Libro".

Giovanni sta cercando di dimostrare la congettura, ed è interessato alla lunghezza della sequenza. Il vostro compito è quello di aiutare Giovanni scrivendo un programma che, ricevuto in ingresso un numero N, calcoli la lunghezza della sequenza che si ottiene a partire da N.

Dati di input

Il file *input.txt* è composto da una riga contenente N, un intero positivo.

Dati di output

Il file *output.txt* è composto da una sola riga contenente un intero positivo L: la lunghezza della sequenza a partire da N.

Assunzioni

- $2 \leq N \leq 1000$;

- E' noto che, per qualsiasi N minore di 1000, la lunghezza L della sequenza è minore di 200.

Esempi di input/output

File input.txt	File output.txt
6	9

File input.txt	File output.txt
2 4	11

9.18.1 Suggerimenti

Questo problema è molto semplice, perchè chiede solo di implementare una successione di numeri seguendo la regola che permette di calcolare il nuovo elemento della successione in base al valore dell'elemento attuale. L'unica domanda che ci si potrebbe porre è quella se prediligere una soluzione iterativa o una ricorsiva.

- Riesco a risolverlo sia in modo iterativo che ricorsivo?

- Quali sono i vantaggi o gli svantaggi di entrambe le soluzioni?

- Ai fini della soluzione di questo particolare problema, con i vincoli imposti sulla sua dimensione, sono rilevanti le differenze tra le due implementazioni?

9.18.2 Soluzione

Considerando la semplicità del problema, spenderemo alcune parole solo sulla differenza tra le due possibili implementazioni, mostrate di seguito.

```
1   int lunghezza_collatz(int n) {
2       int lunghezza = 1;
3       while (n != 1)  {
4           if (n % 2)
5               n = n*3 + 1;
6           else
7               n = n/2;
8           lunghezza++;
9       }
10      return lunghezza;
11  }
12
13  int lunghezza_collatz_ric(int n) {
14      if (n == 1)
15          return 1;
16      if (n % 2)
17          return lunghezza_collatz_ric(3*n + 1) + 1;
18      else
19          return lunghezza_collatz_ric(n/2) + 1;
```

Come si può vedere la prima funzione, quella iterativa, non fa altro che riapplicare la regola numero 2 del testo finchè non si verifica la condizione 1: l'unica attenzione è da porre nell'inizializzazione del contatore della lunghezza, che viene messo a 1 per garantire il rispetto dei requisiti del problema (contare tutti gli elemento della successione, compreso il numero di partenza e l'1). La seconda funzione, quella ricorsiva, appare ancora più naturale, essendo una riscrittura pari pari delle due condizioni spiegate nel testo.

Appurato quindi che da un punto di vista della scrittura del codice sono entrambe semplici da scrivere, possiamo vedere che differenze ci sono in termini di prestazioni e occupazione di memoria:

- la funzione ricorsiva richiederà alla peggio 200 chiamate (vedi testo del problema), dove quella iterativa viene chiamata una sola volta, quindi potrebbe esserci un costo maggiore dovuto all'overhead di chiamata di funzione: su test fatti sulla mia macchina usando l'utility **time** presente di default sui sistemi Linux non si nota nessuna differenza significativa tra le due impelementazioni. Per stressare maggiormente le differenze ho quindi modificato il programma per calcolare la lunghezza di tutte le successioni di Collatz da 2 a 100000, ottenendo dei risultati che effettivamente mostrano che la versione iterativa ha delle performance leggermente migliori, come si può vedere dalla seguente tabella (i dati esatti sono differenti tra differenti esecuzioni del comando, ma indicativamente sono sempre intorno ai valori mostrati)

Versione iterativa	Versione ricorsiva
real 0m0.136s	real 0m0.196s
user 0m0.020s	user 0m0.068s
sys 0m0.072s	sys 0m0.076s

- per quanto riguarda l'utilizzo della memoria, la versione ricorsiva potrebbe avere il problema che lo stack cresce a ogni chiamata, ponendo quindi dei problemi di "sforamento" dello stack. Considerando però i vincoli del problema lo stack non crescerà mai a sufficienza per presentare un rischio di segmentation fault e anche con le prove fatte con N da 2 a 100000 la successione di Collatz di lunghezza maggiore si ferma a 351, limite ampiamente all'interno della possibilità di crescita dello stack.

Concludendo, pur essendo in generale utile fare delle considerazioni sulle differenze implementative tra diverse soluzioni, in questo caso tali differenze sono irrilevanti.

Come nota di colore voglio aggiungere una simpatica vignetta presa da XCD[8], che mostra cosa potrebbe succedere a Giovanni se si impegnasse troppo nella soluzione di questo problema...

---

[8]https://xkcd.com A webcomic of romance, sarcasm, math, and language.

THE COLLATZ CONJECTURE STATES THAT IF YOU
PICK A NUMBER, AND IF IT'S EVEN DIVIDE IT BY
TWO AND IF IT'S ODD MULTIPLY IT BY THREE AND
ADD ONE, AND YOU REPEAT THIS PROCEDURE LONG
ENOUGH, EVENTUALLY YOUR FRIENDS WILL STOP
CALLING TO SEE IF YOU WANT TO HANG OUT.

Figura 9.10: Collatz Conjecture

9.19 Giochiamo con Mojito - Territoriali 2014

Giochiamo con Mojito (mojito)

Difficoltà D = 2

Descrizione del problema

Mojito, il jackrussell di Monica, è ormai diventato la mascotte dei Probabili Olimpici, i ragazzi che sono candidati a rappresentare l'Italia alle Olimpiadi Internazionali di Informatica 2014 a Taipei, Taiwan. Negli allenamenti a Volterra, Mojito gioca a palla con i ragazzi nel prato: lui porta la pallina al ragazzo più vicino che la calcia via; a quel punto Mojito rincorre la palla, l'acchiappa e la porta di nuovo al ragazzo che ha più vicino... e così via! Possiamo rappresentare questo gioco con una griglia: supponendo di avere tre ragazzi che giocano con Mojito, rappresentiamo la loro posizione nella griglia, rispettivamente, con R1, R2 e R3. Tutti i ragazzi sono piuttosto metodici, e ogni volta che tirano la palla questa finisce sempre nella stessa posizione (a seconda di chi tira!): sulla griglia indichiamo con P1 il punto in cui finisce la palla tirata da R1, P2 il punto in cui finisce la palla tirata da R2, ecc... La posizione iniziale di Mojito, con la palla, è rappresentata nella griglia da una M. Mojito misura la distanza come il minimo numero di spostamenti orizzontali e/o verticali per andare da una casella a un'altra.

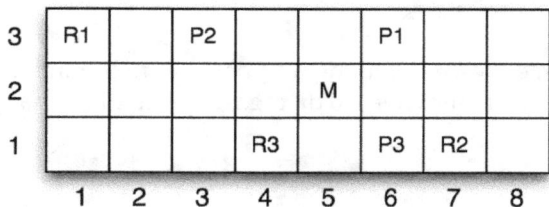

Per esempio, consideriamo la griglia qui sopra, di dimensione 8x3. All'inizio Mojito si trova, insieme con la palla, nella casella (5,2); il ragazzo più vicino è R3, nella posizione (4,1), che dista due caselle da lui; il gioco inizia:

- Mojito porta la palla a R3, che la tira nella casella (6,1);

- a questo punto Mojito, presa la palla, la porta a R2, nella casella (7,1), che è il più vicino a lui; da qui la palla viene tirata nella casella (3,3);

- Mojito recupera la palla e la porta a R1, nella casella (1,3); R1 tira la palla nella casella (6,3);

- da qui in poi saranno solo R1 e R2 a giocare, visto che quando tira R1 poi Mojito porta la palla a R2 e viceversa.

Notiamo che, nel caso appena descritto, tutti e tre i ragazzi hanno giocato (anche se R3 ha toccato palla solo una volta). Se Mojito ha due o più ragazzi alla stessa distanza, sceglie quello che ha la coordinata X (orizzontale) minore e, se ve ne sono due o più con lo stesso valore, tra questi sceglie quello che ha la coordinata Y (verticale) minore. Mojito è molto concentrato sulla palla, e non riesce a ricordarsi se tutti i ragazzi l'hanno tirata. Il vostro compito è quello di scrivere un programma che calcoli il numero di ragazzi che lanciano la palla almeno una volta!

Dati di input

Il file *input.txt* è composto da 3+N righe. La prima riga contiene due interi positivi X e Y: le dimensioni della griglia. La seconda riga contiene una coppia di interi positivi: le coordinate della posizione iniziale di Mojito con la palla. La terza riga contiene N, il numero di ragazzi che giocano con Mojito. Ognuna delle successive N righe contiene due coppie di interi: le coordinate dell'i-esimo ragazzo (prima coppia di interi) e le coordinate di dove l'i-esimo ragazzo tirerà la palla.

Dati di output

Il file *output.txt* è composto da una sola riga contenente un solo intero non negativo: il numero di ragazzi che giocano con Mojito, ovvero il numero di ragazzi che tirano la palla almeno una volta, a partire dalla posizione iniziale di Mojito.

Assunzioni

- $1 \leq X,Y,N \leq 100$

- Le coordinate della griglia vanno da 1 a X e da 1 a Y (inclusi).

- Tutte le posizioni nel file di input sono distinte: non ci possono essere due ragazzi nella stessa casella, non ci sono due ragazzi che tirano nella stessa casella, nessun ragazzo tira nella casella dove c'è un altro ragazzo.

- Mojito, inizialmente, è in una casella non occupata da nessun ragazzo e dove nessun ragazzo tira la palla.

- Mojito, piccolo com'è, riesce agevolmente a passare tra le gambe dei ragazzi; non viene quindi ostacolato nel suo movimento da ragazzi presenti in una cella tra lui e la palla.

Esempi di input/output

File input.txt	File output.txt
5 3	1
3 3	
2	
4 3 5 3	
5 1 1 1	

File input.txt	File output.txt
8 3	3
5 2	
3	
1 3 6 3	
7 1 3 3	
4 1 6 1	

9.19.1 Suggerimenti

- Quale tipologia di problema sembrano suggerire il testo e la figura?

- Se hai pensato a un grafo, cosa sono in questo caso i nodi e gli archi?

- Come può essere espresso questo problema in termini di un problema equivalente relativo ai grafi?

- Esistono altri modi per risolvere questo problema oltre che utilizzando i grafi?

- Indipendentemente dal modo usato, quanto costa calcolare la distanza tra Mojito e i ragazzi? Vale la pena precalcolarla oppure, date le dimensioni dell'input, se ne può fare a meno?

9.19.2 Soluzioni

Come fatto notare nei suggerimenti il problema può essere affrontato usando una modalità risolutiva che utilizzi la teoria dei grafi. In questo caso possiamo vedere i nodi del grafo come i ragazzi e gli archi i passaggi della palla. Si nota facilmente che, siccome Mojito porta la palla sempre al ragazzo più vicino e la palla lanciata da un ragazzo cade sempre nel medesimo posto, questo è equivalente a dire che la palla lanciata da un ragazzo verrà sempre portata allo stesso ragazzo, quindi ogni ragazzo ha un arco uscente che porta a un altro ragazzo (eventualmente anche sé stesso), come è evidenziato nella figura 9.11 che rappresentata gli esempi dati nel testo.

Rispetto ad altri problemi il grafo non viene dato in maniera esplicita nei dati di input, ma deve essere costruito a partire da essi, calcolando la distanza che separa ogni lancio dai ragazzi per vedere dove sono diretti gli archi. Una volta costruito il grafo il problema si ridurrebbe alla solita visita, partendo dal nodo che rappresenta il primo ragazzo che riceve la palla da Mojito e, una volta terminata la visita, basterebbe contare quanti sono i nodi che sono stati raggiunti per rispondere alla domanda posta dal problema.

Vediamo però un'altra strada risolutiva che utilizza il concetto di macchina a stati finiti, come già visto nel problema 9.10 e che quindi non richiede la conoscenza di nessun algoritmo sui grafi[9].

---

[9]Ovviamente la conoscenza delle nozioni fondamentali sui grafi mostrate in 8 è sicuramente molto utile se si vogliono passare le territoriali e indispensabile se si vuole fare una prestazione significativa alle nazionali.

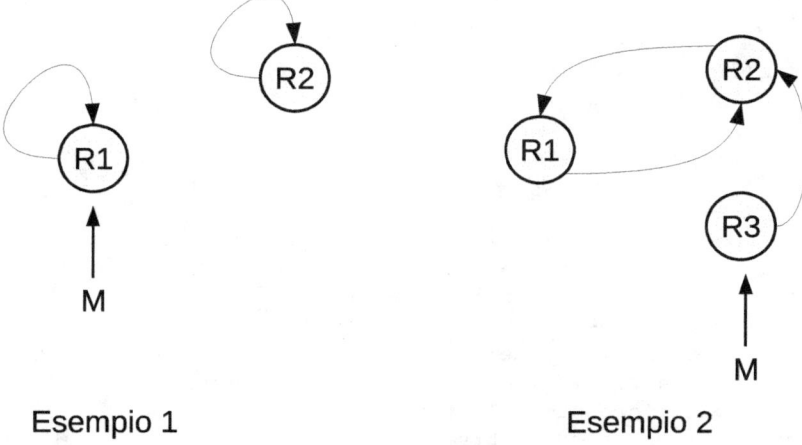

Esempio 1   Esempio 2

Figura 9.11: Esempi nel testo del problema

Per l'implementazione della macchina a stati finiti è sufficiente avere una tabella (un vettore) che per ogni stato (il ragazzo che attualmente ha la palla) associa lo stato successivo in cui la palla andrà a finire. Partendo dal primo ragazzo e iterando attraverso il vettore fino a quando non si tornerà a un ragazzo già visto si otterrà la soluzione del problema, contando quanti sono gli stati attraverso cui si è passati. Per stabilire le regole della macchina a stati si potrebbero preventivamente calcolare tutte le distanze oppure, come fatto nella soluzione proposta, calcolare di volta in volta qual è il ragazzo più vicino: questa seconda strada, anche se potrebbe sembrare equivalente, permette di fare meno calcoli quando non tutti i ragazzi verranno raggiunti, evitando di calcolare distanze che non verranno mai usate (per la dimensione dei dati di input comunque questa differenza non è significativa).

```
1   struct coordinate{ int x,y; };
2   struct ragazzo{ coordinate posizione, lancio; };
3
4   coordinate mojito;
5   ragazzo ragazzi[100];
6   bool partecipanti[100];
7   int N, R;
8
9   int distanza(coordinate a, coordinate b) {
10      return abs(a.x - b.x) + abs(a.y - b.y);
11  }
12  int calcolaProssimo(coordinate posizione) {
13      int dmin = 2001, d, posmin=-1;
14      for (int i = 0; i < N; i++)        {
15          d=distanza(ragazzi[i].posizione, posizione);
16          if (d < dmin) {
17              dmin = d;
18              posmin = i;
19          }
20          else if (d == dmin) {
21              if (ragazzi[i].posizione.x < ragazzi[posmin].posizione.x)
22                  posmin = i;
23              else if (ragazzi[i].posizione.x == ragazzi[posmin].posizione.x &&
24                          ragazzi[i].posizione.y < ragazzi[posmin].posizione.y)
25                  posmin = i;
26          }
27      }
28      return posmin;
29  }
30
```

```
31  int main() {
32      int X,Y;
33      ifstream in("input.txt");
34      ofstream out("output.txt");
35      in >> X >> Y;
36      in >> mojito.x >> mojito.y;
37      in >> N, R = 1;
38      for (int i = 0; i < N; i++)
39          in >> ragazzi[i].posizione.x >> ragazzi[i].posizione.y >>
40              ragazzi[i].lancio.x >> ragazzi[i].lancio.y;
41      fill(partecipanti, partecipanti+N, false);
42      int prossimo = calcolaProssimo(mojito);
43      partecipanti[prossimo] = true;
44      prossimo = calcolaProssimo(ragazzi[prossimo].lancio);
45      while(partecipanti[prossimo] != true)    {
46          partecipanti[prossimo] = true;
47          R++;
48          prossimo = calcolaProssimo(ragazzi[prossimo].lancio);
49      }
50      out << R << endl;
51      return 0;
52  }
```

La parte più lunga del codice proposto è quella che permette di calcolare chi è il ragazzo più vicino (righe 12-29), che risulta tale a causa dei vincoli imposti nel caso di uguaglianza nelle distanze. Pur essendo semplice, mi sento di evidenziare che possono sfuggire degli errori, dovuti probabilmente al copia/incolla tra controlli simili, come quelli alle righe 21 e 23 e lo dico perché io li ho commessi. Alla prima sottoposizione sul correttore dei dieci casi di test ne risultavano corretti solo 8, a causa di una dimenticanza nel non aver sostituito il < con un == quando ho fatto la copia della riga 21 nella riga 23. Questo tipo di errori, come già detto in altre parti, è difficile da individuare perchè la soluzione risolve i casi di test e fallisce solo in casi particolari in cui l'errore viene sollecitato. Il consiglio è quindi quello di essere sempre molto "vigili" anche su quelle parti che sembrano innocue e di routine.

Il programma a questo punto risulta molto semplice: dopo aver letto l'input, viene calcolato il ragazzo a cui verrà portata la palla inizialmente (righe 42-44) e poi si itera il procedimento (righe 45-49) fino a quando non si passerà da un ragazzo già visitato, incrementando il contatore R ad ogni passaggio dell'iterazione.

9.20 Corso per sommelier - Territoriali 2014

Corso per sommelier (sommelier)

Difficoltà D = 2

Descrizione del problema

Paolo, per festeggiare il suo quarantesimo compleanno, si è iscritto a un corso per sommelier, dove impara a distinguere ed apprezzare le diverse tipologie di vini. Si è accorto però che, nonostante prenda solo un assaggio di ogni tipo di vino, per lui vale la regola fondamentale delle bevande alcoliche: quando le bevi, mai scendere di gradazione. Infatti, se per esempio Paolo assaggia un vino da 9 gradi e poi uno da 7, il giorno dopo si sveglierà con un grosso mal di testa indipendentemente dalle quantità. Per fortuna, in ogni serata del corso è disponibile l'elenco dei vini che verranno portati uno dopo l'altro, e di ogni vino viene riportata la gradazione alcolica. Non è ammesso mettere da parte un vino per berlo in seguito: ogni volta che gli viene passato un vino Paolo può decidere se assaggiarlo o meno, versandone un poco nel suo Tastevin. Inoltre, dal momento che dopo aver assaggiato un vino Paolo deve pulire accuratamente il suo Tastevin con un panno, questa operazione in pratica gli impedisce di assaggiare due vini consecutivi . Paolo desidera assaggiare il maggior numero di vini possibile.

1	2	3	4	5	6	7	8	9
Cilento	Barolo	Lambrusco	Picolit	Verdicchio	Cannonau	Chianti	Pigati	Donzelle
11	13	10	16	12	12	13	11	13

Ad esempio, se in una serata serviranno i vini mostrati nella tabella qui sopra, nell'ordine in cui compaiono nella tabella, il numero massimo di vini che Paolo può riuscire ad assaggiare, rispettando la regola, è quattro: può iniziare, indifferentemente, con il Cilento o con il Lambrusco, e poi assaggiare Verdicchio, Chianti e Donzelle. In questa maniera, la sequenza delle gradazioni alcoliche non scende mai: 11 (oppure 10), 12, 13, 13. Ovviamente, come si vede nell'esempio, è possibile bere due o più vini con la stessa gradazione alcolica.

Dati di input

Il file *input.txt* è composto da 2 righe. La prima riga contiene N, un intero positivo: il numero di vini che saranno serviti nella serata. La seconda riga contiene N interi positivi: le gradazioni alcoliche dei vini che saranno serviti, nell'ordine in cui saranno serviti.

Dati di output

Il file *output.txt* è composto da una sola riga contenente un solo intero positivo: il numero massimo di vini che Paolo può assaggiare nella serata, rispettando la regola di non diminuire la gradazione alcolica nella sequenza e, contemporaneamente, il vincolo di dover pulire il Tastevin, che gli impedisce di assaggiare due vini consecutivi.

Assunzioni

- $2 \leq N \leq 99$

- I vini hanno una gradazione alcolica compresa tra 1 e 99.

Esempi di input/output

File input.txt	File output.txt
9	4
11	
13	
10	
16	
12	
12	
13	
11	
13	

File input.txt	File output.txt
12	5
11	
13	
11	
10	
11	
12	
16	
12	
12	
11	
10	
14	

9.20.1 Suggerimenti

- Posso applicare una strategia greedy per risolvere il problema?

- Dopo aver verificato che la strategia greedy non è applicabile, è possibile risolvere il problema ricorsivamente con un approccio a forza bruta, visitando tutte le possibili scelte che può fare Paolo e individuando quella che gli consente di assaggiare più vini?

- A che classe di complessità computazionale appartiene la soluzione precedente? É possibile applicarla e risolvere tutti i casi di test data la dimensione dell'input imposta dal problema?

- Riesco a vedere che il problema ha una struttura tale per cui posso calcolarmi delle sottosoluzioni e utilizzarle per costruire soluzioni di casi più grandi? In che modo?

- Se ho studiato bene questa guida, quale problema delle territoriali precedenti è molto simile a questo?

9.20.2 Soluzione

Anche se questo problema a prima vista potrebbe far venire in mente di usare un approccio greedy si può velocemente verificare, guardando gli esempi, che non può funzionare. Usando la tecnica greedy infatti partirei dal primo vino, che è sempre possibile bere, e poi berrei tutti i vini che riesco nel rispetto delle regole fornite nel testo (mai due vini consecutivi, mai gradazioni più basse di quelle già bevute), ma questo mi porterebbe nella maggior parte dei casi a un risultato scorretto (per alcuni input potrei trovare la soluzione, ma dipende appunto da come compaiono i numeri nell'input).

Esclusa quindi questa tecnica, si potrebbe pensare di generare ricorsivamente tutte le possibli sequenze di bevute e contare quella più lunga. Premesso che comunque non è banale scrivere la funzione che implementa questo approccio a forza bruta, guardandone la complessità computazionale e la dimensione dell'input risulta chiaro che non potrebbe risolvere molti casi. Infatti, considerando in prima approssimazione che posso prendere o non prendere un vino e che la sequenza di vini è lunga al massimo 50 (poichè non posso mai bere due vini consecutivi), si può vedere come la generazione di tutte le stringhe binarie di massimo 50 cifre (ovviamente non tutte sono generabili perchè molte violano le regole sui gradi alcolici). Sempre in maniera approssimata possiamo quindi dire che il costo è dell'ordine di $2^{50} \simeq 10^{15}$, un numero troppo grosso per permettere di arrivare alla soluzione.

A questo punto, guardando bene la struttura del problema, possiamo rilevare che appare essere adatta per utilizzare la programmazione dinamica: come visto in 7, si può utilizzare questa tecnica quando la soluzione ottima del problema di dimensione N può essere "ricostruita" a partire da sottoproblemi più piccoli di cui si conosce la soluzione. In questo caso i sottoproblemi sono le soluzioni con liste di vini più piccole, prese a partire dal fondo. Quindi se la lista di vini fosse composta solo dall'ultimo vino la soluzione sarebbe 1, cosa vera anche se fosse composta dagli ultimi due vini (poichè non posso bere due vini consecutivi). Se la lista fosse composta dagli ultimi N vini bisognerebbe guardare quali delle soluzioni precedenti possono essere "prese" compatibilmente con le regole e fra quelle scegliere quella che mi da il valore maggiore. Formalizzato questo risulta così:

$$L(N) = 1 + max_{0<n\leq N-2}\{L(n)\} \ \forall n/G[n] \geq G[N]$$

dove L(N) è il numero massimo di vini che si riescono a bere data la lista contenente gli ultimi N vini e G[n] e la gradazione alcolica del vino n-esimo.

A questo punto si può procedere utilizzando un approccio *top-down* oppure *bottom-up*. Siccome questo problema è molto simile al problema Poldo (vedi 7.3) che era stato risolto con la metodologia *bottom-up*, qui vedremo come risolvere lo stesso tipo di problema usando l'approccio *top-down*.

La definizione data sopra si presta naturalmente ad essere scritta in forma ricorsiva, avendo l'avvertenza di tabellare i valori già calcolati in modo da non doverli ricalcolare più volte.

```
1   int vini[100];
2   int sottoproblemi[100];
3   int N;
4
5   int soluzione(int n) {
6       if (sottoproblemi[n] != -1)
7           return sottoproblemi[n];
8       int max = 1;
9       for (int i = n + 1; i < N; i++)
10          if (soluzione(i) + 1 > max && vini[n] <= vini[i])
11              max = soluzione(i) + 1;
12      sottoproblemi[n] = max;
13      return max;
14  }
15
16  int main() {
17      ifstream in("input.txt");
18      ofstream out("output.txt");
19      in >> N;
20      for (int i = 0; i < N; i++)
21          in >> vini[i];
22      fill(sottoproblemi, sottoproblemi + N, -1);
23      sottoproblemi[N-1] = sottoproblemi[N-2] = 1;
24      soluzione(0);
25      out << *max_element(sottoproblemi,sottoproblemi + N) << endl;
26      return 0;
27  }
```

Per tabellare le soluzioni che via via vengono calcolate viene usato il vettore *sottoproblemi*, che inizialmente è riempito di -1 (riga 22), tranne i due sottoproblemi finali, quelli composti da 1 e 2 vini, che come si è già detto hanno come soluzione 1 (riga 23). La funzione ricorsiva *soluzione* accetta come parametro la posizione del vino da partire per trovare la soluzione, quindi verrà chiamata con il valore 0 (riga 24) per indicare che si vuole calcolare la soluzione a partire dal vino in posizione 0, cioè la soluzione dell'intero problema. La prima operazione che viene svolta è il controllo se la soluzione del particolare sottoproblema è già stata tabulata, nel qual caso viene ritornata (righe 6-7). In caso contrario si guardano tutte le soluzioni dei sottoproblemi a partire da *n+1* fino alla fine (*n+1* poichè non si può bere il vino subito dopo quello appena scelto) e per ogni sottosoluzione si controlla se è migliore della migliore trovata fino a quel momento e se il vino è compatibile con la regola sulla gradazione alcolica (righe 9-11). Trovata quindi la soluzione migliore questa viene tabulata (riga 12) e il risultato viene ritornato.

Infine si guarda nel vettore *sottoproblemi*, dove sono state tabulate tutte le soluzioni ai vari sottoproblemi e si sceglie quella massima: per trovare il massimo nel codice è stato usato l'algoritmo *max_element* che, dati gli iteratori all'inizio e alla fine del contenitore (essendo questo un array stile C vengono forniti l'indirizzo iniziale e finale del vettore), restituisce un iteratore all'elemento massimo, che quindi necessita dell'asterisco per "trasformarlo" nel valore individuato da esso (riga 25).

9.21 Numero semiprimo - Territoriali 2015

Numero semiprimo (semiprimo)

Difficoltà D = 1

Descrizione del problema

Gemma ha appena imparato che cos'è un numero semiprimo, e presa dall'euforia non riesce a smettere di parlarne. In particolare, un numero semiprimo è un intero ≥ 2 che si fattorizza come prodotto di due numeri primi (non necessariamente distinti).

> I numeri primi sono tutti quegli interi ≥ 2 divisibili solo per se stessi e per 1

Sono quindi esempi di numeri semiprimi i numeri:

- 15 , prodotto di 3 e 5 .

- 169 , prodotto di 13 e 13 .

Aiuta Gemma a scrivere un programma che verifichi se un numero N è semiprimo oppure no!

Dati di input

Il file input.txt contiene l'unico intero N , di cui Gemma vuole verificare la semiprimalità.

Dati di output

Il file output.txt contiene:

- I due primi che fattorizzano N, stampati su un'unica riga, in ordine non-decrescente, se N è semiprimo.

- L'unico intero − 1 se N non è semiprimo.

Assunzioni

- $2 \leq N \leq 1\,000\,000$.

Esempi di input/output

File input.txt	File output.txt
961	31 31
884053	101 8753
16	-1

9.21.1 Suggerimenti

- Come si può verificare se un numero è primo?

- Quanto costa verificare se un numero è primo?

- Data la dimensione massima dell'input il costo di verificare se un numero è primo creerà dei problemi?

- Se un numero ha un divisore primo D e il numero ottenuto dalla sua divisione per D non lo è, posso dedurre qualcosa di utile alla soluzione del problema?

9.21.2 Soluzione

Sembra evidente che per risolvere questo problema sia necessario prima essere in grado di stabilire se un numero è primo o meno e successivamente usare questa informazione per arrivare alla scluzione richiesta.

Chiunque stia imparando a programmare prima o poi si sarà trovato ad affrontare il problema di verificare se un numero intero è primo o meno. Nonostante il problema sembri a prima vista semplice, non esiste una formula immediata che, buttato dentro il numero, ci dica se è primo o no. La cosa più semplice che si può fare è quindi fare un test a tentativi, provando a dividere il numero per tutti i numeri compresi tra 2 e N-1 e vedere se si trova un divisore, nel qual caso non sarà primo.

Il costo di questo metodo dipende dalla lunghezza di N e il caso peggiore è quando N è primo, perchè in quel caso bisogna provare tutti i numeri prima di potersi fermare, quindi sembrerebbe che siano necessarie circa N divisioni.

Solitamente tutti si accorgono quasi subito che in effetti non è necessario provare tutti i divisori fino a N-1, dal momento che nessun divisore di N potrà mai essere più grande di N/2, evidentemente. Quello di cui molte meno persone si accorgono è che, se stiamo cercando un divisore, almeno uno deve essere compreso nell'intervallo $[2, \lfloor \sqrt{N} \rfloor]$, che è un intervallo molto più piccolo dell'intervallo $[2, N/2]$. Quindi se non ci sono divisori minori o uguali alla radice quadrata di N, non ci sono divisori in assoluto[10].

Detto questo, trovare se un numero è primo o meno può essere fatto con questo codice

```
1  bool primo(int n)
2  {
3      int N = sqrt(n);
4      for (int i = 2; i <= N; i++)
5          if (n%i == 0)
6              return false;
7      return true;
8  }
```

Il ciclo parte da 2 perchè in questo modo i numeri non primi verranno "scoperti" velocemente, dal momento che tutti i pari (che sono la metà di tutti i numeri interi) verranno eliminati dopo un solo passaggio, i multipli di 3 (che sono un terzo degli interi e contando solo quelli dispari sono comunque un sesto) verranno eliminati dopo 2 passaggi e così via. Data la dimensione massima dell'input stabilita dalle assunzioni del problema, che è 1000000, alla peggio serviranno circa 1000 passaggi per stabilire se un certo numero è primo o meno.

A questo punto scoprire se un numero è semiprimo si riduce a provare a dividerlo per un qualche primo e vedere se il risultato della divisione è anch'esso un numero primo. Anche se può sembrare debbano essere fatti molti calcoli questo procedimento termina piuttosto velocemente per quanto detto prima rispetto a dove possono trovarsi i divisori di un numero. Se infatti N fosse fattorizzabile nel prodotto AxB, con A e B entrambi primi, uno dei due sarà per forza minore di $\lfloor \sqrt{N} \rfloor$, che per i vincoli del problema è un numero minore di 1000.

Il codice risulta quindi il seguente:

```
1  int main()
2  {
3      int N;
4      ifstream in("input.txt");
```

---

[10]Si lascia al lettore la dimostrazione del perchè questa affermazione è vera, suggerendo di procedere per assurdo.

```
 5      ofstream out("output.txt");
 6      in >> N;
 7      int M = sqrt(N);
 8      for (int i = 2; i <= M; i++)
 9          if (primo(i) && N%i == 0 && primo(N/i))
10          {
11              out << i << " " << N/i << endl;
12              return 0;
13          }
14      out << -1 << endl;
15      return 0;
16  }
```

dove l'*if* non fa altro che controllare se *i* è primo, se è un divisore di *N* e se anche *N/i* è un numero primo.

9.22 Rispetta i versi - Territoriali 2015

Rispetta i versi (disuguaglianze)

Difficoltà D = 2

Descrizione del problema

Gabriele ha un nuovo rompicapo preferito, chiamato "Rispetta i versi". Si tratta di un solitario giocato su una griglia formata da N caselle separate da un simbolo di disuguaglianza; in figura è mostrato un esempio con N = 6.

L'obiettivo del gioco è quello di riempire le celle vuote con tutti i numeri da 1 a N (ogni numero deve comparire esattamente una volta), in modo da rispettare le disuguaglianze tra caselle adiacenti. Per la griglia della figura, una delle possibili soluzioni al rompicapo è la seguente:

Dati di input

Il file input.txt contiene due righe di testo. Sulla prima è presente l'intero N , il numero di caselle del gioco. Sulla seconda è presente una stringa di N – 1 caratteri, ognuno dei quali può essere solo < o >, che descrive i vincoli tra le caselle, da sinistra a destra.

Dati di output

Il file output.txt contiene su una sola riga una qualunque permutazione dei numeri da 1 a N - separati tra loro da uno spazio - che risolve il rompicapo. I numeri corrispondono ai valori scritti nelle caselle, leggendo da sinistra verso destra.

Assunzioni

- $2 \leq N \leq 100\,000$.

- Nel 30% dei casi, il valore di N non supera 10.

- Nel 60% dei casi, il valore di N non supera 20.

- Si garantisce l'esistenza di almeno una soluzione per ciascuno dei casi di test utilizzati nella verifica del funzionamento del programma.

Esempi di input/output

File input.txt	File output.txt
6 <><<>	2 5 1 3 6 4
5 >><<	5 3 1 2 4
8 >><>><>	6 5 4 7 3 2 8 1

9.22.1 Suggerimenti

- Il risultato è la permutazione di N elementi, come si realizza la permutazione di N elementi? Ma soprattutto, quante sono le possibili permutazioni di N elementi? È possibile produrle tutte e controllare quali di queste sono soluzioni?

- Esclusa la possibilità di produrle, dati i limiti del problema, c'è qualche osservazione che mi permetta di produrre solo una di quelle corrette per via costruttiva e non a forza bruta?

- Cosa succede se tutti i segni di disuguaglianza sono <? Qual è la permutazione che soddisfa una sequenza composta solo da <?

- E se, al posto di tutti <, c'è anche un segno >? Come si può modificare la sequenza per renderla ancora corretta rispetto a tutte le disuguaglianze? La modifica coinvolge molte posizioni o solo alcune?

- E se al posto di un solo segno > ci sono due o più segni di maggiore consecutivi? Posso estendere il ragionamento fatto in precedenza?

9.22.2 Soluzione

Come in altri problemi in cui la risposta è una permutazione di elementi, bisogna verificare se sia una strada percorribile quella di produrle tutte per controllare quale sia una di quelle giuste, ma essendo il numero massimo di numeri della sequenza pari a 100000 la risposta è decisamente no. Tanto per aver un confronto, nel problema Domino massimale (vedi 6.4 a pagina 59) era possibile calcolare tutte le permutazioni perchè N aveva un valore massimo di 10, già solo con 20 il numero di possibili permutazioni diventa dell'ordine dei miliardi di miliardi.

Scartata questa strada conviene fare delle prove per vedere se ci sono delle proprietà o delle regolarità che non sono immediatamente evidenti, anche semplicemente provando delle combinazioni di segni < e > e vedendo come arrivare alla soluzione con carta e penna. Quando si fanno delle prove senza avere ben chiaro dove si vuole andare a parare, può convenire partire da dei casi estremi, perchè spesso sono facili da analizzare e possono, se variati leggermente, suggerire una modalità con cui affrontare il problema generale.

Come suggerito, se si hanno solo segni < (tutto il ragionamento che segue potrebbe essere facilmente invertito nel caso di tutti segni >), la soluzione è banale poichè basta inserire tutti i numeri da 1 a N in ordine crescente e le disuguaglianze sono ovviamente soddisfatte, come si può vedere in fig 9.12 (a).

Se si prova a inserire un solo segno di maggiore all'interno della sequenza, come si vede nel caso (b), risulta chiaro che gli unici numeri che vengono "influenzati" sono quelli adiacenti al segno cambiato e la situazione può essere rimessa a posto semplicemente scambiandoli. Tutti i

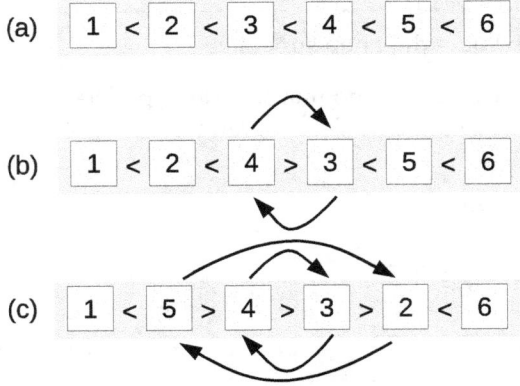

Figura 9.12: Soluzione disuguaglianze

numeri alla loro sinistra verificheranno ancora le disugliaglianze, poichè sono minori di entrambi e lo stesso vale per i numeri alla loro destra, che sono maggiori di entrambi.

Il ragionamento a questo punto si può facilmente estendere a un intervallo di lunghezza arbitraria di segni > consecutivi, semplicemente invertendo tutti i numeri all'interno di quell'intervallo e lasciando inalterati quelli prima e quelli dopo, per quanto detto prima, come si vede in (c).

Infine, poichè qualsiasi sequenza di segni di disuguaglianza può essere vista come una serie di segni < intervallati da segni >, si può applicare lo stesso meccanismo a tutta la sequenza e trovare una permutazione che soddisfa tutte le disuguaglianze.

Il codice quindi si riduce a:

```
1   char operatori[100000];
2   int numeri[100000];
3   int N;
4   int main()
5   {
6       int i = 0;
7       ifstream in("input.txt");
8       ofstream out("output.txt");
9       in >> N;
10      in >> operatori;
11      for (i = 0; i < N; i++)
12          numeri[i] = i+1;
13      i = 0;
14      while (i < N)
15      {
16          int start = i;
17          while (operatori[i] == '>') i++;
18          if (start != i)
19              reverse(numeri + start, numeri + i + 1);
20          i++;
21      }
22      for ( i = 0; i < N; i++)
23          out << numeri[i] << " ";
24      return 0;
25  }
```

Alle righe 11-12 viene riempito l'array da tutti i numeri in ordine crescente, che quindi sarebbe la permutazione corretta nel caso tutti i segni di disuguaglianza fossero dei minori. Dopodichè, nel ciclo *while*, si trovano le sequenze consecutive di simboli > (riga 17) e, una volta determinato l'inizio e la fine di una sequenza, si procede a invertire la posizione degli elementi utilizzando l'algoritmo di libreria *reverse*, oppure scrivendo una propria funzione per invertire gli elementi contenuti in un intervallo di un array. Come ultimo passo è quindi sufficiente stampare l'array così modificato.

Viene lasciato al lettore come esercizio vedere come modificare il programma per evitare di usare un vettore e fare uno scambio effettivo, ma stampare direttamente i numeri ottenuti con il procedimento descritto: questa modifica, ai fini pratici, pur facendo migliorare leggermente le prestazioni, non ha nessun effetto sul punteggio, che in ogni caso sarà il massimo.

9.23 Corsa mattutina - Territoriali 2015

Corsa mattutina (footing)

Difficoltà D = 2

Descrizione del problema

William sta pensando di trasferirsi in una nuova città e vuole selezionare, tra le varie possibilità, quella che si concilia meglio con la sua routine mattutina. Infatti, William è abituato a fare una corsetta attorno al proprio isolato tutte le mattine, e teme che traslocando debba rinunciare a questo hobby, qualora l'isolato in cui verrebbe a trovarsi fosse troppo grande. La mappa della città si può rappresentare come un insieme di strade e di incroci tra queste. A ogni incrocio c'è una casa e le strade possono essere percorse in entrambi i sensi. Le case sono numerate da 1 a N . Per evitare di annoiarsi, William non ha intenzione di fare corsette che passino due volte davanti alla stessa casa, ad eccezione della sua (infatti la corsetta deve necessariamente cominciare e terminare nella stessa casa). Questo tipo di percorso prende il nome di ciclo semplice.

Nonostante i buoni proposti, William è molto pigro; per questo motivo ha intenzione di rendere la sua corsetta mattutina il più breve possibile: aiutalo scrivendo un programma che prenda in input la mappa di una città e determini la lunghezza del ciclo semplice più corto. Con questa informazione, William potrà decidere se trasferirsi nella nuova città, ovviamente solo se riuscirà poi ad andare ad abitare in una delle case che appartengono a questo percorso.

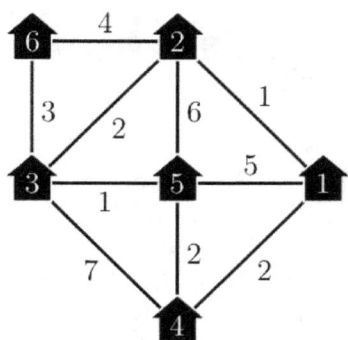

Si prenda ad esempio la mappa della città motrata qua sopra (dove il numero a fianco di ogni strada indica la lunghezza della strada), alcuni dei suoi cicli semplici sono i seguenti:

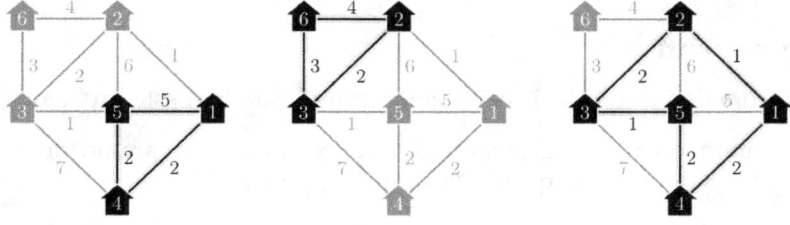

Come si può vedere, i primi due cicli evidenziati hanno una lunghezza totale pari a 9, il terzo invece ha una lunghezza pari a 8 ed è quindi il percorso ottimale per la corsetta mattutina di William: adesso William sa quali sono le case coinvolte nel percorso più breve, e tra quelle potrà cercare la nuova casa in cui andare ad abitare.

Dati di input

Il file input.txt contiene M + 1 righe di testo. Sulla prima sono presenti due interi separati da spazio: N e M, rispettivamente il numero di case ed il numero di tratti di strada presenti nella città. Dalla riga 2 fino alla M + 1 troviamo la descrizione degli M tratti di strada. Ciascuna di queste righe contiene tre interi separati da spazio: u, v e w, dove u e v sono due case (quindi sono degli indici compresi tra 1 ed N) e w è la lunghezza del tratto di strada che le collega.

Dati di output

Il file output.txt contiene un singolo intero: la lunghezza del ciclo semplice più corto presente nella città in input.

Assunzioni

- $3 \leq N \leq 1000$.

- $3 \leq M \leq 10\,000$.

- $0 < w \leq 10\,000$, dove w è la lunghezza di un tratto di strada.

- È garantito che nella città esiste sempre almeno un ciclo semplice.

- Nel 40% dei casi di prova tutte le strade hanno lunghezza unitaria.

- È garantito che una coppia di case adiacenti è collegata da un solo tratto di strada.

- Una strada non collega mai una casa a se stessa.

Esempi di input/output

File input.txt	File output.txt
6 10	8
1 2 1	
3 2 2	
5 2 6	
4 5 2	
1 4 2	
3 5 1	
3 4 7	
5 1 5	
2 6 4	
3 6 3	

9.23.1   Suggerimenti

- Quale struttura dati è necessaria per memorizzare i dati di questo problema?

- Cosa vuol dire in termini di algoritmi di base (BFS, DFS) trovare un ciclo semplice? Può essere trovato usando uno di questi algoritmi? Oppure no?

- Un ciclo semplice può essere scomposto in un problema noto di cui si conosce l'algoritmo risolutivo? Se si toglie un arco da un ciclo semplice come può essere ripensato il problema?

- Una delle assunzioni garantisce che il 40% dei casi di test abbia strade di lunghezza unitaria, perchè questa assunzione può essere rilevante per la risoluzione di almeno parte del problema?

- Per la soluzione completa quale algoritmo dovrebbe essere utilizzato?

9.23.2 Soluzione

Anche solo dalle immagini mostrate nel testo si vede subito che il problema fa parte della famiglia dei problemi relativi ai grafi e quindi una struttura dati per memorizzare le informazioni sui singoli problemi può essere la solita utilizzata in questa guida (vedi 8.2 a pagina 77) o una sua variante.

Questo è il primo problema delle territoriali in cui viene richiesto di trovare dei cicli semplici e quindi potrebbe non essere immediato capire quale degli algoritmi sui grafi mostrati finora sia necessario applicare per risolvere il problema. Un'osservazione interessante che permette di ridefinire il problema in un modo in cui la soluzione diventa più naturale, è la seguente:

> un ciclo può essere visto come l'arco che connette i nodi A e B più un percorso semplice tra A e B. Nel caso poi si cerchi il ciclo semplice più corto e ogni coppia di nodi abbia un solo arco che li unisce, la lunghezza di questo ciclo può essere definita come la lunghezza dell'arco che connette i nodi A e B più il percorso più breve che unisce A con B.

Quest'ultimo problema è uno di quelli che sono già stati mostrati e risolti in precedenza (vedi 8.7 a pagina 90) e quindi è ora possibile risolvere questo problema utilizzando un algoritmo noto.

Siccome lo scopo è quello di trovare il ciclo con lunghezza minima tra tutti quelli presenti nel grafo, basterà trovare il percorso minimo tra ogni coppia di nodi adiacenti A e B, aggiungere per ognuno la lunghezza del tratto che li collega direttamente e tenere da parte il valore più basso.

Per quanto riguarda l'assunzione sul 40% dei casi con strade di lunghezza unitaria, è stata presumibilmente inserita per permettere a chi non conoscesse l'algoritmo di Dijkstra di poter comunque risolvere una serie di casi, usando una più semplice BFS (ricerca in ampiezza), poichè nel caso di archi di lunghezza unitaria anche la BFS è in grado di trovare il percorso minimo e in generale è più semplice da scrivere.

Detto questo la soluzione che permette di risolvere tutti i casi è la seguente:

```
struct tratto{
    int arriva;
    int lunghezza;
    tratto(int a, int b):arriva(a),lunghezza(b){}
};

struct casa{
    int distanza;
    list <tratto> collegate;
    casa():distanza(numeric_limits<int>::max()){}
};

casa casette[1001];
set <int> stabili;
int N, M;
int tratti[10000][3];
int percorso_minimo;

void inizializza_djikstra()
{
    for (int i = 0; i <= N; i++)
        casette[i].distanza = numeric_limits<int>::max();
```

```
23        stabili.clear();
24   }
25
26   int djikstra(int begin, int end, int n_case, int interno)
27   {
28        casette[begin].distanza = interno;
29        stabili.insert(begin);
30        casa casa_corrente = casette[begin];
31        int ultimo_inserito = begin;
32        while (ultimo_inserito != end)
33        {
34             list <tratto>::iterator i = casa_corrente.collegate.begin();
35             for(;i!=casa_corrente.collegate.end();++i)
36             {
37                  if ((ultimo_inserito != begin || i->arriva != end))
38                  {
39                       int casa_da_aggiornare = i->arriva;
40                       if (casette[casa_da_aggiornare].distanza >
41                            casette[ultimo_inserito].distanza + i->lunghezza)
42                            casette[casa_da_aggiornare].distanza =
43                            casette[ultimo_inserito].distanza + i->lunghezza;
44
45                  }
46             }
47             int min = std::numeric_limits<int>::max();
48             for (int i = 1; i <= n_case; i++)
49             {
50                  if (stabili.find(i) == stabili.end() && casette[i].distanza < min)
51                  {
52                       min = casette[i].distanza;
53                       ultimo_inserito = i;
54                  }
55             }
56             casa_corrente = casette[ultimo_inserito];
57             if (min >= percorso_minimo ) return std::numeric_limits<int>::max();
58             stabili.insert(ultimo_inserito);
59        }
60        return casette[end].distanza;
61   }
62
63   int main()
64   {
65        ifstream in("input.txt");
66        ofstream out("output.txt");
67        in >> N >> M;
68        for (int i = 0; i < M; i++)
69        {
70             int u,v,w;
71             in >> u >> v >> w;
72             casette[u].collegate.push_back(tratto(v,w));
73             casette[v].collegate.push_back(tratto(u,w));
74             tratti[i][0] = u;
75             tratti[i][1] = v;
76             tratti[i][2] = w;
77        }
78        percorso_minimo = numeric_limits<int>::max();
79        for (int i = 0; i < M; i++)
80        {
81             inizializza_djikstra();
82             int temp = djikstra(tratti[i][0],tratti[i][1],N,tratti[i][2]);
83             if (temp < percorso_minimo)
```

```
84          percorso_minimo = temp;
85     }
86     out << percorso_minimo << endl;
87     return 0;
88 }
```

Come prima cosa vengono definite le strutture per memorizzare le informazioni, cioè gli archi e i nodi del grafo.

Alla riga 1 la struttura *tratto* contiene la variabile *arriva* che indica quale è il nodo di arrivo di quell'arco e *lunghezza* che è il peso dell'arco. Il costruttore (riga 4) serve solo a rendere più comoda l'inizializzazione.

Per quanto riguarda i nodi, alla riga 7 viene definita la struttura *casa* che contiene la variabile *distanza*, che verrà utilizzata per memorizzare le varie distanze nel calcolo del cammino minimo, la lista dei tratti, *collegate*, che contiene le tratte che collegano questa casa con le case adiacenti, e il costruttore vuoto che inizializza la distanza al valore massimo degli interi (quello che nell'algoritmo di Dijkstra teorico sarebbe il valore infinito): per recuperare il valore massimo degli interi viene utilizzato il template di classe *numeric_limits*, che permette di interrogare il compilatore su varie caratteristiche dei tipi aritmetici, in questo caso appunto il valore massimo degli interi[11].

La funzione *inizializza_dijkstra* (riga 19) serve a riazzerare tutte le volte le strutture per il calcolo del cammino minimo, perchè, come detto in precedenza, questo calcolo dovrà essere ripetuto per ogni coppia di nodi adiacenti. In questa funzione, oltre a porre la distanza in tutte le case pari al massimo degli interi, viene anche svuotato l'insieme (definito alla riga 14) dei nodi stabili.

Alla riga 26 viene poi definito l'algoritmo di Dijkstra, leggermente modificato rispetto alla versione scritta nel paragrafo 8.7. In particolare le modifiche si limitano a:

1. nella lista dei parametri ne viene aggiunto un quarto, che contiene la lunghezza del tratto diretto di strada tra *begin* e *end*

2. questo parametro viene usato per inizializzare il valore contenuto nella casa di partenza al posto dello 0 (riga 28): in questo modo il valore finale fornito dalla funzione conterrà già la lunghezza del ciclo anzichè il solo valore del cammino minimo tra i nodi *begin* e *end*

3. nel ciclo di aggiornamento delle distanze delle case adiacenti al nodo corrente (riga 35) viene aggiunto un controllo (riga 37) per evitare di includere il tratto diretto da *begin* a *end*, che, come detto, non deve far parte del cammino minimo ma essere aggiunto a completamento del ciclo.

4. per fare una piccola ottimizzazione, viene fatto un controllo (riga 57) per verificare che, se durante il calcolo del cammino minimo, si ottiene un valore già superiore al minimo trovato fino a quel momento in altre chiamate della funzione, si esce direttamente poichè quel ciclo sicuramente non potrà essere il più breve e il valore ritornato sarà il massimo degli interi.

Una curiosità a proposito del controllo indicato al punto 3: la sua scrittura non è del tutto intuitiva, probabilmente sarebbe stato più semplice da leggere nella sua forma equivalente (vedi teoremi di De Morgan):

```
!(ultimo_inserito == begin && i->arriva == end)
```

che letto suonerebbe come "Se il nodo di partenza non è begin e contemporaneamente il nodo di arrivo non è end". Pur essendo logicamente equivalenti, ripetute prove fatte con il correttore hanno evidenziato che mentre la prima versione permette di passare tutti i 10 casi di test, la seconda fallisce costantemente su un caso a causa della violazione dei limiti temporali, seppure di molto poco. Nelle territoriali, come spesso detto, i limiti di tempo non sono un problema, nel senso che durante l'esecuzione dei casi di test vengono lasciati apposta molto larghi, a differenza che nel correttore online: può comunque essere interessante notare che a volte piccole differenze nella scrittura di codice possono comportare differenze apprezzabili nella velocità di esecuzione di un programma.

---

[11]Va anche detto che se in gara non ci si ricordasse questa particolare classe, sarebbe sempre possibile inserire un numero molto alto, ad esempio 1000000000.

A questo punto il programma, dopo la fase di lettura dei dati (righe 68-77), esegue un ciclo per ognuno dei tratti di strada (riga 79) e cerca il cammino minimo tra i due nodi che quel tratto collega, ritornando la lunghezza del ciclo che comprende quel tratto. Questa lunghezza verrà poi confrontata con il minimo attuale per eventualmente aggiornarlo.

9.24 La spartizione di Totò - Territoriali 2016

La spartizione di Totò (spartizione)

Difficoltà D = 1

Descrizione del problema

Nel film Totò Le Mokò, Totò ha un modo peculiare di dividere le gemme rubate con un suo complice:

- inizia dicendo "una a me" (e se ne prende una),

- poi dice "una a te" (e ne dà una al complice),

- poi dice "due a me" (e se ne prende due),

- poi dice "due a te" (ma ne dà solo una al complice),

- poi dice "tre a me" (e se ne prende tre),

- poi dice "tre a te" (ma ne dà solo una al complice),

- e così via. . .

Totò inizia sempre la spartizione prendendo una gemma per sé. Per esempio, se ci sono 11 gemme da spartire, Totò ne prende 8 e il suo complice 3: la prima volta ne prendono una per uno, poi Totò due e il complice una, poi Totò tre e il complice una, infine Totò prende le due rimanenti (e nessuna gemma per il complice).

La prima volta che Totò ha fatto questa spartizione il complice ha protestato, ma Totò gli ha mollato un ceffone e gli ha preso le gemme che gli aveva dato; da allora nessuno osa contraddire Totò Le Mokò in una spartizione.

Le regole della spartizione sono le stesse anche se ci sono più complici con cui dividere il bottino: ad esempio, se ci sono 16 gemme da dividere in quattro (Totò e tre complici), Totò ne prende 7 e i tre complici ne prendono 3 ciascuno: la prima volta ne prendono una per uno, poi Totò due e i complici una ciascuno, poi Totò tre e i complici una ciascuno, infine Totò prende la gemma rimanente.

Quando ci sono tante gemme Totò ha paura di sbagliarsi nella spartizione, quindi il vostro compito è quello di scrivere un programma che, ricevuti in ingresso il numero di gemme e il numero di persone (compreso Totò) tra cui spartirle, calcoli il numero di gemme che rimangono a Totò.

Dati di input

Il file input.txt è composto da una riga contenente G e P , due interi positivi rappresentanti rispettivamente il numero di gemme e il numero di persone (compreso Totò) tra cui spartirle.

Dati di output

Il file output.txt è composto da una sola riga contenente un intero positivo T : il numero di gemme che rimane a Totò dopo la spartizione.

Assunzioni

- $10 \leq G \leq 1000$.

- $2 \leq P \leq 10$.

- Nel 50% dei casi di input P = 2.

Esempi di input/output

File input.txt	File output.txt
11 2	8
18 4	9

9.24.1 Suggerimenti

- Siccome la descrizione del problema è già di per sè un algoritmo, è sufficiente tradurlo in codice?

9.24.2 Soluzione

Questo è chiaramente un problema molto semplice, nella cui descrizione è già contenuta la soluzione: date le assunzioni del problema è evidente che limitandosi a implementare nel codice il metodo usato da Totò non ci sarà nessun tipo di problema, poichè il numero massimo di gemme (1000) permette agevolmente di effettuare tutte le mosse che farebbe Totò durante la spartizione.

Il codice risulta quindi il seguente:

```
1  int main()
2  {
3      int G, P, toto_corrente, complici, totale=0;
4      ifstream in("input.txt");
5      ofstream out("output.txt");
6      in >> G >> P;
7      toto_corrente = 1;
8      complici = P-1;
9      while (G >= toto_corrente + complici)
10     {
11         G -= toto_corrente + complici;
12         totale += toto_corrente;
13         toto_corrente++;
14     }
15     totale += G;
16     out << totale << endl;
17     return 0;
18 }
```

Alle righe 7 e 8 vengono inizializzate le gemme che prende Totò e il numero dei suoi complici, successivamente, se il numero di gemme è sufficiente a procedere con un giro di spartizione (riga 9), vengono distribuite le gemme (riga 11), vengono incrementate le gemme che ha Totò (riga 12) e viene aumentato il numero di gemme che prenderà Totò al prossimo giro (riga 13). Alla fine del ciclo vengono sommate al totale di gemme possedute da Totò quelle eventualmente avanzate (riga 15) e viene stampato il risultato.

9.25 Discesa massima - Territoriali 2016

Discesa massima (discesa)

Difficoltà D = 2

Descrizione del problema

Come ben sanno gli studenti che hanno passato le selezioni scolastiche delle Olimpiadi di Informatica di quest'anno, data una piramide di numeri, definiamo una **discesa** come *una sequenza di numeri ottenuti partendo dalla cima della piramide e passando per uno dei due numeri sottostanti, fino a giungere alla base della piramide*. Inoltre, il **valore** di una discesa è definito come la somma dei numeri della discesa. La **discesa massima** di una piramide è quella che ha il massimo valore tra tutte le discese della piramide.

Nell'esempio seguente è stata cerchiata la discesa ottenuta partendo dalla cima scendendo prima a sinistra e poi sempre a destra fino alla base. I numeri che compongono tale discesa sono (1, 2, 7, 11) e la loro somma vale 21, che è il valore di questa discesa.

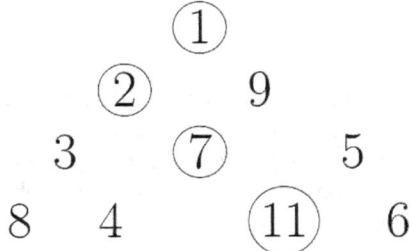

La discesa massima di questa piramide è quella che si ottiene scendendo a destra, poi a sinistra e poi di nuovo a destra: i numeri di questa discesa sono (1, 9, 7, 11) e la loro somma vale 28, che è il valore della discesa massima. Il vostro compito è quello di scrivere un programma che, ricevuta in ingresso una piramide di numeri, stampi il valore della discesa massima, ovvero il massimo valore tra tutte le possibili discese della piramide.

Dati di input

Il file input.txt è composto da 1 + A righe di testo. La prima riga contiene A, un intero positivo rappresentante l'altezza della piramide. Le seguenti A righe descrivono effettivamente la piramide: l'i-esima riga (con i compreso tra 1 e A) contiene i interi positivi rappresentanti l'i-esimo "livello" della piramide.

Dati di output

Il file output.txt è composto da una sola riga contenente un intero positivo: il valore della discesa massima.

Assunzioni

- $1 \leq A \leq 10$.

- Il valore di ciascun numero nella piramide è un intero positivo non superiore a 100.

Esempi di input/output

Il primo esempio qui sotto si riferisce all'esempio mostrato nel testo del problema.

File input.txt	File output.txt
4 1 2 9 3 7 5 8 4 11 6	28
6 42 11 13 41 37 38 5 8 11 9 22 27 31 18 32 12 8 9 8 10 11	145

9.25.1 Suggerimenti

- Qual è la struttura dati più adatta a memorizzare la piramide?

- Il problema è di tipo greedy? Se parto dal primo livello e ogni volta scelgo di scendere verso destra o verso sinistra a seconda di dove si trova il valore maggiore e poi proseguo da lì, arriverò in fondo con il valore della discesa massima?

- Posso provare tutte le alternative senza escluderne nessuna e scegliere quella di valore massimo? Il numero massimo di livelli è compatibile con questo tipo di soluzione?

- Volendo fare di meglio, posso trovare una soluzione che mi permetta di memorizzare risultati intermedi e arrivare così ad un approccio che faccia uso della programmazione dinamica?

9.25.2 Soluzione

L'immagine che rappresenta la piramide di numeri potrebbe far pensare a una struttura dati ad albero, riflettendo però un attimo è evidente che una matrice è più indicata per mantenere ed elaborare i dati, in quanto più semplice da gestire. Come si può vedere nella figura 9.13, ogni riga della matrice corrisponde a un livello della piramide e se si indica con $n_{i,j}$ il generico elemento di livello i e posizione j nella piramide (ad esempio il numero 9 sarebbe l'elemento $n_{1,1}$), allora i suoi "figli" sinistro e destro sono gli elementi $n_{i+1,j}$ e $n_{i+1,j+1}$, che vengono mappati nella matrice usando i e j come indici.

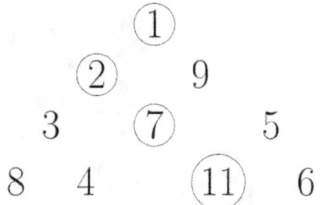

1			
2	9		
3	7	5	
8	4	11	6

Figura 9.13: Come memorizzare la piramide

Stabilito il modo con cui vengono memorizzati i dati della piramide bisogna verificare se il problema è di tipo greedy oppure no, poichè questo determina anche l'algoritmo risolutivo. Se il problema fosse greedy si potrebbe, partendo dall'alto, scegliere ad ogni livello qual è la strada migliore: nella figura ad esempio, partendo dal numero 1 in cima, si sceglierebbe il 9 (massimo locale), poi il 7 e infine l'11, per un totale di 28, che è proprio la soluzione del problema. Basta questa prova per stabilire che il problema può essere risolto con un approccio di tipo greedy? No, e per averne una controprova è sufficiente applicare l'algoritmo greedy con il secondo caso di test: la somma in questo caso risulta 144, che non è la soluzione corretta.

Escluso quindi l'approccio greedy, una possibilità che sembra naturale è quella di provare a risolvere il problema in modo ricorsivo. Il primo passo da compiere è quello di riformulare il problema in modo che possa essere descritto ricorsivamente: guardando la figura 9.14 si può vedere che la piramide iniziale può essere vista come il numero in alto (l'1) che si "appoggia" su due sottopiramidi, quella indicata con i contorni continui (A) e quella indicata con i contorni tratteggiati (B). In questo modo il problema iniziale viene scomposto in due problemi più piccoli e quindi la soluzione ricorsiva può essere formulata così:

- se una piramide ha altezza 0 allora il valore della discesa massima è 0

- altrimenti il valore della discesa della piramide di altezza N è uguale al massimo tra i valori della sottopiramide sinistra di altezza N-1 e della sottopiramide destra di altezza N-1, a cui va sommato il vertice della piramide di altezza N.

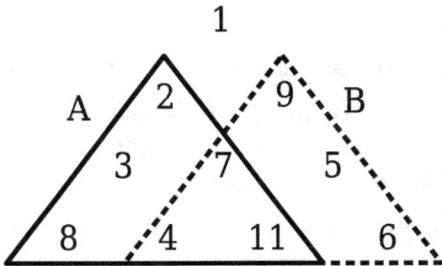

Figura 9.14: Descrizione ricorsiva

A questo punto l'implementazione non fa altro che seguire la formulazione precedente; rimane però una domanda che è spesso necessario porsi con gli algoritmi ricorsivi: il tempo di soluzione è ragionevole? Data l'assunzione che le piramidi al massimo avranno 10 livelli, la risposta è affermativa, poichè ad ogni livello sarà necessario calcolare ricorsivamente la soluzione di due sottoproblemi e quindi la complessità sarà di tipo 2^N, che in generale è pessima, ma essendo al massimo N = 10 non darà nessun tipo di problema.

Il codice può essere quindi scritto in questo modo:

```
1   int piramide[10][10];
2   int A;
3
4   int discesa(int i, int j)
5   {
6       if (i == A)
7           return 0;
8       int sinistra = discesa(i+1,j);
9       int destra = discesa(i+1,j+1);
10      if (sinistra > destra)
11          return sinistra + piramide[i][j];
12      return destra + piramide[i][j];
13  }
14
15  int main()
16  {
17      ifstream in("input.txt");
18      ofstream out("output.txt");
19      in >> A;
```

```
20      for (int i = 0; i < A; i++)
21          for (int j = 0; j < i+1; j++)
22              in >> piramide[i][j];
23      out << discesa(0,0) << endl;
24      return 0;
25 }
```

La funzione ricorsiva *discesa* prende come parametri la posizione del vertice della piramide di cui si vuole calcolare il valore della discesa, quindi per la soluzione calcola il valore della discesa della sottopiramide sinistra (riga 8), il cui vertice ha indici *i+1, j* e della sottopiramide destra (riga 9), il cui vertice ha indici *i+1, j+1* e ritorna il massimo dei due a cui viene sommato il vertice della piramide. La condizione di terminazione, cioè quella che una piramide di altezza 0 ha valore 0, viene espressa tramite il controllo sul livello raggiunto (riga 6), che se è pari ad A indica che si è arrivati al fondo della piramide.

Anche se questa soluzione sta ampiamente nei tempi risolutivi ammessi (sul correttore online il caso più pesante viene risolto in 0.004 secondi), può comunque essere interessante vedere come potrebbe essere risolto il problema utilizzando la programmazione dinamica.

Per ogni elemento $n_{i,j}$, come è già stato notato, il valore della discesa massima partendo da lì è il maggiore dei valori delle due sottopiramidi sommato al proprio valore: partendo quindi dall'ultimo livello e procedendo a ritroso possono essere calcolati i vari valori per ogni livello e utilizzati per calcolare i valori degli elementi del livello superiore, fino ad arrivare al vertice della piramide.

Espresso con una formula il valore della discesa partendo dall'elemento n_{ij} varrà

$$V(n_{i,j}) = n_{i,j} + Max(V(n_{i+1,j}), V(n_{i+1,j+1}))$$

Il codice, limitandosi alla funzione dinamica, diventa quindi il seguente:

```
1 int discesa_dinamica()
2 {
3      for (int i = A - 2; i >= 0; i--)
4          for (int j = 0 ;  j< i+1; j++)
5              piramide[i][j] += piramide[i+1][j] > piramide[i+1][j+1] ?
6                  piramide[i+1][j] : piramide[i+1][j+1];
7      return piramide[0][0];
8 }
```

Il ciclo esterno parte dal penultimo livello dal basso e risale fino ad arrivare al livello 0, quello con il vertice della piramide originale. Il ciclo interno, per ogni elemento del livello corrente, modifica il valore dell'elemento aggiungendogli il valore della maggiore tra le sottopiramidi di destra e di sinistra (per comodità di scrittura qui è stato usato l'operatore ternario *cond?vero:falso*, la stessa cosa poteva essere fatta con un *if-else*). Come si può vedere è la stessa matrice *piramide*, che contiene i valori iniziali, che viene modificata per mantenere le sottosoluzioni, senza bisogno di altre variabili aggiuntive. In questo modo il risultato desiderato si troverà nella casella 0,0 della variabile *piramide*.

Un'ultima osservazione: il costo della versione dinamica è di tipo N^2 e per i limiti imposti da questo problema il guadagno è irrilevante rispetto alla versione ricorsiva. Comunque questa versione sarebbe in grado di risolvere problemi con una dimensione di N intorno alle decine di migliaia, dove quella ricorsiva inizierebbe a superare dei tempi ragionevoli anche solo con valori di N intorno a 30.

9.26 Sentieri bollenti - Territoriali 2016

Sentieri bollenti (sentieri)

Difficoltà D = 2

Descrizione del problema

Mojito, il piccolo cane Jack Russell mascotte delle OII, ha accompagnato Monica per la supervisione della sede di gara della finale nazionale delle Olimpiadi 2016, a Catania. Dal momento che non era troppo interessato alla disposizione dei computer, Mojito è andato a farsi una passeggiata. Adesso però il sole si è alzato e, come spesso capita in Sicilia, fa molto caldo e l'asfalto che è stato esposto al sole è bollente. Per fortuna non tutti i sentieri sono esposti al sole. Ad esempio, nella figura sottostante, Mojito parte dal punto 1 e deve arrivare al punto 8. I sentieri bollenti sono quelli in rosso[1]. Si può vedere che Mojito, per minimizzare il numero di sentieri bollenti può andare dal punto 1 al punto 5, da qui al 3, poi al 4 e infine al punto 8, percorrendo solo l'ultimo sentiero bollente. Altri percorsi equivalenti sono $1 \rightarrow 5 \rightarrow 3 \rightarrow 4 \rightarrow 6 \rightarrow 8$ (un solo sentiero bollente tra 6 e 8) e $1 \rightarrow 5 \rightarrow 3 \rightarrow 4 \rightarrow 6 \rightarrow 7 \rightarrow 8$ (un solo sentiero bollente tra 6 e 7).

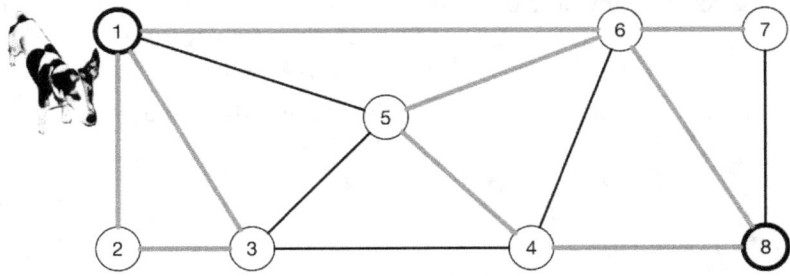

Come si vede dall'esempio, non conta il numero complessivo di sentieri percorsi, ma solo il numero di sentieri bollenti. Il vostro compito consiste nell'aiutare Mojito a trovare una strada per tornare alla sede di gara che abbia il numero minimo di tratti esposti al sole.

Dati di input

Il file input.txt è composto da $1 + S$ righe di testo. La prima riga contiene N, A e B, tre interi separati da spazio che rappresentano rispettivamente il numero di incroci (punti nella mappa), il numero di sentieri non bollenti, ed il numero di sentieri bollenti.

Le $A + B$ righe successive contengono due interi positivi per ogni riga, rappresentanti i punti collegati dall'i-esimo sentiero. Le prime A righe sono quelle che rappresentano i sentieri non bollenti, mentre le successive B righe rappresentano i sentieri bollenti.

Dati di output

Il file output.txt è composto da una sola riga contenente un intero positivo: il minimo numero di sentieri bollenti che Mojito deve percorrere per andare dal punto 1 al punto N.

Assunzioni

- Mojito parte sempre dal punto 1 e deve sempre arrivare al punto N.

- Esiste sempre almeno un percorso che collega il punto 1 al punto N.

- $5 \leq N \leq 100$.

- $10 \leq A + B \leq 1000$.

- B potrebbe valere zero.

- Un sentiero può essere percorso in entrambi i versi (informalmente: nessun sentiero è a senso unico).

- Uno stesso sentiero viene indicato al massimo una volta nel file di input.

Esempi di input/output

Il secondo esempio qui sotto si riferisce all'esempio mostrato nel testo del problema.

File input.txt	File output.txt
7 1 11 1 5 3 5 4 3 4 6 1 2 2 3 3 1 1 6 5 6 5 4 4 7 6 7	2
8 5 9 1 5 3 5 4 3 4 6 7 8 1 2 2 3 3 1 1 6 5 6 5 4 4 8 6 8 6 7	1

1. Nella versione stampata in bianco e nero i percorsi bollenti sono quelli più chiari

9.26.1   Suggerimenti

- Quale struttura dati è necessaria per memorizzare i dati di questo problema?

- Si riesce a ricondurre il problema alla soluzione di un problema noto?

- L'assunzione sul fatto che ci siano casi senza sentieri bollenti (B = 0), cosa cambia nella soluzione del problema?

---

[11]Nella versione stampata in bianco e nero i percorsi bollenti sono quelli più chiari

9.26.2 Soluzione

Come per altri problemi delle ultime selezioni territoriali, la figura dell'esempio indica abbastanza chiaramente che il problema riguarda i grafi e pertanto verrà utilizzata la solita struttura con nodi contenenti una lista di archi già usata in precedenza.

Il problema principale è individuare che tipo di problema sui grafi bisogna andare a risolvere, poichè a prima vista non sembra essere nessuno di quelli già incontrati e che richiedevano uno dei classici algoritmi BFS, DFS e Dijkstra. Prima però di tentare altre strade conviene riflettere meglio e vedere se una qualche osservazione permette di ricondurre il problema a qualcosa di noto.

In effetti il problema assomiglia a quello della ricerca del cammino minimo, solo che al posto dei pesi sugli archi quello che interessa è minimizzare il numero di archi di un certo tipo. Se il problema fosse solo quello di minimizzare il numero di archi percorsi, era già stato evidenziato nel problema *footing* (9.23) che basterebbe fare una BFS, tenendo conto del numero di livelli attraversati a partire dal nodo sorgente fino ad arrivare al nodo che interessa. Nel caso quindi ci siano solo sentieri bollenti, questo algoritmo permetterebbe di trovare la soluzione. A questo punto l'assunzione che esistano dei casi con B = 0 suona un po' strana, nel senso che se A fosse stato uguale a 0 in alcuni casi questo avrebbe indicato la possibilità di usare la BFS per questi casi, con B = 0 invece vuol dire che se il programma stampa sempre come soluzione 0 prenderà alcuni punti comunque.

Lasciando quindi perdere questa soluzione e affrontando il problema per poterlo risolvere completamente, è necessario fare un'osservazione di tipo *"Aha!"*, come la chiamerebbe J. Bentley[12]. Nel problema i sentieri non hanno un peso e sono divisi in due tipi, quelli bollenti e quelli no: dei sentieri normali se ne possono percorrere quanti se ne vuole e il costo sarà sempre 0, mentre bisogna minimizzare il numero di sentieri bollenti percorsi, poichè ognuno di essi incrementerà di 1 il costo totale. Messa in questo modo, cosa può venire in mente? Dovrebbe essere abbastanza naturale associare dei pesi particolari ai sentieri e far tornare questo problema alla ricerca di un cammino minimo: infatti se ad ogni sentiero normale viene associato il peso 0 e a ogni sentiero bollente il peso 1, è facile notare che l'algoritmo di Dijkstra fornisce la risposta cercata con un costo ottimale, sia in termini di semplicità di scrittura (è comunque un algoritmo noto e già utilizzato in altre situazioni) che di prestazioni.

Il codice a questo punto risulta il seguente:

```
1   struct sentiero{
2       int arriva;
3       int lunghezza;
4       sentiero(int a, int b):arriva(a),lunghezza(b){}
5   };
6
7   struct incrocio{
8       int distanza;
9       list <sentiero> collegati;
10      incrocio():distanza(numeric_limits<int>::max()){}
11  };
12
13  incrocio incroci[101];
14  set <int> stabili;
15  int N, A, B;
16  int percorso_minimo;
17
18  int dijkstra(int begin, int end, int n_incroci)
19  {
20      incroci[begin].distanza = 0;
21      stabili.insert(begin);
22      incrocio incrocio_corrente = incroci[begin];
23      int ultimo_inserito = begin;
24      while (ultimo_inserito != end)
```

---

[12]Nel suo libro Programming Pearls con questa espressione vengono indicate quelle osservazioni che una volta fatte rendono un problema apparentemente complesso molto più semplice da affrontare.

```
25          {
26              auto i = incrocio_corrente.collegati.begin();
27              for(;i!=incrocio_corrente.collegati.end();++i)
28              {
29                  int incrocio_da_aggiornare = i->arriva;
30                  if (incroci[incrocio_da_aggiornare].distanza >
31                      incroci[ultimo_inserito].distanza + i->lunghezza)
32                      incroci[incrocio_da_aggiornare].distanza =
33                          incroci[ultimo_inserito].distanza + i->lunghezza;
34
35              }
36              int min = std::numeric_limits<int>::max();
37              for (int i = 1; i <= n_incroci; i++)
38              {
39                  if (stabili.find(i) == stabili.end() && incroci[i].distanza < min)
40                  {
41                      min = incroci[i].distanza;
42                      ultimo_inserito = i;
43                  }
44              }
45              incrocio_corrente = incroci[ultimo_inserito];
46              stabili.insert(ultimo_inserito);
47          }
48      return incroci[end].distanza;
49  }
50
51  int main()
52  {
53      ifstream in("input.txt");
54      ofstream out("output.txt");
55      in >> N >> A >> B;
56      for (int i = 0; i < A; i++)
57      {
58          int u,v;
59          in >> u >> v;
60          incroci[u].collegati.push_back(sentiero(v,0));
61          incroci[v].collegati.push_back(sentiero(u,0));
62      }
63      for (int i = 0; i < B; i++)
64      {
65          int u,v;
66          in >> u >> v;
67          incroci[u].collegati.push_back(sentiero(v,1));
68          incroci[v].collegati.push_back(sentiero(u,1));
69      }
70      out << dijkstra(1, N, N) << endl;
71      return 0;
72  }
```

La parte del calcolo del cammino minimo è sostanzialmente uguale a quella già vista nel problema 9.23 e ricalca l'algoritmo spiegato in 8.7 e quindi non verrà qui spiegata, da notare solo l'introduzione della parola chiave **auto** (riga 26), che nello standard C++11 può essere usata per semplificare quelle dichiarazioni che altrimenti sarebbero prolisse, come in questo caso per l'iteratore: nel caso si voglia utilizzare questa caratteristica del linguaggio è necessario indicarlo nella fase di compilazione, spuntando il checkbox opportuno se si usa un ambiente grafico come Code-Blocks oppure aggiungendo il flag **-std=c++11** alla riga di compilazione, se si compila utilizzando la riga di comando.

Infine per l'assegnazione dei pesi le righe dalla 56 alla 62 mettono il peso 0 ai sentieri normali, mentre le righe dalla 63 alla 69 mettono il peso 1 ai sentieri bollenti.

9.27   Crittografia LWF - Territoriali 2017

I problemi del 2017 non sono nella loro formulazione originaria, ma sono stati modificati i dati di input/output in modo da riflettere la nuova impostazione della sottomissione che verrà utilizzata per la prima volta nelle territoriali del 18 aprile 2018. Al momento della scrittura (marzo 2018) è possibile testare questa nuova modalità all'indirizzo https://territoriali.olinfo.it, usando come token il proprio username dopo essersi loggati al sito principale degli allenamenti https://training.olinfo.it/. Una descrizione della nuova modalità si trova al paragrafo 2.1 a pagina 15

Crittografia LWF (lwf)

Difficoltà D = 1

Descrizione del problema

Luca e William devono sovente scambiarsi delle segretissime informazioni riguardo alle selezioni territoriali, sotto forma di numeri interi N. Per evitare di essere scoperti, hanno quindi deciso di inventare un nuovo codice crittografico, che hanno chiamato codice Luca-William-Fibonacci (LWF). In questo codice, ogni numero intero N viene tradotto in una sequenza $s_0 s_1 \ldots s_k$ di cifre binarie '0' e '1', di cui l'ultima è un '1', in maniera tale che:

$$N = \sum_{i=0}^{k} s_i \cdot F_i$$

dove F_i è il numero di Fibonacci i-esimo. Più informalmente, una cifra 1 in posizione i nella sequenza indica che il numero di Fibonacci i-esimo fa parte della somma che ricostruisce il numero N .

> La sequenza dei numeri di Fibonacci è definita in maniera ricorsiva: i primi due termini della sequenza sono $F_0 = 1$ e $F_1 = 1$, mentre ognuno dei successivi viene calcolato sommando i due precedenti $F_i = F_{i-1} + F_{i-2}$.

Per esempio, consideriamo la sequenza 1011001 di lunghezza $k = 7$. Visto che i primi 7 numeri di Fibonacci sono:

$$1 \quad 1 \quad 2 \quad 3 \quad 5 \quad 8 \quad 13$$

il numero N corrispondente è pari a 1 + 2 + 3 + 13 = 19.

Luca ha già implementato l'algoritmo di decodifica (descritto come sopra), che da una sequenza di cifre binarie ricostruisce il numero N. Tuttavia William è ancora in alto mare con l'algoritmo di codifica, che dato un numero N dovrebbe produrre una sequenza di cifre binarie corrispondente. Implementalo tu!

Dati di input

La prima riga del file di input contiene un intero **T**, il numero di testcase. Le successive **T** righe contengono un intero ciascuna: il valore intero **N** del relativo testcase.

Dati di output

Il file di output deve essere composto da **T** righe, ciascuna delle quali contenente la dicitura Case #x: y dove x è il numero del testcase (a partire da 1) e y è una sequenza di cifre binarie corrispondente al valore di N del testcase, che termina con '1'.

Assunzioni

- $1 \le T \le 20$.

- $1 \le N \le 1\,000\,000$.

- Potrebbero esserci più sequenze di cifre ugualmente valide.

Esempi di input/output

Il secondo esempio qui sotto si riferisce all'esempio mostrato nel testo del problema.

File input.txt	File output.txt
2	Case #1: 1011001
19	Case #2: 11101
9	

Il **primo caso di esempio** è quello discusso nel testo.
Nel **secondo caso di esempio**, 9 può essere ottenuto sia come 1+1+2+5 (come nell'output di esempio), oppure come 1+3+5 (`10011`) e 1+8 (`100001`).

9.27.1   Suggerimenti

- Data la dimensione massima dell'input, che tipo di algoritmo può essere utilizzato (quadratico, lineare, logaritmico, ecc.)?

- Per produrre i numeri di Fibonacci è meglio utilizzare una funzione ricorsiva oppure no?

- Si può pensare di procedere per forza bruta, provando tutte le possibili sequenze di 0 e 1 di dimensione opportuna, fino a trovare quella che da come somma il valore richiesto?

- Guardando come è composta la sequenza dei numeri di Fibonacci, è possibile fare qualche osservazione che velocizzi la soluzione?

9.27.2   Soluzione

Inizialmente si può cercare di dare una stima del costo di codifica di un numero N, però questa stima non è così semplice, perchè il costo è determinato dal costo del calcolo della sequenza di Fibonacci e non è evidente fino a che valore di Fibonacci è necessario spingersi per poter calcolare i termini della somma che produrrà N. Procedendo per tentativi e calcolando i primi termini della sequenza (eventualmente scrivendo anche un programmino per visualizzarli) si può pensare che i primi 40 termini siano sufficienti per produrre una somma che arriva al massimo a un milione, poichè F(40) = 102.334.155.

A questo punto, se si è utilizzato un programma di test per provare a produrre i numeri di Fibonacci, esso può essere utilizzato ad esempio per precalcolare i primi 40 termini e poi inserirli direttamente nel codice sotto forma di vettore, per non doverli ricalcolare per ogni testcase: sebbene quella del precalcolo sia una soluzione che in generale può far risparmiare tempo di esecuzione nella soluzione del problema vero e proprio, in questo caso non è strettamente necessaria, quindi è lasciata al lettore una sua eventuale implementazione.

Si ricorda comunque che per un calcolo efficiente dei numeri di Fibonacci è da evitare assolutamente la versione ricorsiva dell'algoritmo, come spiegato a pagina 55.

A questo punto, avendo i primi 40 termini della sequenza di Fibonacci, si potrebbe pensare di creare tutte le possibili combinazioni di 40 valori $a_1 a_2 ... a_{40}$, dove a_i può valere 0 o 1 se il termine i-esimo della sequenza di Fibonacci è presente (1) o non è presente (0) nella somma che potrebbe dare N. In effetti non è necessario crearle tutte, ma è possibile fermarsi appena se ne trova una in cui, sommati i termini corrispondenti ai posti in cui a_i vale 1, si ottiene il numero N cercato. Il numero di differenti combinazioni di 40 valori è pari a 2^{40}, che è un numero decimale dell'ordine di

1000 miliardi: a seconda dei casi di test, nonostante sia indubbiamente un valore grosso, potrebbe anche portare a fare tutti i punti, poiché una soluzione potrebbe essere trovata anche in una fase iniziale della ricerca e inoltre va ricordato che ai territoriali il limite di tempo di esecuzione è di 5 minuti[13].

Si può comunque scrivere una soluzione più efficiente notando che ogni numero di Fibonacci "contiene" solo altri numeri di Fibonacci sommati tra di loro, quindi tra le varie soluzioni possibili dello stesso problema N, ne esiste sicuramente una che può essere ottenuta aggiungendo in maniera greedy di volta in volta il maggiore tra i numeri di Fibonacci minori o uguali di N, ottenendo così un sottoproblema $N - F_{max}$, dove F_{max} è appunto il più grande numero di Fibonacci minore o uguale a N. Questo fatto lo si può vedere anche nell'esempio che compare nel testo relativo a N=9 e come conseguenza la soluzione così trovata è quella con il minor numero di termini, che in questo caso non era richiesto, ma che viene comunque garantito dall'approccio greedy.

Per finire ci si potrebbe domandare se qualsiasi numero N possa essere costruito come somma di alcuni termini della sequenza di Fibonacci e la risposta è affermativa, poichè, essendo i primi due termini uguali a 1, per come vengono costruiti i successivi termini, si potrà sempre scomporre la somma in una serie opportuna di somme di termini unitari per ottenere il valore desiderato.

Il codice che risolve il problema è il seguente:

```
const int MAX = 40;

int risultato[MAX];
int numeri_fibonacci[MAX];

void inizializza_numeri()
{
    numeri_fibonacci[0] = 1;
    numeri_fibonacci[1] = 1;
    for (int i = 2; i < MAX; i++)
        numeri_fibonacci[i] = numeri_fibonacci[i-1] + numeri_fibonacci[i-2];
}

int calcola_codice(int N)
{
    int i = MAX - 1, lunghezza;
    std::fill_n(risultato, MAX, 0);
    while (numeri_fibonacci[i] > N) i--;
    lunghezza = i;
    while (N > 0)
    {
        if (numeri_fibonacci[i] <= N){
            N -= numeri_fibonacci[i];
            risultato[i] = 1;
        }
        i--;
    }
    return lunghezza;
}

int main()
{
    int T, N;
    cin >> T;
    inizializza_numeri();
    for (int i = 0; i < T; i++)
    {
        cin >> N;
```

[13]Con al nuova modalità che verrà inaugurata alle selezioni 2018 sarebbe addirittura ipoteticamente possibile scrivere un programma nella prima mezz'ora, mandarlo in esecuzione sulla propria macchina con il file di test scaricato dal server, e sperare che finisca entro le successive due ore e mezza, per poi spedire la soluzione al server e nel frattempo proseguire con la soluzione degli altri problemi.

```
39          cout << "Case #" << i+1 << ": ";
40          int lunghezza = calcola_codice(N);
41          for (int i = 0; i <= lunghezza; i++)
42              cout << risultato[i];
43          cout << endl;
44      }
45      return 0;
46  }
```

I due vettori *risultati* e *numeri_fibonacci* conterranno rispettivamente la soluzione e i numeri precalcolati della sequenza di Fibonacci (il precalcolo viene svolto dalla funzione *inizializza_numeri*, righe 6-12).

La funzione *calcola_codice* implementa la soluzione greedy così come descritta nel testo: inizialmente riempie di zeri il vettore dei risultati (riga 17) e questo è fondamentale nella nuova modalità di sottoposizione, in cui il programma calcola tante soluzioni quanti sono i casi di test contenuti nell'unico file di input e quindi ogni volta bisogna garantire che le variabili siano inizializzate correttamente. Alla riga 18 viene trovato il primo numero di Fibonacci minore o uguale alla cifra da codificare, poichè ovviamente numeri più grandi non possono fare parte della codifica. Il suo indice sarà anche il numero di cifre che comporranno la codifica del numero N, che quindi sarà ritornato dalla funzione per stampare successivamente la soluzione richiesta. Il ciclo **while** (righe 20-27) scorre a ritroso la sequenza di Fibonacci e include il numero nella codifica solo se è minore della parte di N non ancora codificata, segnando anche nel vettore *risultato* un 1 nella posizione corrispondente all'*i*-esimo numero di Fibonacci incluso nella codifica.

A questo punto nel *main* è necessario leggere il numero di casi di test, cosa che viene fatta alla riga 34, e ripetere la chiamata alla funzione *calcola_codice* per ogni caso di test, stampando il numero del caso di test (riga 39) e la soluzione (righe 41-42).

9.28   Sport intellettuali - Territoriali 2017

Sport intellettuali (scommessa)

Difficoltà: 2

Descrizione del problema

Romeo è un grande appassionato di sport intellettuali, e adora ritrovarsi con gli amici per seguire le competizioni internazionali più avvincenti di questo tipo. Di recente, il gruppo di amici si è appassionato a uno sport molto particolare. In questo gioco, un mazzo di carte numerate da 0 a $N-1$ (dove N è dispari) viene prima mescolato, e poi le carte vengono affiancate in linea retta sul tavolo. Ai telespettatori, per aumentare la suspence, vengono mostrati i numeri delle carte $C_0, C_1, \ldots, C_i, \ldots, C_{N-1}$ nell'ordine così ottenuto. A questo punto i giocatori[1] possono scoprire due carte disposte consecutivamente sul tavolo, e prenderle nel solo caso in cui queste due carte abbiano somma dispari. Se queste carte vengono prese, le altre vengono aggiustate quanto basta per riempire il buco lasciato libero. Il gioco prosegue quindi a questo modo finché nessun giocatore può più prendere carte. Romeo e i suoi amici, per sentirsi più partecipi, hanno oggi deciso di fare un "gioco nel gioco": all'inizio della partita, scommettono su quali carte pensano rimarranno sul tavolo una volta finita la partita. Aiuta Romeo, determinando quali carte potrebbero rimanere sul tavolo alla fine del gioco!

> Una carta potrebbe rimanere sul tavolo a fine gioco, se esiste una sequenza di mosse (rimozioni di coppie di carte consecutive con somma dispari) tale per cui dopo di esse nessuna altra mossa è possibile (il gioco e finito) e la carta suddetta è ancora sul tavolo.

Dati di input

La prima riga del file di input contiene un intero **T**, il numero di testcase. Seguono **T** testcase, ognuno dei quali composto da due righe:

- Riga 1: l'unico intero **N**.

- Riga 2: gli **N** interi C_i separati da spazio, nell'ordine in cui sono disposti sul tavolo.

Dati di output

Il file di output deve essere composto da tre righe per ciascun testcase:

- Riga 1: la dicitura **Case #x:** dove **x** è il numero del testcase (a partire da 1).

- Riga 2: il numero di diverse carte **K** che potrebbero rimanere sul tavolo a fine partita.

- Riga 3: i **K** interi che identificano le carte che potrebbero rimanere sul tavolo a fine partita.

Assunzioni

- $1 \leq T \leq 10$.

- $1 \leq N \leq 100$.

- N è sempre un numero dispari.

- $0 \leq C_i \leq N-1$ per ogni i=0...N−1.

- Ogni numero tra 0 e N−1 compare esattamente una volta nella sequenza dei C_i.

File input.txt	File output.txt
2	Case #1:
3	1
1 2 0	0
11	Case #2:
1 0 2 6 4 5 3 9 8 10 7	2
	8

1. Seguendo un elaborato ordine di gioco che non rientra nei margini di questo problema.

9.28.1 Suggerimenti

- Quanto costa provare ad abbinare in vari modi tutti i numeri della sequenza per vedere chi rimane? Quanto è complicato da scrivere?

- Il fatto che i numeri siano in quantità dispari e che siano esattamente i primi N-1 numeri naturali (0 compreso), quali tipi di considerazioni solleva?

- Provando su un foglio di carta il secondo esempio, quali caratteristiche condividono il numero 2 e il numero 8 che non hanno gli altri numeri della sequenza?

- Se un numero C_i può rimanere sulla tavola, che caratteristiche deve avere la sottosequenza di sinistra $C_0 \ldots C_{i-1}$ e quella di destra $C_{i+1} \ldots C_{N-1}$?

9.28.2 Soluzione

Una prima idea che potrebbe venire, considerato che il numero di carte è al massimo 99, è quella di provare tutti i modi possibili di eliminare coppie di carte e vedere di volta in volta quale carta

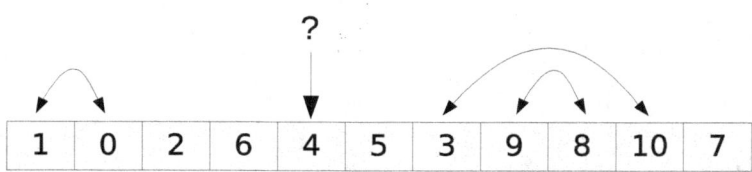

Figura 9.15: Controesempio di carta rimasta

rimane in tavola. Questo approccio però, oltre a non essere di semplice implementazione, è sicuramente molto oneroso da un punto di vista computazionale: senza entrare troppo nel dettaglio, il numero di modi con cui possono essere estratte le coppie sono decisamente troppi, in quanto per ogni valore di N ci sono al massimo N-1 coppie che possono essere estratte, scegliendone poi una per iniziare, ne rimangono (N-2) - 1 e continuando così si arriva a una complessità che alla peggio è di tipo $O(N!)$.

Come in altri casi, un'attenta analisi degli esempi e delle assunzioni permette invece di individuare un algoritmo *ad-hoc* di complessità lineare, che permette di risolvere tutti i casi di test.

Il fatto che i numeri siano in quantità dispari e che siano compresi tra 0 e N-1, con ogni numero che compare una e una sola volta, permette di derivare che nell'insieme ci saranno sempre (N-1)/2 + 1 numeri pari e (N-1)/2 numeri dispari. Questo garantisce che, qualunque sia l'ordine con cui verranno estratte le coppie, rimarrà sempre un numero sul tavolo e che questo sarà per forza un numero pari. Inoltre un numero C_i potrà rimanere **se e solo se** sia alla sua destra che alla sua sinistra ci saranno la stessa quantità di numeri pari e dispari. Difatti se questo non fosse vero, eliminando via via le coppie si arriverebbe a una situazione in cui da una parte e dall'altra rimarrebbero numeri non più accoppiabili e quindi sarebbe necessario usare il numero C_i per continuare a formare coppie, che, come detto nele ipotesi, è sempre possibile formare fino a quando non rimane un numero solo. Per verificarlo basta vedere figura 9.15, in cui ci si domanda se il numero 4 potrà rimanere sul tavolo. Come si vede la quantità di numeri pari a sinistra è 3 mentre i numeri dispari sono 1, laddove i numeri pari alla sua destra sono 2 e i numeri dispari sono 4. Eliminando le coppie in figura, evidenziate con le frecce che le uniscono, rimangono a sinistra due pari (il 2 e il 6) e a destra due dispari (il 5 e il 7) e quindi il 4 dovrà essere messo insieme al 5 e non potrà rimanere come ultima carta (è facile notare che le coppie scelte, che avrebbero anche potuto essere differenti, non influenzano il risultato finale). Provando con qualsiasi altro numero pari in questo esempio si nota che solo il 2 e l'8, che soddisfano la condizione richiesta, hanno la possibilità di rimanere sul tavolo una volta tolte tutte le coppie possibili.

Quindi il problema si riduce, scelto un certo elemento C_i, a stabilire quanti elementi pari e dispari si trovano alla sua sinistra e verificare se soddisfano la condizione richiesta, risolvendo così il problema con un algoritmo di complessità lineare. Si può notare che è sufficiente contare gli elementi alla sinistra di C_i, perchè se viene soddisfatta la condizione su quegli elementi è per forza soddisfatta anche per quelli alla sua destra.

La soluzione potrebbe essere quindi implementata in questo modo:

```
int main()
{
    int T, N;

    ifstream in("input.txt");
    ofstream out("output.txt");
    in >> T;
    for (int k = 0; k < T; k++)
    {
        vector <int> esclusi;
        in >> N;
        int pari = 0, dispari = 0;
        for (int i = 0; i < N; i++)
        {
            int n;
```

```
16            in >> n;
17            if (n%2 == 0 && pari == dispari)
18                esclusi.push_back(n);
19            if (n%2 == 0)
20                pari++;
21            else
22                dispari++;
23        }
24        out << "Case #" << k+1 << ":" << endl;
25        out << esclusi.size() << endl;
26        for (auto i: esclusi)
27            out << i << " ";
28        out << endl;
29    }
30    return 0;
31 }
```

Come si vede nel codice, per ogni caso di test (ciclo alla riga 8), viene letto il numero di carte che verranno usate nella partita e si inizializzano la quantità di numeri pari e dispari alla sinistra della posizione corrente a 0 (riga 12). Successivamente si leggono i valori delle N carte e per ognuno si verifica se vengono soddisfatte le condizioni perchè la carta rimanga come ultima carta sul tavolo (riga 17, il valore deve essere pari e le quantità di numeri pari e dispari alla sinistra del numero appena letto devono essere uguali). Se la condizione è soddisfatta allora il numero viene inserito nel vettore *esclusi* e poi viene aggiornato il valore degli elementi pari a dispari alla sinistra del prossimo numero da analizzare.

Dopo aver letto tutti i numeri che compongono il caso di test non rimane altro da fare che stampare i numeri memorizzati all'interno del vettore *esclusi* (righe 24-28).

9.29 Appetito aracnide - Territoriali 2017

Appetito aracnide (tecla)

Difficoltà: 2

Descrizione del problema

Ape Maya è rimasta intrappolata in un nodo della tela di Tecla, un ragno molto temuto tra le api dell'alveare. Tecla si affretta ad afferrarla ma, quando giunge su quel nodo, si accorge di non avere appetito, e dice "BLEAH". Va detto che l'appetito dei ragni è molto particolare: ogni volta che percorrono un filamento della loro rete, essi invertono lo stato del loro stomaco tra "SLURP" e "BLEAH". Tecla deve quindi farsi un giretto nella rete sperando di tornare da Maya in stato "SLURP".

La tela di Tecla è composta da N nodi (numerati da *0* a *N - 1*) connessi tra loro da M filamenti. Tecla e Ape Maya all'inizio si trovano entrambe nel nodo *0*, e ogni filamento può essere attraversato da Tecla in entrambe le direzioni. Aiuta Tecla ad individuare una passeggiata funzionale al buon appetito!

Dati di input

La prima riga del file di input contiene un intero **T**, il numero di testcase. Seguono **T** testcase, ognuno dei quali composto da **M+1** righe:

- Riga 1: gli interi **N** ed **M**, il numero di nodi e di filamenti della tela..

- Righe 2...**M+1**: due interi separati da spazio *u, v*, dove *u* e *v* identificano i due nodi ai capi del filamento *i*-esimo.

Dati di output

Il file di output deve essere composto da tre righe per ciascun testcase:

- Riga 1: la dicitura **Case #x:** dove **x** è il numero del testcase (a partire da 1).

- Riga 2: il numero di spostamenti **L** che Tecla deve compiere nella sua passeggiata.

- Riga 3: **L+1** numeri separati da uno spazio, di cui il primo e l'ultimo devono essere 0 (nodo di partenza e di arrivo), e gli altri sono i nodi come visitati da Tecla nell'ordine (e possono avere ripetizioni).

Assunzioni

- $1 \leq T \leq 50$.

- $1 \leq N \leq 30$.

- $1 \leq M \leq 100$.

- In ogni filamento, $u \neq v$ e sono entrambi compresi tra 0 e N - 1.

- Si garantisce l'esistenza di una soluzione: Ape Maya è spacciata!

File input.txt	File output.txt
2	Case #1:
3 3	3
0 1	0 2 1 0
1 2	Case #2:
2 0	7
8 12	0 5 6 3 4 2 3 0
0 1	
1 2	
2 3	
3 0	
2 4	
3 4	
4 5	
5 6	
6 7	
7 0	
0 5	
6 3	

Spiegazione

Nel **primo caso di esempio**, la tela di Tecla è come nella figura seguente, dove il percorso da seguire è evidenziato in rosso (con le frecce per stampa in B/N):

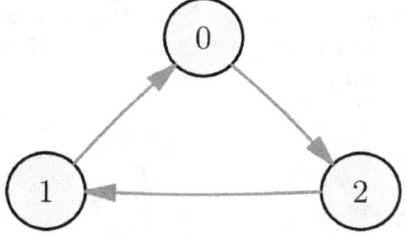

Nel **secondo caso di esempio**, la tela e il percorso sono:

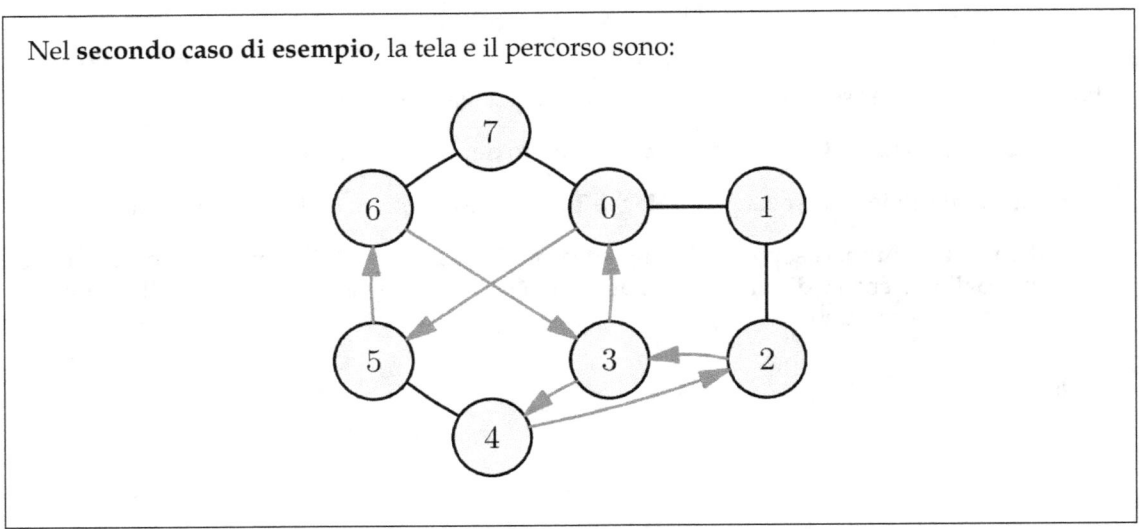

9.29.1 Suggerimenti

- Sembra evidente che il problema riguardi i grafi, in particolare quale algoritmo sembra appropriato per risolverlo (visite, cammino minimo, altro)?

- Rispetto a un percorso "standard", in cui ogni nodo viene attraversato una volta sola, quante volte può essere attraversato un nodo appartenente alla soluzione (esattamente una, più di una, al massimo ....)?

- Lo stato di Tecla è un'informazione che riguarda solo Tecla oppure in qualche modo deve essere memorizzata anche nel grafo?

9.29.2 Soluzione

Per arrivare alla soluzione si può partire da un paio di osservazioni:

- usando una visita in profondità si può costruire un percorso chiuso, con qualche modifica alla normale visita in cui ogni nodo viene visitato una volta sola

- un nodo può essere attraversato al massimo due volte, in particolare viene visitato un nodo se:

    - non è mai stato visto prima
    - è stato visto prima, ma ripassandoci lo stato di Tecla cambia rispetto alla visita precedente. Chiaramente passare per un nodo una terza volta porterebbe per forza Tecla in uno stato con cui aveva già effettuato la visita in precedenza, quindi in una situazione indistinguibile dalla precedente e come conseguenza porterebbe a una ricorsione infinita.

Da queste due osservazioni segue che utilizzando una visita in profondità con backtracking e applicando le considerazioni sopra esposte verrà trovata una soluzione (che è garantito esserci). Il backtracking è necessario perchè, come detto, bisogna provare più percorsi e quindi lo stesso nodo può essere riutilizzato all'interno di percorsi diversi. L'implementazione scelta è quella ricorsiva, per la semplicità di scrittura.

```
1  enum tipo{BLEAH,SLURP};
2
3  struct Nodo{
4      list <int> nodi_collegati;
5      int tipo;
```

```
 6          int passaggi = 0;
 7     };
 8
 9     Nodo nodi[30];
10     list<int> soluzione;
11     bool finito;
12
13     void inizializza()
14     {
15         soluzione.clear();
16         finito = false;
17         soluzione.push_back(0);
18         for (int i = 0; i < 30; i++)
19         {
20             nodi[i].passaggi = 0;
21             nodi[i].nodi_collegati.clear();
22         }
23     }
24
25     void naviga(int i)
26     {
27         for (auto n: nodi[i].nodi_collegati)
28         {
29             if (nodi[n].passaggi == 0 ||
30                 (nodi[n].passaggi == 1 && nodi[i].tipo == nodi[n].tipo))
31             {
32                 if (n == 0 && nodi[i].tipo == BLEAH)
33                 {
34                     finito = true;
35                     return;
36                 }
37                 soluzione.push_back(n);
38                 nodi[n].passaggi++;
39                 if (nodi[i].tipo == BLEAH)
40                     nodi[n].tipo = SLURP;
41                 else
42                     nodi[n].tipo = BLEAH;
43                 naviga(n);
44                 if (finito) return;
45                 soluzione.pop_back();
46                 nodi[n].passaggi--;
47                 if (nodi[n].tipo == BLEAH)
48                     nodi[n].tipo = SLURP;
49                 else
50                     nodi[n].tipo = BLEAH;
51             }
52         }
53     }
54
55     int main()
56     {
57         int T, N;
58         ifstream in("input.txt");
59         ofstream out("output.txt");
60         in >> T;
61         for (int k = 0; k < T; k++)
62         {
63             int N, M;
64             inizializza();
65             in >> N >> M;
66             out << "Case #" << k+1 << ":" << endl;
```

```
67          for (int i = 0; i < M; i++)
68          {
69              int parte, arriva;
70              in >> parte >> arriva;
71              nodi[parte].nodi_collegati.push_back(arriva);
72              nodi[arriva].nodi_collegati.push_back(parte);
73          }
74          naviga(0);
75          out << soluzione.size() << endl;
76          for (auto i: soluzione)
77              out << i << " ";
78          out << "0" << endl;
79      }
80      return 0;
81  }
```

Il nodo in questo programma viene definito, oltre che dalla solita lista dei nodi collegati (riga 4), anche dal *tipo*, che rappresenta lo stato che aveva Tecla l'ultima volta che è passata in quel nodo (BLEAH o SLURP), e dal numero di *passaggi*, che saranno 0 se il nodo non è mai stato visitato, 1 se è stato visitato solo una volta e 2 se Tecla è passata due volte: come detto in precedenza questo valore non sarà mai maggiore di 2.

Il grafo sarà quindi rappresentato da un vettore di nodi (riga 9), la soluzione sarà la lista di interi che rappresenta i nodi ordinati attraverso cui deve passare Tecla (riga 10) e inoltre si farà uso della variabile booleana *finito* (riga 11), che, come si vedrà, verrà utilizzata all'interno della funzione ricorsiva per terminare la ricerca una volta trovata una soluzione.

La funzione *inizializza* (riga 13 e seguenti) ha il solo scopo di "pulire" le varie strutture dati utilizzate, sempre per il motivo che, avendo nel file di input più casi di test, ogni volta si calcola la soluzione bisogna reinizializzare tutte le variabili necessarie al funzionamento dell'algoritmo risolutivo.

Il nocciolo della soluzione si trova all'interno della funzione ricorsiva *naviga* (riga 25), che come unico parametro utilizza il nodo che andrà a visitare. Data quindi la visita del nodo *i*-esimo, vengono iterati con un **for** (riga 27) tutti i nodi ad esso collegati e, tramite l'**if** successivo, si procede con la visita se:

- il nodo non è mai stato visitato prima da Tecla (riga 29), oppure

- il nodo è già stato visitato una volta in precedenza, ma la nuova visita porta Tecla in uno stato diverso da quello in cui era entrata precedentemente (riga 30)

Il primo **if** controlla quindi se si è arrivati alla soluzione, cioè se il nodo che si sta andando a visitare sarà il nodo 0 e se si entrerà con Tecla in stato SLURP (quindi la condizione è che nel nodo corrente *i*-esimo lei sia nello stato BLEAH). Nel caso questa condizione sia verificata si va ad impostare a *true* il flag *finito* e si esce dalla chiamata ricorsiva corrente.

Altrimenti si prosegue con la ricorsione, andando a inserire il nodo che si andrà a visitare nella ipotetica soluzione e andando a settare i suoi parametri, cioè il tipo e il numero di passaggi, nelle righe dalla 37 alla 42. Alla riga 43 viene avviata la ricorsione sul nuovo nodo e nelle righe successive, a cui si ritornerà una volta finita la visita ricorsiva del nodo *n*, viene "smontato" lo stato del nodo *n* per riportarlo alla situazione precedente alla visita (quindi viene fatto *backtracking*). Da notare l'**if** alla riga 44 che, controllando il flag *finito*, interrompe la ricorsione evitando che la lista che contiene la soluzione venga svuotata come conseguenza della terminazione della ricorsione.

Infine il *main* si occuperà solo della lettura dei dati, inserendo gli archi, che non sono orientati, sia nel nodo di partenza che in quello di arrivo (righe 71-72), chiamando la funzione ricorsiva sul nodo 0 e successivamente stampando il contenuto della lista *soluzione*, che, come visto, verrà riempita dalla funzione *naviga*.

9.30 Festa canina - Territoriali 2018

Festa canina (party)

Punteggio massimo: 6

Descrizione del problema

Mojito, il cane di Monica, vuole organizzare una festa con i suoi amici. Aiutalo a scegliere quali invitare e quali escludere in modo da rendere la festa più bella possibile. Mojito ha **N** amici, ognuno dei quali ha un grado di amicizia A_i che indica quanto Mojito apprezzi la sua presenza. Ovviamente nella lista c'è anche qualche antipatico che quindi ha un grado di amicizia negativo.

La bellezza della festa è definita come la somma del grado di amicizia degli invitati. Quanto può valere al massimo questa somma?

Dati di input

La prima riga del file di input contiene un intero **T**, il numero di casi di test. Seguono **T** casi di test, numerati da 1 a **T**. Ogni caso di test è preceduto da una riga vuota. In ciascun caso di test, la prima riga contiene l'unico intero **N**. La seconda riga contiene gli **N** interi separati da spazi, A_i.

Dati di output

Il file di output deve contenere la risposta ai casi di test che sei riuscito a risolvere. Per ogni caso di test che hai risolto, il file di output deve contenere una riga con la dicitura:

```
Case #t: k
```

dove **t** è il numero del caso di test (a partire da 1) e **k** è il massimo valore di bellezza ottenibile.

Assunzioni

- T=6, sono presenti 6 casi di input (nell'esempio per brevità ne sono mostrati solo 2)

- $1 \leq N \leq 10.000$, il numero di amici di Mojito.

- $-100 \leq A_i \leq 100$, il grado di amicizia dell'i-esimo amico.

- È anche possibile che Mojito festeggi senza amici, in tal caso la festa ha valore 0.

File input.txt	File output.txt
2	Case #1: 15
8	Case #2: 0
1 -4 5 -2 -1 8 0 1	
3	
-1 -2 -4	

Spiegazione

Nel **primo caso d'esempio** la soluzione si ottiene invitando il primo, il terzo, il sesto, il settimo e l'ottavo amico, totalizzando una somma di 15.

Nel **secondo caso d'esempio** la soluzione si ottiene non invitando alcun amico, totalizzando quindi 0.

9.30.1 Suggerimenti

- Gli antipatici potranno mai rendere una festa più bella?

9.30.2 Soluzione

Quelle del 2018 sono state le prime selezioni territoriali nelle quali è stata utilizzata la nuova modalità di sottoposizione (si veda 15), quindi immagino che l'idea degli autori fosse quella di fornire un semplice problema per testare la modalità di sottoposizione, che non avesse difficoltà risolutive, ma permettesse altresì di verificare se si era in grado di gestire la nuova modalità. Detto questo, il problema in sè è piuttosto semplice: poichè gli antipatici non possono mai aumentare il valore della bellezza di una festa, avendo valori di amicizia negativi, basta invitare alla festa solo gli amici simpatici che hanno un grado di amicizia maggiore di 0. Una soluzione quindi può essere scritta nel modo seguente:

```
1  int main()
2  {
3      ifstream in("input.txt");
4      ofstream out("output.txt");
5      int T;
6      in >> T;
7      for (int test = 1; test <= T; test++)
8      {
9          out << "Case #" << test << ": ";
10         int n, bellezza = 0;
11         in >> n;
12         for (int i = 0; i < n; i++)
13         {
14             int valore;
15             in >> valore;
16             if (valore > 0)
17                 bellezza += valore;
18         }
19         out << bellezza << endl;
20     }
21     return 0;
22 }
```

La soluzione vera e propria si trova quindi tra le righe 10-19 e non fa altro che leggere il numero **n** di amici (riga 11), fare un ciclo per leggere i valori di amicizia degli **n** amici (riga 12 e seguenti), e sommare nella variabile **bellezza** solo i gradi di amicizia positivi, concludendo con la stampa del valore di **bellezza**.

Ritengo utile soffermarmi un attimo ancora sulle peculiarità del nuovo sistema di sottoposizione:

- il sistema fornisce un file di input (*input.txt*), che deve essere letto secondo le istruzioni del testo e che in generale contiene più di una istanza del problema. Questo implica che ci sarà sempre un ciclo esterno come quello alla riga 7, che permette di ripetere il procedimento risolutivo per ognuna delle istanze del problema.

- una conseguenza ovvia, ma che durante la gara può essere dimenticata[14], è che ogni volta devono essere reinizializzate eventuali variabili che ne abbiano necessità, ad esempio in questo problema la variabile **bellezza** (riga 10)

- il vantaggio del nuovo sistema è che, una volta eseguito sul proprio computer il programma e prodotto il file di output (*output.txt* in questo esempio, ma il nome è irrilevante), la sottoposizione al correttore restituisca immediatamente il numero di casi di test risolti correttamente, dando quindi un feedback istantaneo sulla bontà della soluzione proposta e, di conseguenza, sul numero di punti guadagnati.

---

[14]Lo dico per esperienza personale

9.31 Antivirus - Territoriali 2018

Antivirus (antivirus)

Punteggio massimo: 12

Descrizione del problema

Il nuovo sistema di gara delle Selezioni Territoriali funziona alla grande, ma Mojito non è così convinto... sembra infatti che la nota mascotte delle Olimpiadi abbia fiutato un **virus** nascosto fra i file inviati da un partecipante!

Conosciamo la lunghezza del virus e sappiamo che si ripete uguale nei quattro file che abbiamo ricevuto, ma non sappiamo dove. Aiutaci ad individuare il virus!

I quattro file F_1, F_2, F_3, F_4 sono dati in input, rappresentati come quattro stringhe di caratteri di lunghezza rispettivamente N_1, N_2, N_3, N_4.

Il virus è una stringa di caratteri V di lunghezza M. La lunghezza M è data in input, ma non si conosce il contenuto della stringa V del virus.

Sappiamo con certezza che il virus V appare all'interno di tutti e quattro i file, come sottostringa di caratteri consecutivi. Sappiamo inoltre che **NON** ci sono altre sottostringhe consecutive di lunghezza M che si ripetono uguali in tutti e quattro i file.

Le posizioni dei caratteri nelle stringhe sono numerati a partire da 0. Per ciascuno dei quattro file F_i, trova la posizione in cui è inserito il virus, ovvero la posizione dove appare il primo carattere del virus V all'interno della stringa F_i.

Dati di input

La prima riga del file di input contiene un intero T, il numero di casi di test. Seguono T casi di test, numerati da 1 a T. Ogni caso di test è preceduto da una riga vuota.

In ciascun caso di test:

- La prima riga contiene quattro interi, N_1, N_2, N_3, N_4, separati da uno spazio, che corrispondono alla lunghezza di ciascuno dei quattro file.

- La seconda riga contiene un solo intero M, che corrisponde alla lunghezza del virus.

- Le successive 4 righe contengono rispettivamente le quattro stringhe F_1, F_2, F_3, F_4.

Dati di output

Il file di output deve contenere la risposta ai casi di test che sei riuscito a risolvere. Per ogni caso di test che hai risolto, il file di output deve contenere una riga con la dicitura

```
Case #t: p1 p2 p3 p4
```

dove t è il numero del caso di test (a partire da 1) e i valori $p1$, $p2$, $p3$, $p4$ sono le posizioni in cui si trova il virus in ciascuno dei quattro file. Con posizione si intende l'indice del primo carattere del virus, il primo carattere del file ha indice zero.

Assunzioni

- $T=12$, sono presenti 12 casi di input.

- $2 \leq N_1, N_2, N_3, N_4 \leq 100$, i file non sono più lunghi di 100 caratteri.

- $2 \leq M \leq 20$, il virus non è più lungo di 20 caratteri.

- $M \leq \min(N_1, N_2, N_3, N_4)$, il virus non è più lungo del file più corto.

- Tutti i caratteri dei file sono lettere minuscole dell'alfabeto inglese (dalla a alla z), **NON** sono presenti spazi.

- È garantito che il virus esiste ed è unico.

File input.txt	File output.txt
2	Case #1: 4 0 1 1
	Case #2: 3 1 4 4
8 12 10 74	
ananasso	
associazione	
tassonomia	
massone	
6 9 11 10	
3	
simone	
ponessimo	
milionesimo	
cassonetto	

Spiegazione

Nel **primo caso d'esempio** il virus è **asso**: anan**asso**, **asso**ciazione, t**asso**nomia, m**asso**ne
Nel **secondo caso d'esempio** il virus è **one**: sim**one**, p**one**ssimo, mili**one**simo, cass**one**tto.
Nota che **sim** è presente nei primi tre file ma non nel quarto, quindi non è il virus cercato.

9.31.1 Suggerimenti

- Meglio stringhe C o C++?

- Come si cerca una stringa all'interno di un'altra stringa?

- Come può aiutare il fatto di sapere già la dimensione del virus?

- Date le dimensioni del problema, è fattibile una soluzione a forza bruta?

9.31.2 Soluzione

Il passo elementare nella soluzione di questo problema prevede di cercare una stringa all'interno di un'altra, cosa che può essere fatta in due modi:

- implementando una piccola funzione che risolva il problema

- usando la funzionalità presente nelle librerie di C e C++, *strstr* e *find*, rispettivamente.

Sapendo verificare la presenza di una stringa all'interno di un'altra, ci si può iniziare a domandare come fare a scoprire quale stringa in particolare è il virus cercato, dal momento che se ne conosce la dimensione, ma non il contenuto.

Un semplice algoritmo risolutivo consiste nel prendere tutte le sottostringhe di caratteri consecutivi di lunghezza M all'interno di uno dei quattro file, il primo per semplicità, e avere quindi una lista di candidati ad essere virus: tra tutti questi candidati solo uno sarà presente contemporaneamente nei tre file rimanenti, quindi basterà provare con tutti fino a trovare quello che soddisfa questa proprietà.

Prima di guardare l'implementazione può valere la pena soffermarsi sul costo computazionale della soluzione proposta. La prima domanda riguarda il numero di virus candidati: quanti possono essere al massimo? Essendo i file lunghi al massimo 100 e i virus lunghi al minimo 2, il numero massimo di virus candidati è 99, che è il numero di stringhe di 2 caratteri consecutivi all'interno di una stringa di lunghezza 100.

Anche avendo 99 stringhe candidate a essere virus, la ricerca di ognuna di esse all'interno dei 3 file rimasti ha un costo basso, in generale proporzionale a :

$$O(3 * numero\_candidati * numero\_confronti)$$

dove `numero_confronti` è il numero di confronti che devono essere fatti all'interno di ogni stringa per vedere se contiene o meno il virus. Siccome anche ogni altra stringa (file) al massimo è lunga 100, il numero di confronti che un algoritmo di ricerca banale fa è di nuovo proporzionale a 100. Questa analisi ci conforta sul fatto che, date le dimensioni del problema, non serve andare a cercare una soluzione più sofisticata di quella descritta, e quindi una possibibile inplementazione è la seguente:

```
int main()
{
    ifstream in("input.txt");
    ofstream out("output.txt");
    int T;
    in >> T;
    for (int test = 1; test <= T; test++)
    {
        out << "Case #" << test << ": ";
        int trash;
        int l_virus;
        string F[4];
        vector<string> viruses;
        string soluzione;
        in >> trash >> trash >> trash >> trash;
        in >> l_virus;
        in >> F[0] >> F[1] >> F[2] >> F[3];
        for (int i = 0; i < F[0].size() - l_virus; i++)
            viruses.push_back(F[0].substr(i, l_virus));
        for (auto virus: viruses)
        {
            bool trovato = true;
            for (int j = 1; j < 4; j++)
                if (F[j].find(virus) == string::npos)
                    trovato = false;
            if (trovato)
                soluzione = virus;
        }
        for (auto file: F)
            out << file.find(soluzione) << " ";
        out << endl;
    }
    return 0;
}
```

La soluzione si trova tra la riga 9 e la 31 e utilizza le stringhe C++ per raggiungere il risultato richiesto. Tra le variabili utilizzate vale la pena notare il vettore *F* di quattro `string` per contenere i quattro file, il *vector* di *string* `viruses` per contenere i virus candidati e `l_virus` che rappresenta la lunghezza del virus.

Utilizzando le stringhe C++ (ma probabilmente lo stesso discorso si sarebbe potuto fare con le stringhe C), i primi quattro interi che rappresentano la lunghezza delle stringhe sono di fatto inutili e quindi vengono letti, perchè ovviamente non si può non farlo, ma i loro valori vengono "buttati via" nella variabile `trash` (riga 15). Dopo aver letto le quattro stringhe (file), viene presa la prima e viene utilizzata per inserire nel vettore viruses tutti i virus candidati (righe 18-19), stando attenti a prendere solo sottostringhe di lunghezza `l_virus` e non più corte: questo spiega perchè i viene fermato a `F[0].size() - l_virus` e non a `F[0].size()`, altrimenti la *substring* avrebbe generato in coda stringhe di lunghezza via via più corta, portando a un errore nell'algoritmo.

Una volta creato il vettore dei possibili virus, viene fatta un'iterazione per ognuno di essi, usando il costrutto *foreach* del C++ 2011 (riga 20) e, per ognuno di essi, si utilizza il metodo find per verificare se **non** compare, poichè in quel caso non è sicuramente il virus cercato. Per verificare la condizione "la sottostringa non è presente nella stringa" si confronta il valore di ritorno di *find* con *string::npos*, che è ciò che ritorna *find* quando non trova la stringa, altrimenti ritorna la sua posizione. La stringa dell'insieme `viruses` che viene trovata in tutti e tre i file viene memorizzata nella variabile `soluzione`.

A questo punto non rimane che stampare la posizione all'interno delle quattro stringhe utilizzando ancora il metodo *find*.

Un'ultima osservazione: per ridurre il numero di virus candidati si sarebbe potuta scegliere tra le quattro stringhe F quella di lunghezza minore, ma, come osservato durante l'analisi del costo del problema, non ci sarebbero stati vantaggi significativi.

9.32 Radioanalisi fossile - Territoriali 2018

Radioanalisi fossile (xray)

Punteggio massimo: 19

Descrizione del problema

È stato appena ritrovato un fossile della rarissima specie *Canis mojitus albus*, ritenuta antenata della più comune *Canis mojitus familiaris*. Per analizzarlo, gli scienziati devono trattarlo con delle radiazioni: ogni centimetro dell'osso deve riceverne una precisa quantità. La macchina che fa il trattamento può applicare radiazioni in modo uniforme su un qualsiasi segmento contiguo: calcola quante volte deve essere azionata la macchina per ottenere la giusta quantità di radiazioni su ogni punto dell'osso.

L'osso da trattare è lungo **N** centimetri, numerati da 1 a **N**. Il centimetro i deve ricevere una quantità di radiazioni specificata da un numero naturale R_i. Il numero **N** ed i numeri $R_1 \ldots R_N$ sono dati in input.

La macchina viene azionata specificando due numeri interi positivi a e b, che indicano gli estremi del segmento di osso su cui la macchina opera ($a \leq b$). Dopo tale azionamento, tutti i centimetri da a a b dell'osso accumulano 1 unità di radiazioni.

Dopo aver azionato la macchina un certo numero di volte, la quantità di radiazioni ricevute sul centimetro i si può conoscere contando quante volte una radiazione ha operato su quella zona (ovvero, quante volte la macchina è stata azionata con valori tali per cui $a \leq i \leq b$).

Calcola il numero minimo di volte in cui è necessario azionare la macchina affinché ciascuna zona i riceva esattamente la quantità di radiazioni richiesta R_i.

Dati di input

La prima riga del file di input contiene un intero T, il numero di casi di test. Seguono T casi di test, numerati da 1 a T. Ogni caso di test è preceduto da una riga vuota.

In ciascun caso di test, la prima riga contiene l'intero N. La seconda riga contiene gli N valori $R_1 \ldots R_N$ separati da spazio.

Dati di output

Il file di output deve contenere la risposta ai casi di test che sei riuscito a risolvere. Per ogni caso di test che hai risolto, il file di output deve contenere una riga con la dicitura

```
Case #t: p
```

dove t è il numero del caso di test (a partire da 1) e p è il minimo numero di volte in cui la macchina deve essere azionata.

Assunzioni

- $T=19$, sono presenti 19 casi di prova.

- $1 \leq N \leq 1000$, ovvero, l'osso è lungo al massimo 1000 centimetri.

- $0 \leq R_i \leq 1000$, ogni centimetro può dover ricevere una quantità di radiazione fino a 1000.

File input.txt	File output.txt
2	Case #1: 3
4	Case #2: 101
1 2 3 1	
4	
100 0 1 1	

Spiegazione

Nel **primo caso d'esempio**, è possibile azionare la macchina ad esempio nel seguente modo:

1. segmento da $a=2$ a $b=3$

2. segmento da $a=1$ a $b=4$

3. segmento da $a=3$ a $b=3$

Graficamente:

```
. x x .  <-- azionamento 1
x x x x  <-- azionamento 2
. . x .  <-- azionamento 3
-------
1 2 3 1  <-- totale radiazione accumulata
```

Non ci sono soluzioni con solo 2 azionamenti o meno, quindi la risposta corretta è 3.
Nel **secondo caso d'esempio**, è possibile azionare la macchina ad esempio nel seguente modo:

1. segmento da $a=1$a $b=1$(ripeti 100 volte)

2. segmento da $a=3$ a $b=4$

Non ci sono soluzioni con solo 100 azionamenti o meno, quindi la risposta corretta è 101.

9.32.1 Suggerimenti

- Quante volte deve essere irradiato un centimetro di osso per ottenere la quantità richiesta R_i?

- Se ogni centimetro venisse irradiato separatamente da ogni altro quante operazioni di irradiamento sarebbero necessarie in totale? Sarebbero troppe?

- Se invece si irradiasse tutto l'osso un numero di volte pari al massimo valore di R_i, il risultato comporterebbe un numero minimo di irraggiamenti, ma ogni parte sarebbe irradiata correttamente?

- Fra le due situazioni precedenti, entrambe estreme, come raggiungere la situazione richiesta?

- Se è possibile sembra convenga irradiare ogni volta un intervallo il più ampio possibile, ma quali sono le condizioni per cui ciò porta a un risultato valido?

- Esiste una rappresentazione grafica che può aiutare a comprendere meglio il problema?

9.32.2 Soluzione

Un modo di rappresentare il problema che può aiutare a vedere la soluzione è quello di pensare ad ogni centimetro di osso come una "costruzione" composta da R_i mattoncini sovrapposti e quindi arrivare a una rappresentazione come quella in figura 9.16

Figura 9.16: Come risulterebbe il primo esempio del testo

Perchè una rappresentazione del genere può aiutare? Si pensi alle due situazioni estreme poste nei suggerimenti e si provi a rappresentarle con delle situazioni nelle quali producano dei risultati corretti, ottenendo ad esempio quanto si può vedere in figura 9.17

(a)   (b)

Figura 9.17: Due casi estremi

Nel caso (a), la macchina a *raggi x* non può irraggiare dal primo all'ultimo centimetro per 4 volte, perchè altrimenti anche i centimetri 2 e 3 riceverebbero una dose non corretta, in quanto quelle parti non devono ricevere proprio nessuna dose: quindi l'unica possibilità è quella di irraggiare 4 volte il centimetro 1 e altre 4 volte il centimetro 4, per un totale di 8 irraggiamenti. Invece nel caso (b), siccome ogni centimetro deve ricevere la stessa dose, si può irraggiare tutto l'osso per 4 volte, usando quindi solo 4 irraggiamenti. Sembra quindi evidente che:

- ogni centimetro di osso non può ricevere più irraggiamenti della quantità massima a lui assegnata

- se si riescono a raggruppare centimetri adiacenti che hanno necessità della stessa quantità di raggi x si risparmia sul numero di irraggiamenti, irraggiando per una lunghezza maggiore

Combinando queste due semplici informazioni si può realizzare un algoritmo che, per ogni "*livello*", cerchi tutti gli N intervalli contigui di osso che devono essere irraggiati con la stessa quantità di radiazioni e quindi effettui N irraggiamenti. Per *livello* si intende la quantità di radiazioni, come indicato nella figura9.18: la figura rappresenta il caso d'esempio a cui è stato aggiunto un altro centimetro da irraggiare con tre unità, per renderlo più significativo.

Come si vede la macchina partirà dal livello 3, nel quale ci sono due intervalli da irraggiare, quello del centimetro 3 e del centimetro 5. Successivamente si "sposterà" al livello 2, dove gli intervalli sono ancora due, quelli dei centimetri 2-3 e quello del centimetro 5. Infine si sposterà al

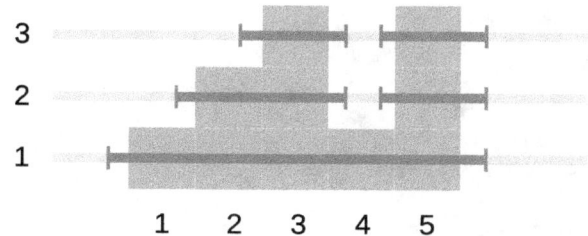

Figura 9.18: Esempio grafico di algoritmo risolutivo

livello 1, dove l'intervallo va dal centimetro 1 al centimetro 5, arrivando quindi a un totale di 5 irraggiamenti, che è la soluzione, essendo il minimo possibile.

Volendo implementare l'algoritmo nel modo più simile a quanto mostrato in figura, si può utilizzare una matrice in cui le caselle vengano "colorate" per colonne come mostrato nelle figure e successivamente muoversi per livelli per implementare la ricerca di intervalli contigui che contengono caselle da irraggiare, ottenendo questo codice.

```
1    int osso[1001][1001];
2
3    void inizializza()
4    {
5        for (int i = 0 ; i < 1001; i++)
6            for (int j = 0; j < 1001; j++)
7                osso[i][j] = 0;
8    }
9
10   void riempi_colonna(int c, int n)
11   {
12       for (int i = 0; i < n; i++)
13           osso[i][c] = 1;
14   }
15
16   int intervalli(int r, int n)
17   {
18       int i = 0;
19       int conta = 0;
20       while (osso[r][i] == 0) i++;
21       while (i < n)
22       {
23           while(i < n && osso[r][i] == 1) i++;
24           while(i < n && osso[r][i] == 0) i++;
25           if (i < n) conta++;
26       }
27       return conta + 1;
28   }
29
30   int main()
31   {
32       ifstream in("input.txt");
33       ofstream out("output.txt");
34       int T;
35       in >> T;
36       for (int test = 1; test <= T; test++)
37       {
38           int n, massimo = 0;
39           out << "Case #" << test << ": ";
40           inizializza();
41           in >> n;
42           for (int i = 0; i < n; i++)
```

```
43          {
44              int temp;
45              in >> temp;
46              if (temp > massimo)
47                  massimo = temp;
48              riempi_colonna(i, temp);
49          }
50          int movimenti = 0;
51          for (int i = 0; i < massimo; i++)
52              movimenti += intervalli(i,n);
53          out << movimenti << endl;
54      }
55      return 0;
56  }
```

La funzione *inizializza* pone esplicitamente a zero tutti gli elementi della matrice globale *osso* e serve perchè la matrice deve essere resettata ad ogni nuovo caso di test. La funzione *riempi_colonna* si occupa invece di riempire la colonna *c* con *n* caselle poste a 1, che nelle figure sono rappresentate dai quadrati grigi.

L'algoritmo viene di fatto svolto interamente dalla funzione *intervalli*, i cui due parametri **r** e **n** rappresentano rispettivamente la riga (livello) sulla quale viene conteggiato il numero di intervallo e la lunghezza della riga, cioè nel problema la lunghezza dell'osso. L'implementazione non è ottimizzata e segue quanto esposto sopra: come prima cosa, alla riga 20, si scorre fino ad arrivare al primo centimetro di osso che necessita di essere irradiato: nella figura 9.18, se stessimo analizzando il livello 2, corrisponderebbe al centimetro 2. Successivamente il ciclo *while* dalla riga 21 alla riga 26 contiene due ulteriori cicli, il primo per scorrere un intero intervallo di 1 adiacenti, il secondo per un intervallo di 0 adiacenti, con lo scopo di trovare un intervallo e posizionare *i* in modo che sia pronto per la ricerca dell'intervallo successivo. Da notare che entrambi i cicli, oltre a contenere la condizione che verifica se la casella *i*-esima contiene un 1 o uno 0, contengono anche il controllo sul non superamento della lunghezza massima *n*: se così non fosse *i* potrebbe uscire dalla lunghezza massima della riga con risultati imprevedibili (nella migliore delle ipotesi terminazione del programma, nella peggiore risultati non corretti). È inoltre indispensabile notare che il controllo *i < n* deve essere inserito come prima condizione dell'operatore di AND, poichè in questo modo se la condizione fallisce non viene considerata l'altra condizione[15], che non avrebbe un valore corretto per valori di *i* maggiori o uguali a *n*.

Alla riga 25 si incrementa il contatore solo se *i* è minore di *n*, questo per tenere conto del fatto che esiste almeno un intervallo (difatti la funzione ritorna *conta + 1*) e che l'ultimo non deve essere contato, per evitare di dover differenziare tra righe che finiscono con 1 oppure con 0.

A questo punto il programma, dopo aver inizializzato la matrice che rappresenta le radiazioni che dovrà subire l'osso (righe 40-49), si limiterà a chiamare questa funzione su tutti i livelli dell'intervallo (righe 50-51), sommando i vari movimenti che dovrà fare per ogni livello.

Viene lasciato al lettore l'esercizio di sostituire la matrice con un vettore di interi, dove ogni valore rappresenta la quantità di radiazioni che deve subire l'*i*-esimo centimetro di osso, ottenendo un miglioramento nell'occupazione di memoria (da N^2 a N) e anche delle prestazioni, che su dei test fatti permettono al programma con i vettori di essere circa tre volte più veloce, pur mantenendo la stessa complessità computazionale[16].

---

[15]Questa caratteristica di alcuni operatori booleani in alcuni linguaggi di programmazione viene tecnicamente chiamata *short-circuit evaluation*, e consiste nel valutare il secondo argomento solo se la valutazione del primo non è sufficiente a determinare il valore dell'intera espressione.

[16]La versione qui mostrata comunque in gara permetteva di prendere l'intero punteggio

9.33   Escursione - Territoriali 2018

Escursione (escursione)

Punteggio massimo: 27

Descrizione del problema

Mojito vuole pianificare un'escursione sulle colline di Volterra. Ha a disposizione una mappa rettangolare, in cui è indicata l'altitudine della zona. Mojito vuole fare un percorso che parte dall'angolo in alto a sinistra della mappa e raggiunge l'angolo in basso a destra, in modo tale che il dislivello massimo che è costretto a fare ad ogni spostamento sia il mimimo possibile. Aiuta Mojito a calcolare questo dislivello!

La mappa è una tabella di numeri interi: ciascuno esprime l'altitudine in metri nel corrispondente punto della mappa. La tabella è composta di H righe e W colonne, numerate rispettivamente da 1 a H e da 1 a W. Nella cella di coordinate (i,j), ovvero in corrispondenza della riga i e della colonna j, è indicato il valore dell'altitudine $A_{i,j}$.

Mojito inizia l'escursione dalla cella di coordinate (1,1), in alto a sinistra, ed arriva alla cella di coordinate (H,W), in basso a destra. Ogni minuto si sposta di esattamente una cella, in una della quattro possibili direzioni (in alto, in basso, a destra o a sinistra). Non può però uscire dalla mappa.

Stabilito un percorso lungo la mappa, il **pericolo** associato a quel percorso è *il massimo dislivello tra due celle consecutive lungo il percorso*, ovvero la differenza di altitudine fra due celle consecutive: non cambia nulla se lo spostamento è in salita o in discesa.

Calcola il pericolo minimo, fra tutti i percorsi possibili che partono dalla cella (1,1) e arrivano alla cella (H,W).

Dati di input

La prima riga del file di input contiene un intero T, il numero di casi di test. Seguono T casi di test, numerati da 1 a T. Ogni caso di test è preceduto da una riga vuota.

In ciascun caso di test, la prima riga contiene due interi H e W separati da uno spazio che corrispondono all'altezza, H, e alla larghezza, W, della mappa. Le successive H righe contengono ciascuna W interi separati da spazi, corrispondenti all'altitudine in metri lungo una riga della mappa. Ovvero, in ciascun caso di test, l'altitudine Ai,j alle coordinate i e j appare sulla riga $(i+1)$-esima, in posizione j.

Dati di output

Il file di output deve contenere la risposta ai casi di test che sei riuscito a risolvere. Per ogni caso di test che hai risolto, il file di output deve contenere una riga con la dicitura

```
Case #t: p
```

dove t è il numero del caso di test (a partire da 1) e p è il minimo valore di pericolo trovato per quel test case.

Assunzioni

- $T=27$, ci sono 27 casi di prova.

- $1 \leq H,W \leq 100$, la mappa ha dimensione massima 100×100.

- $(1,1) \neq (H,W)$, ovvero la mappa è abbastanza grande da avere partenza e arrivo in punti diversi.

- $1 \leq Ai,j \leq 1.000.000$, l'altitudine in ogni cella è compresa fra 1 e 1.000.000.

File input.txt	File output.txt
3	Case #1: 20
	Case #2: 1
2 2	Case #3: 2
100 150	
110 130	
4 4	
1 5 6 7	
2 4 3 8	
2 9 2 8	
3 3 2 9 1 10	
2 4 6 8 10 12 14 16 18 20	

Spiegazione

Nel primo caso d'esempio, Mojito sceglie il percorso:

```
100    150
 ▼
110 ► 130
```

ovvero, con i seguenti spostamenti:

- *in basso*, da(1,1) a (2,1), con un dislivello pari a 110–100=10

- *a destra*, da (2,1) a (2,2)=(H,W), con un dislivello pari a 130–110=20.

Il pericolo del percorso è 20 (il massimo fra i dislivelli, 10 e 20).
    Non ci sono percorsi migliori, quindi la risposta corretta è 20.
    L'altro percorso possibile è:

```
100 ► 150
         ▼
110   130
```

che ha dislivelli 50 e 20, e quindi ha pericolo 50.
    Nel secondo caso d'esempio, Mojito sceglie il percorso:

```
1    5 ► 6 ► 7
▼    ▲        ▼
2    4 ◄ 3    8
▼         ▲   ▼
2    9    2   8
▼         ▲   ▼
3 ► 3 ► 2    9
```

Gli spostamenti hanno tutti dislivello 0 o 1, quindi il pericolo del percorso è 1. Non ci sono percorsi di pericolo pari a 0, quindi la risposta corretta è 1.
    Nel terzo caso d'esempio c'è un solo percorso possibile.

9.33.1 Suggerimenti

- Come in altri esercizi (ad esempio 6.3 a pagina 56 e 9.17 a pagina 151) si ha una mappa che è una griglia rettangolare (eventualmente quadrata): quali sono le similitudini e quali le differenze?

- Possono essere utilizzati gli stessi approcci usati in quei problemi o bisogna aggiungere qualcosa di diverso?

- Considerando che il percorso può contenere una serie di svolte in una qualsiasi delle quattro direzioni, posso limitarmi a esplorare la griglia con due cicli *for* organizzati per righe e colonne?

- Se con la ricorsione e facendo *backtracking* esploro tutti i sentieri possibili, date le dimensioni del problema, è possibile che risolva tutti i casi di test in tempo ragionevole?

- Se il problema diventa il tempo impiegato e non più la soluzione in sè, è possibile migliorare l'algoritmo in modo da ottenere tutti i risultati in un tempo compatibile a quello di gara?

9.33.2 Soluzione

Chiaramente il problema presenta delle similitudini con quelli indicati e quindi l'approccio utilizzato sarà simile e farà uso della ricorsione. Si vedrà adesso come arrivare a due diverse soluzioni: la prima, concettualmente più semplice, non permetterà di prendere tutti i punti, la seconda, che non è altro che un'evoluzione *furba* della prima, invece farà punteggio pieno.

L'idea di base è quella di usare la ricorsione per "esplorare" tutti i percorsi possibili e, man mano che li si esplorano, si tiene traccia del salto più alto che si è costretti a fare. Quando un ramo della ricorsione arriva alla casella finale, quella in posizione H-1, W-1, allora si verifica se il salto più alto di quel percorso è più basso di quello finora migliore, se sì, si memorizza la nuova soluzione temporanea, e, in ogni caso, tramite *backtracking* si torna indietro e si esplorano altri percorsi.

Il grosso limite di questa soluzione, come si vedrà, è che il numero di percorsi ha una crescita esponenziale, quindi anche con una dimensione della griglia piuttosto piccola, non si riesce ad arrivare a una soluzione in tempi ragionevoli.

Il codice comunque è il seguente:

```
1   int mappa[100][100];
2   int soluzione;
3   int H, W;
4
5   void visita(int r, int c, int salto)
6   {
7       if (salto >= soluzione)
8           return;
9       if (r == H - 1 && c == W - 1)
10      {
11          soluzione = salto;
12          return;
13      }
14      int temp = mappa[r][c];
15      mappa[r][c] = -1;
16      struct {
17          int i, j;
18      } direzioni[] = {{1,0},{0,1},{-1,0},{0,-1}};
19      for (int d = 0; d < 4; d++)
20      {
21          int i = direzioni[d].i, j = direzioni[d].j;
22          if (r+i >= 0 && c+j >= 0 && r+i < H && c+j < W &&
23              mappa[r+i][c+j] != -1)
24              {
25                  if (salto > abs(temp - mappa[r+i][c+j]))
26                      visita(r+i,c+j, salto);
27                  else
28                      visita(r+i,c+j, abs(temp - mappa[r+i][c+j]));
29              }
30      }
31      mappa[r][c] = temp;
32  }
33
```

```
34  int main()
35  {
36      ifstream in("input.txt");
37      ofstream out("output.txt");
38      int T;
39      in >> T;
40      for (int test = 1; test <= T; test++)
41      {
42          out << "Case #" << test << ": ";
43          in >> H >> W;
44          for (int i = 0 ; i < H; i++)
45              for (int j = 0; j < W; j++)
46                  in >> mappa[i][j];
47          soluzione = 10000000;
48          visita(0,0,0);
49          out << soluzione << endl;
50          cout << "Case #" << test << " finished" << endl;
51      }
52      return 0;
53  }
```

L'algoritmo è tutto contenuto nella funzione ricorsiva *visita*, definita alla riga 5, i cui primi due parametri rappresentano le coordinate della casella che viene visitata dal percorso corrente, mentre il terzo è il valore attuale del salto maggiore contenuto nel percorso che si sta esplorando. Le prime due istruzioni (righe 7-8) sono fondamentali per poter prendere una serie cospicua di punti: il loro scopo è quello di fermare la soluzione una volta che, percorrendo un sentiero, si arriva a una situazione nella quale un salto contenuto nel percorso è più alto della migliore soluzione finora trovata. Questo chiaramente indica che è inutile andare avanti a esplorare quel percorso e quindi la ricorsione viene terminata. Senza quelle due righe il programma riuscirebbe a eseguire solo il primo caso di test, che è su una matrice 5x5, e inoltre il risultato non sarebbe corretto perchè in *soluzione* verrebbe scritta il costo dell'ultimo percorso esplorato, che poco probabilmente sarebbe quello corretto.

Le righe dalla 9 alla 13 implementano invece la condizione di terminazione della ricorsione che viene raggiunta quando il percorso arriva sulla casella di destinazione. L'assegnamento di *salto* a *soluzione* è determinato dal fatto che nelle righe precedenti si controllava già se *salto* era maggiore o uguale a *soluzione* e nel caso si usciva, quindi a questo punto *salto* è per forza la *soluzione* temporanea.

La ricorsione vera e propria viene fatta nelle righe successive: per permettere il *backtracking* si tiene da parte il valore contenuto nella cella attuale, che dovrà successivamente essere reinserito, e lo sostituisce con un -1, in modo da evitare percorsi che ripassino più volte sulla stessa casella.

La struttura definita tra le righe 16 e 17 serve solo a permettere al ciclo *for* di esplorare le quattro direzioni, poichè ogni elemento del vettore *direzioni* contiene una direzione (basso, destra, alto, sinistra) e quindi è possibile iterare sulle direzioni.

Detta a parole questa ricorsione funziona così:

- per ognuna delle quattro direzioni (riga 19)

  - se la casella si trova all'interno della matrice (riga 22) e non è già contenuta nel percorso corrente (riga 23)

    * se il salto maggiore visto fino a questo momento è maggiore del salto per spostarsi dalla casella *r,c* a quella *r+i, c+j*, allora ci si sposta ricorsivamente in quella casella passando il valore di *salto*
    * altrimenti ci si sposta ricorsivamente in quella casella passando il valore assoluto della differenza tra le due caselle, perchè da questo momento è quello il valore di salto maggiore trovato

Infine viene reinserito (riga 31) nella casella *r,c* il valore che in precedenza era stato sostituito con il -1, in modo da permettere ad altri rami della ricorsione di poter usare quella casella (quindi operare in *backtracking*).

Come si diceva, il problema di questa soluzione, che pure è corretta, sta nel tempo impiegato per risolvere i casi di test: provando su esempi reali forniti dal sistema di correzione si può affermare che si riescono a prendere i primi 13 punti associati alla soluzione dei primi 13 casi di test, ma non oltre quelli[17].

Si può notare nel codice che alla riga 50 è stata inserita un'istruzione per tenere traccia dei casi man mano che vengono risolti dal programma. Perchè questo può essere utile? Perchè, in un caso come questo, senza istruzioni di stampa a video, potrebbe essere difficile capire se il programma sta risolvendo alcuni casi ma è lento, oppure contiene semplicemente un errore che lo porta a un ciclo infinito. Avendo invece questo input a video si può decidere di lasciare proseguire il programma e terminarlo solo quando si decide che non abbia più possibilità di risolvere altri casi di test. La terminazione del programma non "distrugge" la parte di file che contiene le soluzioni dei casi risolti, quindi poi lo si potrà sottoporre per prendere i punti meritati, e il sistema di correzione farà solo notare che mancano delle soluzioni, ma darà comunque un punteggio a quelle presenti.

Come ottenere tutti i 27 punti? L'idea è che, mentre si cerca la soluzione, ci si continua a imbattere in soluzioni parziali (ed eventualmente temporanee) del problema, che però possono essere usate per eliminare la maggior parte delle ricerche successive, in modo da rendere il tempo di risoluzione accettabile.

Ma cos'è una soluzione parziale? Definito il nostro problema generale come quello che prevede che il percorso finisca in *H-1, W-1* e che può essere scritto come $P(H-1, W-1)$, possiamo definire come sottoproblema quello che prevede che il percorso finisca in una generica casella *r, c*, con $r < H$ e $c < W$, che quindi può essere scritto come $P(r,c)$. Siccome la soluzione del problema è solo un numero, si potrebbe pensare di memorizzare queste soluzioni ai vari sottoproblemi all'interno di una matrice HxW, dove nella casella in posizione *r, c* si trova la soluzione del sottoproblema $P(r,c)$, che può essere scritta come $Sol(r,c)$. Il vantaggio rispetto alla soluzione precedente è che, prima, la ricorsione veniva interrotta solo quando un percorso arrivava ad avere un salto maggiore o uguale alla migliore soluzione trovata fino a quel momento, adesso si può invece interrompere la ricorsione sul singolo percorso molto presto: basta che il percorso passi per una casella *r,c* il cui valore, che si ricorda essere il migliore finora trovato per il sottoproblema $P(r,c)$, sia inferiore a quello del percorso che si sta analizzando. Cerchiamo di chiarire con un esempio: siano H=20 e W = 20 e sia $Sol(7,9) = 17$ la soluzione del sottoproblema $P(7,9)$ (cioè quella in cui un percorso termina in 7,9) e invece la soluzione globale migliore finora trovata sia $Sol(19,19) = 43$ (cioè è stato scoperto ricorsivamente un percorso che arriva alla destinazione il cui salto peggiore è 43). Se la ricorsione sul percorso attuale arriva alla casella 7,9 e in quel momento il salto di quel percorso fosse 22, in questo nuovo algoritmo si esce dalla ricorsione e si smette di esplorare quel percorso, poichè sappiamo già che si potrebbe arrivare alla casella 7,9 con un percorso migliore e quindi non avremmo nessun vantaggio a partire da lì con un percorso che già ha un valore peggiore. Viceversa, nel primo algoritmo, il valore verrebbe confrontato solo con la soluzione ottima fino a quel momento, che in questo esempio abbiamo ipotizzato essere 43. Quindi la ricorsione proseguirebbe, magari anche molto a lungo e sicuramente non esplorerebbe percorsi utili alla ricerca della soluzione, perchè ognuno di essi avrebbe costo pari ad almeno 22, che è peggio di 17.

Questo guadagno è notevolissimo, considerando che, quanto prima si ferma la ricorsione, tanto maggiore è il guadagno in termini di operazioni non fatte. Difatti, considerando che ogni chiamata ricorsiva genera fino a 4 diverse chiamate, risulta evidente che se riusciamo a fermare un percorso ad esempio 10 passaggi prima, si potrebbero salvare fino a $4^{10} = 1048576$ chiamate ricorsive.

Il codice risulta il seguente, che si potrà notare essere molto simile a quello del primo algoritmo:

```
1   int mappa[100][100];
2   int soluzione[100][100];
3   int H, W;
4
5   void visita(int r, int c, int salto)
```

---

[17]Sulla mia macchina i primi 13 casi vengono risolti in meno di un secondo, mentre dopo 16 minuti il programma è stato terminato perchè ancora non si vedeva la soluzione del 14-esimo caso.

```
6  {
7      if (r == H - 1 && c == W - 1)
8          return;
9      struct {
10          int i, j;
11      } direzioni[] = {{1,0},{0,1},{-1,0},{0,-1}};
12      for (int d = 0; d < 4; d++)
13      {
14          int i = direzioni[d].i, j = direzioni[d].j;
15          if (r+i >= 0 && c+j >= 0 && r+i < H && c+j < W)
16              {
17                  if (salto < abs(mappa[r][c] - mappa[r+i][c+j]))
18                      salto = abs(mappa[r][c] - mappa[r+i][c+j]);
19                  if (salto < soluzione[r+i][c+j])
20                  {
21                      soluzione[r+i][c+j] = salto;
22                      visita(r+i,c+j, salto);
23                  }
24              }
25      }
26  }
27
28  int main()
29  {
30      ifstream in("input.txt");
31      ofstream out("output.txt");
32      int T;
33      in >> T;
34      for (int test = 1; test <= T; test++)
35      {
36          out << "Case #" << test << ": ";
37          in >> H >> W;
38          for (int i = 0 ; i < H; i++)
39              for (int j = 0; j < W; j++){
40                  in >> mappa[i][j];
41                  soluzione[i][j] = 10000000;
42              }
43          visita(0,0,0);
44          out << soluzione[H-1][W-1] << endl;
45          cout << "Case #" << test << " finished" << endl;
46      }
47      return 0;
48  }
```

La prima differenza è che sono scomparse le righe che controllano il salto corrente rispetto alla migliore soluzione finora trovata, poichè questo controllo avverrà qualche riga dopo, effettuando la verifica rispetto alla soluzione del sottoproblema $P(r,c)$.

La condizione di terminazione, se si è arrivati fino alla destinazione, prevede semplicemente che la ricorsione si fermi. Nella parte dove si esplorano le quattro caselle vicine (riga 12), evitando ovviamente di uscire dalla matrice (riga 15), prima si verifica se il nuovo salto da fare per arrivare alla casella $r+i$, $c+j$ peggiora la situazione e, nel caso, si aggiorna il valore di *salto*. Successivamente si prosegue con la ricorsione solo se il percorso attuale migliora $Sol(r+i, c+j)$, che è memorizzata nella matrice *soluzione[r+i][c+j]*. Se si prosegue, solo allora si aggiorna anche *soluzione[r+i][c+j]*, che, come detto in precedenza, è una soluzione parziale e temporanea e si continua con la ricorsione.

Quando la funzione *visita* avrà finito la ricorsione, la matrice *soluzione* conterrà in ogni casella $Sol(r,c)$, che è la soluzione del problema $P(r,c)$, quindi basterà stampare il contenuto della casella in posizione *H-1*, *W-1*, che è la soluzione del problema originale.

Così codificata questa soluzione, su una macchina virtuale appoggiata su un host Core i7, impiega 9 secondi per risolvere tutti e 27 i casi di test.

Capitolo 10

Altri problemi

Questo nuovo capitolo, non presente nella prima edizione, contiene una serie di problemi, solitamente provenienti da gare online, che contengono aspetti interessanti e che quindi ho ritenuto potenzialmente utili per l'allenamento. Non sono stati classificati secondo un qualche ordine, ma in generale sono stati inseriti man mano che mi sono trovato a doverli svolgere. A differenza dei problemi del capitolo precedente non vengono proposte delle domande per invitare a riflettere, ma vengono elencati gli aspetti interessanti del problema e poi viene mostrata direttamente la soluzione commentata: questo dovrebbe permettere al lettore di scegliere se affrontare o meno l'esercizio in base a ciò che ritiene più utile al proprio percorso di apprendimento. La difficoltà in genere non appare sul sito di appartenenza, quindi è stata aggiunta da me per poterli confrontare con quelli delle selezioni territoriali.

Come per tutti gli esercizi di questa guida il lettore è invitato prima a tentare la propria strada risolutiva e solo in un secondo momento a leggere la soluzione proposta, che come già detto dovrebbe sempre mostrare un qualche aspetto interessante.

Le soluzioni di tutti i problemi affrontati sono state sottoposte al correttore automatico della gara dalla quale i problemi sono stati estratti, risolvendo correttamente tutti i casi proposti: ciò non garantisce la correttezza assoluta, ma da una buona confidenza che le soluzioni proposte siano corrette. Come sempre è stata privilegiata la semplicità di scrittura e la linearità della soluzione, compatibilmente con le conoscenze presunte del tipico lettore di questa guida.

Spesso i problemi sono estratti estratti da gare in lingua inglese, il testo è stato tradotto e adattato da me cercando di preservare il messaggio trasmesso dall'ideatore originale. Avrei anche potuto lasciare l'originale in inglese, per abituare alla lettura di testi in tale lingua, cosa probabilmente molto utile, ma per non porre in difficoltà nessuno ho optato per la traduzione. Un'altra differenza è che in alcune gare al posto di leggere e scrivere da e verso file si fa l'I/O direttamente da tastiera e su video[1], usando quindi le normali funzioni *scanf* e *printf* per il C e *cin* e *cout* per il C++.

Dalla terza edizione sono stati aggiunti anche alcuni problemi presenti nelle selezioni nazionali delle Olimpiadi Italiane, con lo scopo di poter offrire un minimo di supporto a chi ha passato i territoriali e si trova a doversi preparare per i nazionali. Vanno però tenute presenti due considerazioni:

- la guida è stata pensata e continua a rimanere un aiuto per la preparazione alle selezioni territoriali, quindi le tecniche risolutive utilizzate rimangono le stesse necessarie alla soluzione dei problemi delle territoriali, il che non garantisce in generale che le soluzioni proposte possano far guadagnare tutti i punti disponibili in un problema

- le soluzioni proposte sono comunque state testate su un correttore ufficiale e quindi viene sempre mostrato il punteggio che è possibile totalizzare con la soluzione illustrata.

---

[1]Questo è causato da differenze nei vari sistemi di correzione: di fatto la lettura/scrittura avviene sempre da e verso file, però il correttore può far apparire la cosa diversa usando meccanismi di ridirezione.

10.1   Gare di formula 7 (f7) - CoCi ottobre 2012

Gare di formula 7 (f7)[2]

Difficoltà D = 2.

Descrizione del problema

Il campionato del mondo di Formula 7 2012 è caratterizzato da corse mozzafiato e frequenti cambi di posizione al comando della classifica. Antonio ha perso la maggior parte delle gare perchè si stava allenando per le Olimpiadi di Informatica. Ora le sue uniche consolazioni sono le medaglie che ha vinto ed essere il protagonista di questo problema. Lui ha una domanda da farti in qualità di risolutore di questo problema: "Quanti piloti che partecipano al campionato 2012 hanno ancora possibilità di diventare campioni del mondo **alla fine dell'ultima gara**?" Il campione del mondo è ovviamente il pilota con **il punteggio più alto** alla fine (dopo l'ultima corsa).

Ci sono **N** piloti che partecipano al campionato. Tutti prendono dei punti alla fine di ogni gara, incluso l'ultimo arrivato. Al vincitore della gara vengono dati **N punti**, al secondo **N-1** punti e così via fino all'ultimo pilota, al quale viene dato **1 punto**. Due piloti non possono finire una gara nella stessa posizione.

Scrivi un programma che, dato in input il numero totale di punti che ogni pilota ha guadagnato prima dell'ultima gara, calcoli quanti piloti hanno ancora la possibilità teorica di avere il punteggio più alto dopo l'ultima gara e quindi di vincere il campionato. Se più di un pilota ha il punteggio massimo finale, diventano tutti campioni del mondo.

Dati di input

La prima linea contiene un intero positivo **N** ($3 \leq N \leq 300000$), il numero totale di piloti che partecipano al campionato.

Ognuna delle successive **N** linee contiene un solo intero $\mathbf{B_i}$ ($0 \leq B_i \leq 2000000$, $i = 1, \ldots, N$), il numero di punti che il pilota i-esimo ha prima dell'ultima gara.

Dati di output

Un unico intero, che è il numero di piloti che possono ancora vincere il campionato.

Esempi di input/output

Input	Output
3	3
8	
10	
9	

Input	Output
5	4
15	
14	
15	
12	
14	

10.1.1 Aspetti interessanti

Parole chiave: ordinamento, greedy.

Il problema può essere facilmente risolto con un algoritmo greedy, ma bisogna stare attenti perchè nella formulazione e negli esempi proposti potrebbero non essere subito evidenti alcuni casi che, se non gestiti correttamente, porterebbero alla scrittura di un programma sbagliato.

10.1.2 Soluzione

```cpp
int punteggi[300000];

int main() {
    int N, quanti=0;
    cin >> N;
    for (int i=0; i<N ; i++)
        cin >> punteggi[i];
    sort(punteggi, punteggi + N);
    reverse(punteggi, punteggi+N);
    int minimo = 0;
    for (int i = 0; i < N; i++)
        if (punteggi[i] + i + 1 > minimo)
            minimo = punteggi[i] + i + 1;
    for (int i = 0; i < N; i++)
        if (punteggi[i]+N >= minimo) quanti++;
    cout << quanti << endl;
    return 0;
}
```

Un'idea che potrebbe venire da una lettura non attenta del testo e pensando a come funzionano le gare reali di Formula Uno potrebbe essere quella di verificare per ogni pilota se, sommando il punteggio che può ottenere arrivando primo al punteggio che ha prima dell'ultima gara, ottiene un valore superiore al pilota in testa al mondiale. Questo però funzionerebbe solo nelle gare vere, dove la maggior parte dei piloti non prende punti e quindi si può ipotizzare che il primo non prenda punti e per superarlo basti fare un numero adeguato di punti.

Nel problema proposto, siccome tutti i piloti prendono dei punti alla fine della gara, potrebbe succedere che a un pilota non basti arrivare primo e raggiungere un punteggio superiore a quello che era primo fino alla penultima gara, poichè, data una qualsiasi combinazione di arrivi alle sue spalle, ci potrebbe sempre essere un pilota con più punti che gli preclude la possibilità teorica di arrivare primo. Un caso del genere lo si può vedere bene nel secondo esempio, dove il pilota con 12 punti non ha nessuna possibilità di vincere il campionato del mondo anche arrivando primo all'ultima gara, poichè, data una qualsiasi combinazione dei piloti dietro di lui, ci sarà sempre qualcuno che farà più di 17 punti.

A questo punto per applicare il paradigma greedy bisogna far vedere che esiste un qualche ordinamento dei piloti che è ottimo per il problema. Ragionando sugli esempi e generalizzando si può notare che la configurazione migliore per il problema è quella in cui ogni pilota arriva nell'ordine inverso alla sua posizione in classifica, cioè il primo arriva ultimo, il secondo penultimo, e così via fino all'ultimo che arriverà primo. Perchè questa è la configurazione migliore possibile? Perchè per un qualsiasi pilota garantisce che ogni altro pilota che si trovava davanti a lui prima dell'utlima gara prenda un punteggio che è il minimo possibile compatibilmente con le regole. Come si può vedere dall'esempio mostrato sotto la prima configurazione, quella che potremmo chiamare a "minima energia", garantisce al pilota che arriva primo all'ultima gara, quello con punteggio 13, che dietro di lui ogni pilota abbia il minimo punteggio che può avere, poichè qualsiasi altra combinazione di arrivi porta un qualche pilota ad avere un punteggio migliore e quindi a impedire la vittoria ipotetica del pilota con punteggio 13.

13	14	15	16		13	15	14	16		13	15	16	14
17	17	17	17		17	18	16	17		17	18	18	15

13	16	15	14
17	19	17	15

13	16	14	15
17	19	16	16

13	14	16	15
17	17	18	16

Lo stesso discorso può essere applicato a uno qualsiasi degli altri piloti, supponendo che lui arrivi primo, il primo arrivi al suo posto e tutti gli altri nella stessa configurazione già mostrata.

A questo punto la soluzione diventa veloce da implementare: come prima cosa si ordina il vettore dei punteggi prima dell'ultima gara (riga 8) e, semplicemente per comodità, lo si inverte in modo che il primo nel vettore sia quello che aveva più punti prima dell'ultima gara (riga 9). A questo punto si trova il minimo del punteggio della classifica dopo l'ultima gara, classifica calcolata al volo dentro il ciclo for di riga 11 semplicemente aggiungendo a ogni pilota i punti relativi alla sua posizione nell'ultima gara tramite la somma dell'indice i, in modo che l'ordine di arrivo sia l'inverso della posizione in classifica prima dell'ultima gara. Trovato questo minimo basta contare quanti piloti, supponendo che arrivino primi, possano superare questo minimo (righe 14-15), perchè se non ci riescono vuol dire che non hanno possibilità di arrivare primi poichè, come abbia già detto, questa è la configurazione migliore, qualsiasi altra non farebbe che peggiorare le cose.

10.2   Il boscaiolo Mirko (Eko) - CoCi Marzo 2012

Il boscaiolo Mirko (Eko)

Difficoltà D = 2.

Descrizione del problema

Il boscaiolo Mirko ha bisogno di tagliare **M** metri di legna. Per lui questo è un lavoro molto semplice, poichè ha una nuova macchina taglialegna che è in grado di abbattere foreste con l'efficienza di un incendio. Comunque a Mirko è permesso solo di tagliare una fila di alberi a una certa altezza. Questo perchè la macchina di Mirko funziona così: una volta che Mirko imposta un'altezza **H** (in metri), la macchina aziona la sua gigantesca lama a quell'altezza e taglia tutti le parti degli alberi che superano l'altezza **H** (naturalmente gli alberi alti **H** metri o meno non vengono toccati dalla lama). Mirko poi raccoglie le parti che sono state tagliate. Per esempio, se la fila di alberi ne contiene quattro con altezze 20, 15, 10 e 17 e Mirko imposta l'altezza della lama a 15 metri, l'altezza degli alberi dopo il taglio sarà rispettivamente di 15, 15, 10 e 15 e MIrko potrà raccogliere 5 metri tagliati dal primo albero e 2 dal quarto, per un totale di 7 metri.

Essendo Mirko un **ecologista**, non vuole tagliare più metri di legna del necessario e quindi vuole impostare l'altezza della lama il più in alto possibile compatibilmente con le sue necessità. Aiuta Mirko a trovare l'**altezza massima intera** a cui impostare la lama in modo che vengano tagliati **almeno M** metri di legna.

Dati di input

La prima linea contiene due interi positivi separati da uno spazio, **N** (il numero di alberi, $1 \leq N \leq 1.000.000$) e **M** (la quantità di legna che serve a Mirko, $1 \leq M \leq 2.000.000.000$).

La seconda linea di input contiene **N** interi separati da spazio minori di $1.000.000.000$, l'altezza di ogni albero (in metri). La somma di tutte le altezza sarà sempre maggiore di **M**, quindi Mirko sarà sempre in grado di ottenere la quantità di legna che gli serve.

Dati di output

Un unico intero, che è l'altezza a cui deve essere impostata la lama.

Esempi di input/output

Input	Output
4 7	15
20 15 10 17	

Input	Output
5 20	36
4 42 40 26 46	

10.2.1 Aspetti interessanti

Parole chiave: forza bruta, ricerca binaria, ordinamento.

A una prima analisi superficiale risulta evidente che il problema potrebbe essere risolto molto facilmente utilizzando un approccio a forza bruta: in realtà i limiti sulle dimensioni dei dati di input dovrebbero subito chiarire che un tale approccio non è fattibile all'interno dei limiti di tempo posti dal problema. Uno studio più attento porta invece all'ideazione di due possibili soluzioni, di fatto equivalenti, che sfruttano una l'ordinamento e l'altra la ricerca binaria.

10.2.2 Soluzione

Per completezza viene fornito il sorgente della soluzione a forza bruta, senza commenti: come si può vedere il codice è estremamente semplice, non richiede più di una decina di minuti per essere scritto, ma nella prova reale delle gare CoCi porta alla soluzione in tempo utile di 4 casi su 10. Il perchè dovrebbe essere evidente considerando che possono esserci fino a 1.000.000 di alberi e l'altezza massima può essere di 1.000.000.000: l'algoritmo a forza bruta esegue un numero di operazioni proporzionale al numero di alberi moltiplicato per l'altezza massima degli alberi, che quindi può andare tranquillamente oltre alle possibilità del calcolatore di risolvere il problema nei tempi stabiliti.

```
int N, M, alberi[1000000];
int legno_tagliato(int altezza) {
    int legno = 0;
    for (int i = 0; i < N; i++)
        if (alberi[i] > altezza)
            legno += alberi[i] - altezza;
return legno;
}
int main() {
    int max = 0;
    cin >> N >> M;
    for (int i = 0; i < N; i++){
        cin >> alberi[i];
        if (alberi[i] > max)
            max = alberi[i];
    }
    for (int i = max-1; i >= 0; i--)
        if (legno_tagliato(i) >= M){
            cout << i << endl;
            return 0;
        }
    return 0;
}
```

A questo punto si possono avere due idee altrettanto valide e semplici da implementare, con complessità di tipo $n \log n$, che quindi risulta adatta alla soluzione di questo problema.

Soluzione con ricerca binaria

Dove nella soluzione a forza bruta scorriamo tutto il range di altezza degli alberi, partendo dall'altezza massima e scendendo di un metro alla volta (vedi riga 17 dell'approccio a forza bruta), possiamo invece sfruttare l'idea della ricerca binaria (vedi 4.6) per muoverci velocemente tra i vari valori, dimezzando ad ogni passaggio il range da esplorare, impiegando quindi solo $\log_2 N$ operazioni al posto di N, con N la dimensione del range da esplorare. Il vantaggio è evidente: se poniamo N = 1.000.000.000, il valore peggiore che può capitare nei casi di test, il numero di confronti si riduce al massimo a circa 30.

```
1   int main() {
2       int max = 0;
3       cin >> N >> M;
4       for (int i = 0; i < N; i++){
5           cin >> alberi[i];
6           if (alberi[i] > max)
7               max = alberi[i];
8       }
9       int inizio = 0, fine = max-1, medio;
10      long long int legno;
11      while (inizio < fine)    {
12          medio = (inizio + fine)/2;
13          legno = legno_tagliato(medio);
14          if ( legno == M)            {
15              cout << medio << endl;
16              return 0;
17          }
18          if (legno > M)
19              inizio = medio + 1;
20          if (legno < M)
21              fine = medio;
22      }
23      if (legno >= M)
24          cout << medio << endl;
25      else
26          cout << medio - 1 << endl;
27      return 0;
28  }
```

Come si vede nel codice il cuore dell'implementazione è piuttosto semplice ed è contenuto nel ciclo *while* (righe 11-22):

- si calcola il punto medio del range corrente e si valuta quanto legname verrebbe tagliato con la lama posta a quell'altezza (la funzione *legno_tagliato* è la stessa del codice a forza bruta e non è stata inserita per brevità)

- se siamo fortunati e coincide con quanto richiesto stamperemo il valore e il programma terminerà

- altrimenti verifichiamo se la quantità è maggiore o minore rispetto a quella richiesta: se è maggiore allora vuol dire che a quell'altezza viene tagliata troppa legna e quindi si ripartirà a cercare da una quota superiore (cioè il nuovo inizio sarà al di sopra del valore attuale), in caso contrario è stata tagliata una quantità di legna insufficiente e quindi si ripartirà da una quota più bassa (cioè la nuova fine sarà al di sotto del valore attuale)

- a questo punto si riparte da capo con il nuovo range, che rispetto al giro precedente è stato dimezzato

L'ultimo controllo fuori dal ciclo è stato aggiunto perchè ci sono dei casi in cui il valore medio trovato potrebbe essere di un metro troppo in alto, in quanto non è detto che la quantità di legname sia esattamente M: nel caso che il punto sia troppo in alto togliamo un metro (riga 26) e abbiamo la garanzia che stavolta il legno sia sufficiente (il perchè è lasciato come esercizio al lettore).

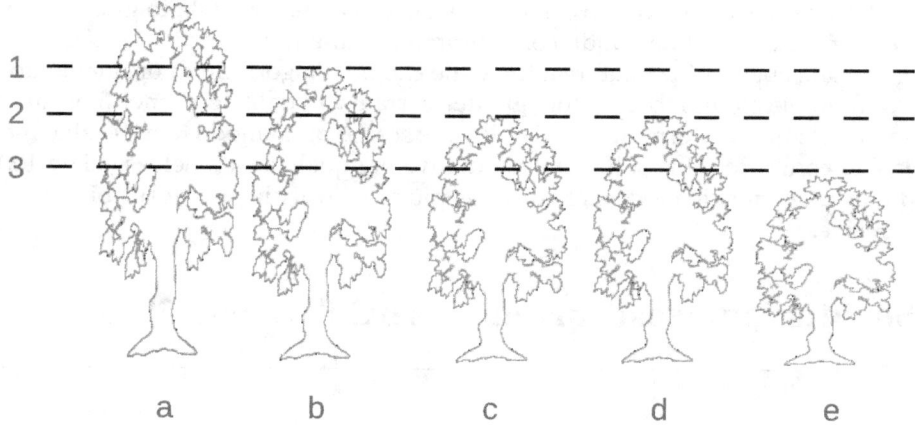

Figura 10.1: Soluzione con ordinamento

Soluzione con ordinamento

Una seconda soluzione che dal punto di vista computazionale è esattamente equivalente a quella vista sopra è quella che sfrutta l'ordinamento: ovviamente risulta equivalente se viene usato un algoritmo di ordinamento con complessità di tipo $n \log n$, come le funzioni di ordinamento di libreria, se invece si usasse uno degli algoritmi banali con complessità quadratica le prestazioni degraderebbero.

L'idea è quella di ordinare tutti gli alberi a partire dal più alto al più basso e sfruttare il fatto che a questo punto la quantità di legna tagliata può essere calcolata in tempo lineare partendo dal più alto e scendendo, poichè il calcolo si riduce a una somma e una moltiplicazione e deve essere protratto fino a quando non ho legna a sufficienza.

Questo algoritmo può essere facilmente compreso osservando figura 10.1: impostiamo l'altezza di taglio al livello 1, pari all'altezza dell'albero successivo al primo, e per calcolare la quantità di legna è sufficiente aggiungere la differenza tra l'altezza dell'albero e il livello 1. Poi si imposta la nuova altezza di taglio al livello 2, l'altezza dell'albero successivo, e la nuova quantità, da aggiungere a quella calcolata in precedenza, si ottiene come prodotto della differenza tra il livello 1 e il livello 2 moltiplicata per il numero di alberi precedenti (riga 9 del listato), in questo caso 2. Iterando questo procedimento si può calcolare la quantità di legno tagliata ad ogni altezza con costo lineare. Una ulteriore (minima) ottimizzazione si può ottenere sfruttando il fatto che quando ci sono alberi di uguale altezza (nell'esempio in figura c e d) prima di fare il calcolo della legna mi sposto fino all'ultimo albero in un colpo solo (riga 8 del listato).

```
1   int main() {
2       cin >> N >> M;
3       for (int i = 0; i < N; i++)
4       cin >> alberi[i];
5       sort(alberi,alberi + N, greater<int>());
6       int alberi_tagliati = 1, legno = 0, altezza, i;
7       for (i = 1; i < N && legno < M; i++){
8           while (alberi[i-1] == alberi[i]) i++;
9           legno += i * (alberi[i-1] - alberi[i]);
10      }
11      cout << alberi[i] + (legno - M)/i << endl;
12      return 0;
13  }
```

All'uscita del ciclo (righe 7-10) avrò quindi un'altezza di taglio che è determinata dall'altezza dell'albero a cui mi sono fermato a tagliare, che garantisce che la legna tagliata sarà in quantità sicuramente maggiore o uguale a M: per fornire la risposta corretta dovrò eventualmente aggiungere una quantità che mi permetta di raggiungere un risultato migliore, cosa che posso facilmente ottenere dividendo la quantità di legna eccedente per il numero di alberi tagliati (riga 11).

Va infine fatto notare che dovendo ordinare gli alberi per altezza dal più grande al più piccolo è stata usata la funzione *sort* passando come ultimo parametro un *oggetto funzione* o *funtore* che altro non è che una specie di puntatore a funzione che poi l'algoritmo di ordinamento userà per fare i confronti: in questo modo il funtore **greater** verrà usato dall'algoritmo di ordinamento per confrontare due elementi e verranno eventualmente scambiati in modo tale che alla fine il vettore sarà ordinato al contrario. Una soluzione alternativa era quella usata nell'esercizio 10.1.2, in cui veniva ordinato un vettore in modo standard (dal più piccolo al più grande) e poi veniva applicato il metodo **reverse**.

10.3 Sostituzioni (sostituzioni) - ABC Bergamo 2013

Sostituzioni (sostituzioni)

Descrizione del problema

Il professor Tarboto, appassionato di numeri, ha inventato un nuovo gioco per i suoi studenti. A partire da un numero M e da una sequenza di numeri interi positivi assegnati A_1, A_2, ..., A_n bisogna sostituirne alcuni in modo che la somma dei quadrati di tutti i numeri risulti esattamente M. Il gioco prevede un costo per ogni sostituzione di un numero assegnato con un altro. L'obiettivo è trovare l'insieme di sostituzioni con costo minimo. Il costo della sostituzione del numero A_i con il numero B_i è pari a $(A_i-B_i)*(A_i-B_i)$. Ogni numero della sequenza iniziale può essere sostituito una volta sola. Ad esempio è possibile sostituire un 3 con un 1 (costo 4) mentre non è possibile sostituire un 3 prima con un 2 e poi con un 1 (costo complessivo 1+1=2).

Determinare il costo minimo necessario per effettuare sostituzioni in modo che la somma dei quadrati di tutti i numeri della sequenza risulti M. Nel caso non fosse possibile ottenere M in alcun modo il risultato è -1.

Dati di input

La prima linea contiene due interi positivi N (1<= N <=10) e M (1<= M <=10000). Le successive N linee contengono ognuna un intero positivo appartenente alla sequenza A_1, ..., A_N (1<= A_i <=100). Ogni numero A_i può essere sostituito una volta con un numero B_i (1<= B_i <=100).

Dati di output

La prima e unica linea deve contenere il costo minimo per sostituire abbastanza numeri per ottenere M, o -1 se non esiste soluzione.

Assunzioni

- L'esecuzione non deve richiedere più di 1 secondo e 32 MB di RAM. In 5 casi input su 12, viene garantito che M < 100.

Esempi di input/output

Input	Output
3 6	5
3	
3	
1	

Spiegazione dell'esempio

Sostituire un 3 con il valore 2 (costo 1) e l'altro 3 con il valore 1 (costo 4). La scmma dei quadrati è 4+1+1=6 come richiesto e il costo è 5.

10.3.1 Aspetti interessanti

Parole chiave: ricorsione, ricorsione con memoizzazione, programmazione dinamica top-down e bottom-up..

Questo problema è relativamente facile da risolvere usando opportunamente la ricorsione, ma in questo modo non è possibile raccogliere tutti i punti a disposizione, ma solo una parte di essi. Vengono quindi proposte due versioni migliorate, che sfruttando il paradigma della programmazione dinamica, risolvono correttamente il problema nei casi di test.

10.3.2 Soluzione ricorsiva semplice

```
1  #define INT_MAX 1000000000
2  int a[100];
3  int N, M;
4  int costo(int m, int e) {
5      if (m == M && e == N)
6          return 0;
7      if (e == N)
8          return INT_MAX;
9      int min = INT_MAX;
10     int i = -a[e];
11     for(;m + (a[e] + i)*(a[e] + i) <= M;i++) {
12         int ci = costo(m + (a[e] + i)*(a[e] + i), e + 1) + i*i;
13         if ( ci < min)
14             min = ci;
15     }
16     return min;
17  }
18
19  int main(int argc, char** argv) {
20      ifstream in("input.txt");
21      ofstream out("output.txt");
22      in >> N >> M;
23      for (int i = 0; i < N; i++)
24          in >> a[i];
25      int c = costo (0,0) ;
26      if (c == INT_MAX)
27          out << -1 << endl;
28      else
29          out << c << endl;
30      return 0;
31  }
```

10.3.3 Soluzione ricorsiva con memoizzazione (o programmazione dinamica top-down)

```
1  int tab[10000][11];
2
3  int costo(int m, int e) {
4      if (m == M && e == N)
5          return 0;
6      if (e == N)
```

```
 7              return INT_MAX;
 8          int min = INT_MAX;
 9          int i = -a[e];
10          for(;m + (a[e] + i)*(a[e] + i) <= M;i++) {
11              int ci;
12              if (tab[m][e] != -1)
13                  ci = tab[m][e];
14              else
15                  ci = costo(m + (a[e] + i)*(a[e] + i), e + 1) + i*i;
16              if ( ci < min)
17                  min = ci;
18          }
19          tab[m][e] = min;
20          return min;
21      }
```

10.3.4   Soluzione con programmazione dinamica bottom-up

```
 1  int tab[11][10001];
 2
 3  int main(int argc, char** argv) {
 4      ifstream in("input.txt");
 5      ofstream out("output.txt");
 6      in >> N >> M;
 7      for (int i = 1; i <= N; i++)
 8          in >> a[i];
 9      for (int i = 0 ; i <11;i ++)
10          for (int j = 0 ; j <10001;j ++)
11              tab[i][j] = -1;
12      tab[0][0] = 0;
13      int i,j,k;
14      for (i = 1; i<=N; i++)
15          for (j=0; j<=M; j++) {
16              if (tab[i-1][j]!=-1) {
17                  k = -a[i];
18                  for (;j + (a[i] + k)*(a[i] + k) <= M;k++){
19                      int b = a[i]+k;
20                      if(tab[i-1][j] + k*k < tab[i][j + b*b)]
21                         || tab[i][j + b*b] == -1)
22                          tab[i][j + b*b)] = tab[i-1][j] + k*k;
23                  }
24              }
25          }
26      out << tab[N][M] << endl;
27      return 0;
28  }
```

10.4   Per un pugno di baht (baht) - Nazionali 2010

Per un pugno di baht (baht)

Descrizione del problema

L'incredibile Hulk si trova in Tailandia e purtroppo ha un carattere irascibile: ha rotto diverse macchine automatiche per distribuire le merendine perché non erano in grado di fornirgli il resto. Per prevenire l'ira di Hulk in tali situazioni, la ditta costruttrice ha deciso di predisporre un sistema centrale che sia in grado di calcolare, per ciascuna di tali macchine, il minimo resto che la macchina stessa non è in grado di fornire.

Le monete tailandesi (i baht) che sono presenti nelle macchine possono essere di qualsiasi taglia (1 baht, 2 baht, 3 baht, ecc.) e quantità. Possono essere combinate in qualsiasi modo: ad esempio, il resto di 5 baht non può essere dato se la macchina contiene una moneta da 1 baht e due monete da 3 baht (in questo caso il più piccolo resto che non può essere dato è 2). Con sei monete da 1 baht e due monete da 2 baht, è invece possibile fornire il resto di 5 baht in vari modi (in questo caso il resto più piccolo resto che non può essere dato è 11).

Il tuo compito è di aiutare la ditta a calcolare, per un certo numero di macchine, qual è il minimo resto che ciascuna macchina **non** è in grado di fornire.

Dati di input

Il file input.txt è composto da 2P+1 righe, dove P è il numero di macchine su cui valutare il resto. Per ogni macchina, la ditta presenta la corrispondente sequenza di monete e chiede il minimo resto che la macchina non è in grado di fornire.

Sulla prima riga si trova P, il numero di macchine. Le rimanenti righe sono così composte. Per $1 \leq i \leq P$, le righe 2i e 2i+1 contengono le informazioni per la i-esima macchina distributrice: la riga 2i contiene N_i, il numero di monete presenti nella macchina; la riga successiva (2i+1), contiene la sequenza di valori $M_1, M_2, \ldots, M_{N_i}$ delle monete presenti nella macchina, separati l'un l'altro da uno spazio. I valori delle monete sono interi positivi.

Per esempio, se la seconda riga del file contiene il numero 7 e la terza riga i numeri 10 2 14 1 13 2 3, questo significa che nella prima macchina sono presenti 7 monete. Siccome le monete vanno inserite una alla volta, risulta una moneta da 10 bath, poi una da 2 bath, poi una da 14 baht, una da 1 bath, una da 13 baht, ancora una da 2 bath e, infine, una da 3 bath. In tal caso, il minimo resto che la macchina non riesce a restituire è di 9 baht.

Dati di output

Il file output.txt è composto da P righe. Sulla i-esima riga (con $1 \leq i \leq P$) si deve trovare il minimo resto che la i-esima macchina non può fornire.

Assunzioni

- $1 \leq P \leq 1000$
- $1 \leq N_i \leq 10\,000$ per ogni i
- $1 \leq M_j < 2^{20}$ per ogni j
- Per ciascuna macchina, la somma delle monete nella rispettiva sequenza è sempre inferiore a 2^{31}

Esempi di input/output

Input	Output
2	9
7	13
10 2 14 1 13 2 3	
9	
1 16 2 1 23 18 1 4 3	

10.4.1 Aspetti interessanti

Parole chiave: ordinamento, greedy.

Non è immediatamente chiaro quale sia la tecnica da adottare per questo tipo di problema, in quanto potrebbe sembrare un problema da risolvere con la programmazione dinamica, poichè assomiglia al problema di "Lino il giornalaio" (vedi 7.4). Facendo però qualche prova su carta si può velocemente notare che se si mettono in ordine le monete dalla più piccola alla più grande è immediato verificare in quale situazione non si riesce a dare il resto.

10.4.2 Soluzione

Per mostrare subito come si arrivi alla soluzione del problema può essere utile guardare la figura , dove vengono mostrati due esempi con insiemi di monete già ordinati. In ogni esempio viene indicato l'insieme M dei valori delle monete contenute nel distributore e ogni riga rappresenta l'insieme dei resti possibili che possono essere dati aggiungendo una nuova moneta, dove la X nella casella indica appunto se il resto può essere dato (se ad esempio ci sono delle X nelle caselle di posizione 1, 2, 3 allora possono essere dati quei tre resti). Come vengono inserite le X nelle righe?

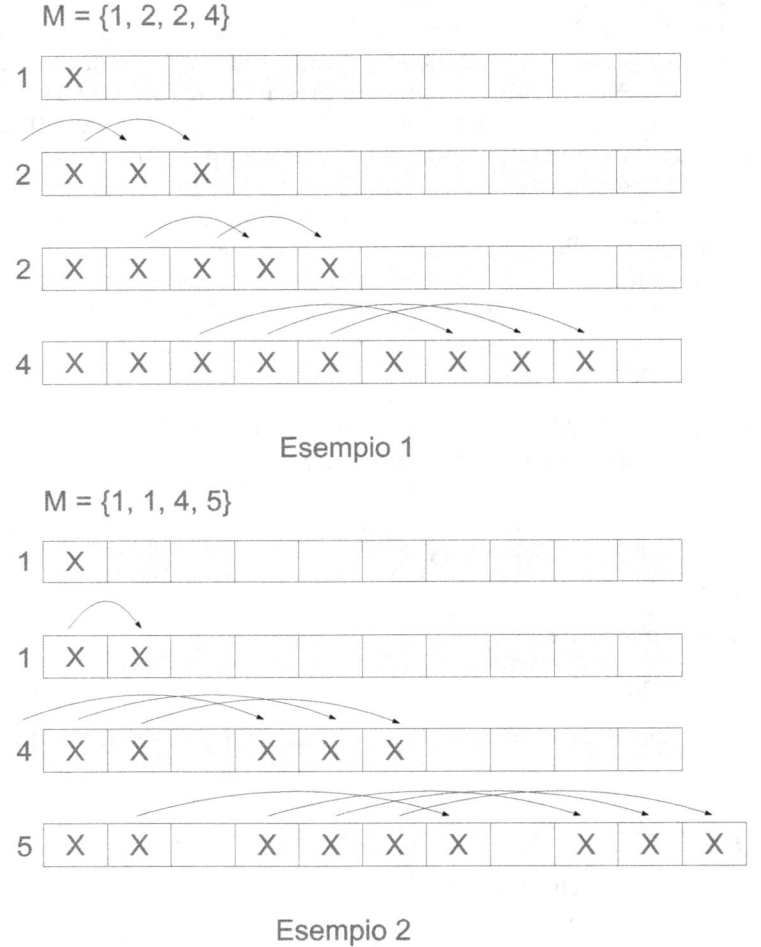

Figura 10.2: Soluzione grafica del problema

Il primo passo è notare che vale la seguente osservazione: se posso dare tutti i resti da 1 a R, allora aggiungendo una moneta di valore V potrò dare tutti i resti da 1+V a R+V. Nonostante l'osservazione possa sembrare banale, se i valori delle monete sono ordinati dal più piccolo al più grande, mi permette di trovare facilmente il primo "buco" libero dove non posso dare un resto.

Guardando l'esempio 1, dove le monete sono di valore 1, 2, 2, 4 si può vedere che se usiamo solo la moneta 1 possiamo dare un resto di 1 (ovviamente anche di zero, anche se non appare in figura 10.1), se aggiungiamo, nella seconda riga, una moneta di valore 2, possiamo ottenere anche i resti 2 e 3, se aggiungiamo l'altra moneta di valore 2 otteniamo anche i resti 4 e 5 e se infine raggiungiamo la moneta di valore 4 otteniamo i resti 6, 7, 8, 9. Quindi in questo esempio possiamo dare tutti i resti da 0 a 9 e quindi il primo resto che non può essere dato è quello di valore 10, ovviamente poichè nessuna macchina potrà mai dare un resto superiore alla somma dei valori delle monete che contiene. Il secondo esempio è più interessante, poichè si vede che nel passaggio dalla seconda alla terza riga si crea un "buco", che indica che il resto di valore 3 non può essere dato. Da questo esempio dovrebbe essere chiaro come ricavare una regola generale che ci permetta di stabilire qual è il più piccolo resto che non può essere dato con una certa configurazione di monete: supponiamo sia possibile dare tutti i resti usando solo le prime N monete (ordinate dalla più piccola alla più grande) e sia S la somma dei valori di queste monete, allora posso continuare a dare resti "senza buchi" se e solo se la nuova moneta aggiunta ha un valore al massimo pari a S+1. Se il valore è superiore, allora non sarà possibile dare il resto di valore S+1, che quindi sarà il più piccolo resto che il distributore non riesce a dare.

Compreso ciò il codice risulta estremamente semplice da scrivere.

```
1  int P, N, monete[10000];
2
3  int main() {
4      ifstream in("input.txt");
5      ofstream out("output.txt");
6      in >> P;
7      for (int i = 0; i < P; i++) {
8          in >> N;
9          int j;
10         for (j = 0; j < N; j++)
11             in >> monete[j];
12         sort (monete, monete + j);
13         int quante = j;
14         int somma = 0;
15         for (int j = 0; j < quante; j++)
16             if (monete[j] <= somma + 1)
17                 somma += monete[j];
18             else
19                 break;
20         out << somma + 1 << endl;
21     }
22     return 0;
23 }
```

Il codice che implementa quanto spiegato si trova tra la riga 8 e la riga 20 e viene poi ripetuto P volte per ognuno dei P distributori descritti in input. Dopo aver letto i valori delle monete all'interno del vettore monete (righe 10-11) e averlo ordinato (riga 12), le righe da 15 a 19 sommano di volta in volta una nuova moneta, fino a quando non si trova un valore di una moneta che sia superiore alla somma delle precedenti monete più uno, che è il valore cercato.

10.5 Fulcro del gioco (fulcro) - GATOR 2014

Fulcro del gioco (fulcro)[3]

Descrizione del problema

Una partita di calcio può essere analizzata (anche) in funzione della rete di passaggi che vengono effettuati tra i giocatori. Per esempio, qui sotto vediamo l'analisi della finale dei mondiali 2006: il verso delle frecce rappresenta la direzione dei passaggi, e la dimensione delle frecce è proporzionale al numero di passaggi tra due giocatori.

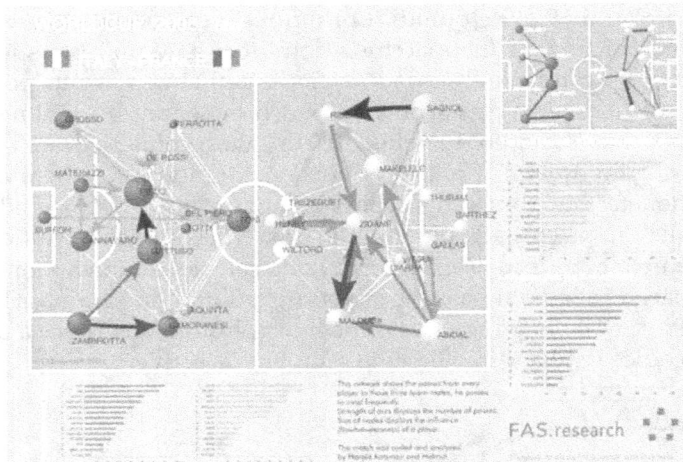

Prandelli, il CT della nazionale italiana, sta studiando il modo di pressare i giocatori avversari quando la palla è in possesso del portiere (avversario). Come dati a disposizione abbiamo lo schema dei passaggi tra i giocatori, e siamo interessati a capire quale sia il giocatore da marcare per impedire al maggior numero di giocatori di ricevere il pallone. Ad esempio, nella figura qui sotto, si vede che se si impedisce al 10 di prendere palla, non ci sono modi di farla arrivare al numero 8, al 9 e all'11. Possiamo pensare alla marcatura come la rimozione del giocatore dal campo: noi siamo interessati a capire chi sia il giocatore avversario che, se rimosso (mediante marcatura) danneggi maggiormente la squadra avversaria, come numero di giocatori che non riescono ad essere raggiunti dal pallone!

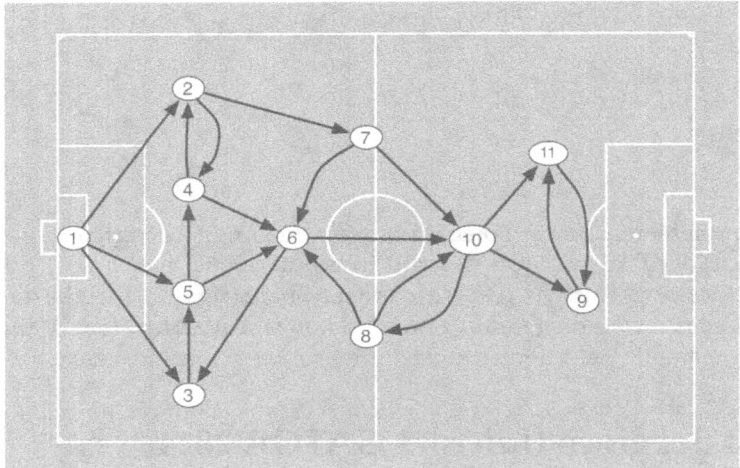

Il vostro compito è quello di scrivere un programma che aiuti Prandelli a determinare quale giocatore avversario sia il fulcro del gioco. Ad esempio, nello schema qui sopra (ricordandosi che non si può rimuovere il portiere):

- rimuovendo il numero 2 il numero 7 non è più raggiungibile;

- rimuovendo un solo giocatore qualsiasi, scelto tra i numeri 3, 4, 5, 6, 7, 8, 9, 11 non ci sono conseguenze;

- rimuovendo il numero 10 i numeri 8, 9 e 11 non sono più raggiungibili.

Dati di input

Come detto in precedenza, nel file input.txt M + 1 righe di testo: la prima riga contiene M, il numero di linee di passaggio (ovvero le frecce nella figura!) tra i giocatori. Le successive M linee contengono due interi A e B, a denotare che il giocatore A passa la palla al giocatore B.

Dati di output

Nel file *output.txt* dovrai stampare un solo intero: il numero del fulcro del gioco della squadra avversaria. Se ci sono due o più giocatori ugualmente importanti (ovvero tali che rimuovendoli non è raggiungibile lo stesso numero di giocatori) restituire quello con il numero di maglia più piccolo.

Assunzioni

- $1 \leq A,B \leq 11$

Esempi di input/output

Input	Output
21	10
1 2	
1 5	
1 3	
3 5	
5 4	
4 2	
2 4	
4 6	
5 6	
6 3	
2 7	
7 6	
6 10	
8 6	
8 10	
7 10	
10 8	
10 9	
10 11	
9 11	
11 9	

10.5.1 Aspetti interessanti

Parole chiave: grafi, visita.

Un altro esempio di come la conoscenza di semplici algoritmi sui grafi, in questo caso una semplice visita, permetta agevolmente di risolvere un problema. Che in questo problema l'approccio più semplice sia quello di modellarlo con un grafo appare chiaro fin da subito per via delle figure presenti nel testo, come poi usare una visita per risolverlo richiede solo di applicare qualche semplice considerazione .

10.5.2 Soluzione

In questo problema ci si trova di fronte a un grafo orientato, in cui, come è già stato detto altre volte, gli archi sono orientati e quindi potrebbe esserci un arco che va da A verso B ma non un arco che va da B verso A. Per quanto riguarda la visita ciò non è importante, perchè quando il grafo verrà "mappato" in una struttura dati in memoria gli archi saranno naturalmente orientati. Come può una visita aiutarci a risolvere il problema? Come visto nel paragrafo 8.3, una visita permette di passare attraverso tutti i nodi senza mai ripassare due volte in un nodo già visitato. Questo vale per un grafo connesso, perchè se il grafo non è connesso allora partendo da alcuni nodi la visita non ci permetterà mai di raggiungere alcuni altri nodi, che detto in modo più preciso vuol dire che esiste almeno una coppia di nodi che non hanno un percorso che li unisce. Perchè è importante fare questa osservazione? Perchè in questo caso la nostra domanda di quale è il giocatore più importante può essere riscritta in questo modo: data una visita che usa come nodo di partenza il nodo etichettato con 1 (richiesta del problema), se eliminiamo un nodo questo ci rende il grafo non connesso? E se sì quanti sono i nodi che risultano non più raggiungibili? In questo modo abbiamo ridotto il problema a una visita, in profondità o in ampiezza è indifferente, di un grafo a cui eliminiamo un nodo. Basta poi ripetere la visita per ognuno dei nodi che eliminiamo e vedere qual è quello che "stacca" più nodi dal resto del grafo. Un'ultima osservazione: è necessario eliminare il nodo nel senso di togliere tutti gli archi che lo collegano al grafo? No, nella visita basterà indicare quel nodo come già visitato prima di partire con la visita e questo farà in modo che non possa essere più visitato, cosa di fatto equivalente all'eliminazione, ma molto più semplice da implementare.

```
1   int M;
2   struct giocatore{
3       list <int> passaggi;
4   };
5   giocatore giocatori[12];
6   bool visitato[12];
7
8   int visita(int n) {
9       int contatore = 0;
10      fill(visitato, visitato + 12, false);
11      visitato[n] = true;
12      stack <int> pila;
13      pila.push(1);
14      while(!pila.empty()){
15          int corrente = pila.top();
16          pila.pop();
17          if (visitato[corrente] == false){
18              visitato[corrente] = true;
19              list <int>::iterator i;
20              for (i = giocatori[corrente].passaggi.begin();
21                      i!=giocatori[corrente].passaggi.end();
22                  ++i)
23                  pila.push(*i);
24          }
25      }
26      for (int i = 2; i<12; i++)
27          if (visitato[i] == false)
28              contatore++;
29      return contatore;
30  }
31
32  int main() {
33      ifstream in("input.txt");
34      ofstream out("output.txt");
35      in >> M;
36      for (int i = 0; i < M; i++)        {
37          int a, b;
```

```
38          in >> a >> b;
39          giocatori[a].passaggi.push_back(b);
40      }
41      int numero_maglia = 0, giocatori_esclusi = -1;
42      for (int i = 2; i < 12; i++)     {
43          int temp = visita(i);
44          if (temp > giocatori_esclusi)        {
45              giocatori_esclusi = temp;
46              numero_maglia = i;
47          }
48      }
49      out << numero_maglia << endl;
50      return 0;
51  }
```

Come si può vedere nel codice (righe 8-29) la visita viene fatta in profondità usando il modello già visto a pagina 79, con solo alcune aggiunte interessanti:

- alla riga 10 viene usato l'algoritmo *fill* per inizializzare il vettore dei nodi visitati, che deve essere reinizializzato ad ogni chiamata di funzione: usare l'algoritmo *fill* al posto di un più classico ciclo for non dà un grosso vantaggio in termini di risparmio di scrittura di codice, però può essere un modo di abituarsi a sfruttare la liberia standard dove c'è la possibilità.

- alla riga 11 viene segnato come già visitato il nodo n, che per quanto detto qualche riga sopra per i nostri scopi equivale all'eliminazione di quel nodo

- alla riga 13 viene inserito il nodo 1 come nodo di partenza della visita come da testo del problema

Nel programma poi, dopo aver letto l'input (righe 34-39), viene chiamata la visita escludendo ogni giocatore dal 2 all'11 e trovando "al volo" il numero massimo di giocatori che rimangono non più raggiungibili (righe 43-46)

10.6   La mensa (teta) - CoCi Marzo 2015

La mensa (teta)

Difficoltà D = 2.

Descrizione del problema

C'è una simpatica ragazza che lavora come cassiera alla mensa scolastica. Uno dei tanti motivi per cui questa ragazza è considerata simpatica da tutti gli studenti è la sua attenzione a fargli spendere il meno possibile ogni volta che si servono della mensa.

Come riesce a farlo? In realtà la sua strategia è piuttosto semplice. I vari piatti che possono essere comprati alla mensa e i loro prezzi sono noti. Ogni giorno viene offerto il menù del giorno. Il menù include 4 portate (una zuppa, il piatto principale, un contorno e un dolce), ma il prezzo è minore o uguale alla somma dei prezzi delle portate di cui è composto. Quando la ragazza nota che spenderesti di meno a comprare un menù piuttosto che a comprare le singole portate separatamente, sceglie di farti pagare il menù al posto delle singole portate, in modo che uscirai dalla mensa sazio e con più soldi nel portafoglio.

Sei di fronte alla cassa con il tuo vassoio e vuoi sapere quanto ti farà pagare la cassiera. Scrivi un programma per scoprirlo!

Attenzione: La ragazza può farti comprare più di un menù se questo ti permetterà di risparmiare.

Dati di input

La prima linea contiene l'intero K ($1 \leq K \leq 20$), il numero di portate che possono essere comprate alla mensa. Per semplicità, ogni portata verrà rappresentata da un intero compreso tra 1 e K.

La seconda linea di input contiene K interi, con l'i-esimo numero che rappresenta il prezzo della portata di indice i. I prezzi sono compresi tra 1 e 250.

La terza linea contiene l'intero X ($1 \leq X \leq 1000$), il prezzo del menù.

La linea seguente contiene 4 interi, i numeri delle portate contenute nel menù del giorno, diversi tra loro.

La quinta linea contiene l'intero T ($1 \leq T \leq 20$), il numero di portate sul tuo vassoio.

L'ultima linea contiene la lista delle T portate che hai preso. Non è detto che tutte le portate siano distinte, la stessa portata può comparire più volte.

Dati di output

Un unico intero che deve contenere il costo totale delle portate acquistate.

Esempi di input/output

Input	Output
7 10 6 8 9 4 5 3 14 1 2 3 4 5 1 3 4 6 7	22

Input	Output
6 12 5 7 8 9 3 14 4 3 1 2 5 1 2 1 6 6	32

Chiarimenti sul primo esempio: le portate 1, 3 e 4 contenute nel tuo vassoio fanno anche parte del menù, così la cassiera ti addebiterà il costo del menù, che è vantaggioso rispetto alla somma dei singoli piatti. Le portate 6 e 7, non facendo parte del menù, vengono pagate il loro prezzo.

Chiarimenti sul secondo esempio: nel vassoio ci sono due volte la portata 1 (Wiener Schnitzel), così la cassiera di addebiterà il costo di un menù con anche compresa la portata 2 e l'altra portata 1 verrà pagata a prezzo pieno (perchè non conviene che venga pagato un secondo menù). Poi dovrai pagare 2 volte per la portata 6, che non appartiene al menù,

10.6.1 Aspetti interessanti

Parole chiave: matrici, contatori, organizzazione del codice.

Questo problema, pur non essendo particolarmente complesso, richiede di organizzare bene il codice in modo da prendere in considerazione tutti i casi possibili. Definendo opportunamente alcune variabili che agiranno come strutture di supporto alla soluzione del problema, vedremo che il codice risulterà compatto, sfruttando anche l'utilizzo di elementi di vettori come indici per altri vettori/matrici.

10.6.2 Soluzione

Data la dimensione del problema (di fatto 20x20, considerando il numero totale di portate e il numero di portate che possono essere acquistate) non sembra essere necessario utilizzare nessun algoritmo particolarmente veloce o furbo, ma è sufficiente scrivere un programma ben organizzato che esplori tutti i casi possibili. Una delle prime difficoltà potrebbe essere quella di comprendere bene il testo, in considerazione anche dell'elevato numero di campi di input. Come al solito la lettura dei casi di esempio può aiutare: in questo caso, essendo presenti delle chiarificazioni, è una buona idea leggerle per migliorare o confermare la comprensione del problema.

La parte "complicata" deriva dal fatto che per decidere se prendere o meno un menù è necessario valutare se l'insieme delle portate che voglio prendere e che fanno parte del menù mi costerebbero di meno se prese separatamente oppure all'interno del menù: mentre è evidente che se desidero prendere tutte e quattro le portate del menù mi conviene prendere il menù, in tutti gli altri casi, con un numero di portate comprese nel menù inferiore a 4, devo valutare a seconda dei costi delle singole portate che mi interessano: anche con una portata sola potrebbe convenire prendere il menù se il prezzo di quella portata fosse superiore al prezzo del menù.

Un altro problema sorge dal fatto che si possono prendere portate ripetute e quindi potrebbe succedere che convenga prendere più di un menù. Invece ciò che sicuramente non comporta problema sono le portate non presenti nel menù, che ovviamente devono essere comprate a prezzo intero.

Dopo qualche riflessione si può arrivare a un algoritmo "costruttivo" che potrebbe essere descritto in questo modo:

- per ogni piatto di portata nel vassoio controlla se è presente nel menù

    - se non è presente lo si compra al suo prezzo

    - se è presente lo si tiene da parte, per verificare poi se, da solo o insieme ad altri, convenga prenderlo tramite l'acquisto di un menù

Per vedere come risolvere il problema di stabilire se è meglio prendere o meno un menù, dati uno o più piatti contenuti al suo interno, possiamo usare un approccio greedy, nel senso che la cosa migliore che possiamo fare è quella di comporre menù formati dal maggior numero possibili di portate, fino a che compriamo tutte le portate che ci interessano. Per chiarire meglio il concetto si può guardare la figura 10.3. Nell'esempio si suppone che sul nostro vassoio siano presenti due zuppe, tre polli arrosto e un contorno di verdure, i cui prezzi sono evidenziati sotto il menù. Se li inseriamo nella griglia in figura, possiamo facilmente notare che è possibile risolvere il problema analizzando le righe singolarmente. Partendo dalla riga più in basso, in cui la somma delle portate è uguale a 22, verrà scelto un menù, per la seconda riga, la cui somma dei costi delle portate è uguale a 15 verrà scelto ancora un menù ed infine per la terza riga in cui è presente solo un pollo, lo si acquisterà singolarmente al costo di 10. Nell'esempio non compaiono portate non presenti nel menù perchè abbiamo già detto che il loro costo andrà semplicemente sommato al costo totale.

Detto questo il codice traduce esattamente quanto mostrato in figura.

```
1   int K;  //meals in the canteen
2   int prices[20];
3   int menu_price;
4   int menu[4];
5   int T;  //meals on the tray
6   int meals[20];
7
8   int meals_in_menu[20][20];
9   int how_many[20];
10
11  int sub_menu_cost(int n)
12  {
13      int tot = 0;
14      for(int i = 0; i < 20; i++)
15          tot += meals_in_menu[n][i];
16      return tot;
```

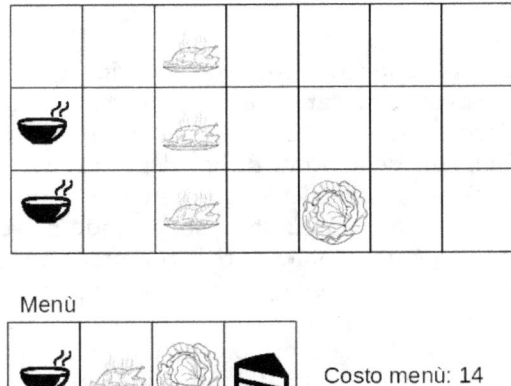

Menù

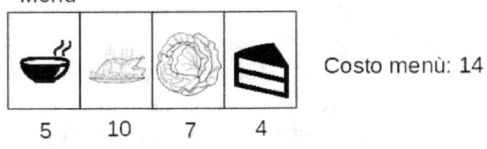   Costo menù: 14

5   10   7   4

Figura 10.3: Esempio di calcolo dei menù

```
17 | }
18 |
19 | bool in_menu(int n)
20 | {
21 |     for(int i = 0; i < 4; i++)
22 |         if (n == menu[i])
23 |             return true;
24 |     return false;
25 | }
26 |
27 | int main()
28 | {
29 |     int cost = 0;
30 |     cin >> K;
31 |     for(int i = 1; i <= K; i++)
32 |         cin >> prices[i];
33 |     cin >> menu_price;
34 |     for(int i = 0; i < 4; i++)
35 |         cin >> menu[i];
36 |     cin >> T;
37 |     for(int i = 0; i < T; i++)
38 |     {
39 |         cin >> meals[i];
40 |         if (in_menu(meals[i]))
41 |             meals_in_menu[how_many[meals[i]]++][meals[i]] = prices[meals[i]];
42 |         else
43 |             cost += prices[meals[i]];
44 |     }
45 |     int max_menus = *max_element(how_many, how_many+20);
46 |     for(int i = 0; i < max_menus; i++)
47 |         if (sub_menu_cost(i) < menu_price)
48 |             cost += sub_menu_cost(i);
49 |         else
50 |             cost += menu_price;
51 |     cout << cost << endl;
52 |     return 0;
53 | }
```

Le prime 6 righe dichiarano le strutture necessarie per contenere i dati di input: da notare che i costi vengono messi nel vettore dei costi partendo dall'indice 1 e non 0, poichè essendo le portate numerate a partire da 1, questo renderà più naturale l'utilizzo degli indici delle portate così come usati negli input successivi. Alla riga 8 viene dichiarata la matrice che corrisponde a quella mostrata in figura 10.3 e alla riga successiva un vettore di contatori, *how_many*, che servirà a stabilire il numero di portate presenti in ogni colonna. Nell'esempio in figura il vettore avrebbe i valori [2,0,3,0,1,0,0] (per motivi di spazio la figura è più piccola della matrice reale). Nelle linee dalla 29 alla 36 vengono letti tutti i valori di input tranne le portate presenti nel vassoio, che invece vengono lette nel successivo ciclo. Nel leggerle si controlla se la portata è presente nel menu (con la funzione *in_menu*) e se lo è si inserisce nella matrice *meals_in_menu* un 1 nella prima posizione disponibile, in modo da riempire la matrice come in figura. Il codice è scritto in modo da usare come indice di riga il numero di portate di quel tipo già presenti nella matrice (numero che poi verrà incrementato grazie al ++) e come indice di colonna il numero della portata attuale. Se invece non è presente nel menù basta sommare il suo costo al costo totale.

Una volta riempita la matrice con le portate che appaiono nel menù, basta scorrere la matrice dalla prima riga all'ultima che contiene almeno un 1 (per sapere qual è l'ultima riga che contiene un 1 basta trovare il massimo del vettore *how_many*, cosa che nel codice viene fatta con l'algoritmo **max_element**), e, tramite la funzione *sub_menu_cost* (righe 11-17) calcolare il costo di quella riga: a questo punto un semplice controllo tra il costo calcolato e quello del menù ci dirà quale dei due scegliere.

10.7 Cerca le somme (cercalesomme) - GATOR 2015

Cerca le somme (cercalesomme)

Difficoltà D = 2.

Descrizione del problema

Filippo, il nuovo assistente del sindaco di Roma, è molto preoccupato. Alla prima riunione in cui ha partecipato, si sono discusse le varie voci del bilancio delle olimpiadi. Lui ha trascritto tutti questi numeri su un foglio, ma poi lo ha lasciato nei pantaloni che sono finiti in lavatrice. Per fortuna non tutto è perduto: si intravedono le cifre, e lui si ricorda qual era il totale del bilancio previsto per le olimpiadi. Il vostro compito è quello di aiutare Filippo a capire quanti sono i modi di comporre le cifre, nel modo descritto di seguito, per poter ricostruire correttamente il bilancio delle olimpiadi.

Dato il foglio con le cifre, vogliamo inserire alcuni segni "+" in modo che il risultato delle operazioni di somma sia quello che si ricorda Filippo. Ad esempio, data la sequenza di cifre decimali:

$$1\ 2\ 3\ 4\ 5\ 6\ 7$$

Possiamo inserire quattro operatori "+" in modo tale che il risultato delle somme sia uguale a 100. In questo particolare caso una possibile soluzione è:

$$1 + 23 + 4 + 5 + 67$$

Aiuta Filippo a trovare tutti i possibili modi di ottenere la somma data.

Dati di input

Il file **input.txt** contiene tre righe di testo. Nella prima riga c'è un singolo numero intero positivo N che ci dice quante sono le cifre decimali nel foglio di Filippo. Nella seconda riga del file vi sono le cifre decimali separate tra loro da spazi. Nella terza riga del file c'è il totale del bilancio, ovvero il valore che deve essere ottenuto con le operazioni di somma.

Dati di output

Il file **output.txt** contiene una riga per ciascuna soluzione esatta trovata; la riga contiene le posizioni dei segni "+" separate da spazi. Se una posizione ha valore i, significa che il corrispondente segno "+" segue la i-esima cifra.

Assunzioni

- La stessa cifra può apparire più volte nella sequenza.

- Vengono date al più $N = 9$ cifre.

- È garantito che esiste almeno una soluzione.

Esempi di input/output

Input	Output
7	1 3 4 5
1 2 3 4 5 6 7	1 2 4 6
100	

Input	Output
8	1 2 3 4 5 6
2 1 3 4 5 1 8 9	1 2 4 6 7
105	

10.7.1   Aspetti interessanti

Parole chiave: ricorsione, ricerca esaustiva, backtracking.

Questo, come altri problemi dove la dimensione dell'input risulta molto ridotta, invita a ricorrere a una semplice implementazione ricorsiva, nella quale provare esaustivamente tutti i possibili casi.

10.7.2   Soluzione

Come nel problema 6.4, la dimensione massima dell'input, fissata a 9, permette di procedere senza preoccuparsi della complessità computazionale della soluzione, quindi è evidente che un approccio a forza bruta si presta a una semplice implementazione della soluzione.

Come in altri casi dello stesso tipo la ricorsione permette di scrivere una soluzione diretta, usando la tecnica del backtracking. L'idea è quella di provare tutti i modi possibili di inserire l'operatore di somma, tenendo traccia delle posizioni nelle quali è stato inserito. Data una serie di possibili posizioni è poi necessario "creare" i numeri composti dalle cifre comprese tra la posizione i e la posizione $i+1$. Se ad esempio venisse inserito un + in posizione 1 e un + in posizione 3, bisognerebbe comporre la seconda e la terza cifra date in input per formare il numero da sommare. Questo si ottiene facilmente con un ciclo che va a pesare le cifre secondo la propria posizione.

Per stabilire poi se si è trovata una soluzione basterà confrontare la somma parziale con il totale, se coincidono si è in presenza di una soluzione, altrimenti si continua a cercare. Una semplice miglioria, lasciata al lettore come esercizio, è quella di fermarsi quando il parziale è maggiore del totale, perchè in quel caso non sarà possibile trovare una soluzione essendo tutti i numeri positivi.

Il codice sarà quindi:

```
1  int operatori[10];
2  int quanti;
3  int cifre[9];
```

```
 4  int N, totale;
 5  ofstream out;
 6
 7  int componi(int inizio, int fine)
 8  {
 9      int totale = 0;
10      for (int i = inizio; i <= fine; i++)
11          totale = totale*10 + cifre[i];
12      return totale;
13  }
14
15  void cercasomme(int start, int parziale)
16  {
17      if (start == N)
18          if (parziale == totale)
19          {
20              for (int i = 0; i < N; i++)
21              {
22                  if (operatori[i] == 1)
23                      out << i << " ";
24              }
25              out << endl;
26              return;
27          }
28      for (int i = start; i < N ; i++)
29      {
30          operatori[i+1] = 1;
31          cercasomme(i+1,parziale + componi(start,i));
32          operatori[i+1] = 0;
33      }
34  }
35
36  int main()
37  {
38      ifstream in("input.txt");
39      out.open("output.txt");
40      in >> N;
41      for (int i = 0; i < N; i++)
42          in >> cifre[i];
43      in >> totale;
44      cercasomme(0,0);
45      return 0;
46  }
```

Le due strutture dati principali sono i vettori delle cifre e quello degli operatori (che contiene un elemento in più in modo da poter partire da uno anzichè da zero).

La funzione *componi*, come già detto, si occupa semplicemente di creare un numero componendo le cifre da *inizio* a *fine*, estremi compresi. Per far questo la funzione considera che ogni numero **N** composto da *n+1* cifre in base 10, essendo scritto in notazione posizionale, è equivalente al numero

$$N = c_n \cdot 10^n + c_{n-1} \cdot 10^{n-1} + \ldots + c_1 \cdot 10^1 + c_o \cdot 10^0$$

e quindi un modo comodo per calcolarlo è quello di considarlo nella seguente forma equivalente:

$$N = ((\ldots ((c_n \cdot 10 + c_{n-1}) \cdot 10 + c_{n-2}) \cdot 10 + \ldots) + c_0$$

La funzione principale, ricorsiva, ha come condizione di terminazione un controllo sul fatto che siano state prese in considerazione tutte le cifre, poichè la somma deve includerle tutte. Nel caso questa condizione sia soddisfatta si controlla se la somma corrente sia uguale a quella richiesta e, nel caso lo sia, vengono stampate le posizioni dei segni +, memorizzate nel vettore operatori.

In tutti gli altri casi vuol dire che non sono state utilizzate ancora tutte le cifre e quindi bisogna proseguire: i parametri della funzione sono il valore *parziale* calcolato fine alla posizione *start*, e da lì in poi si sommano a *parziale* tutti i possibili modi di sommare le cifre rimanenti, uno per volta utilizzando il backtracking. Il vettore di backtracking è quello che memorizza al suo interno le possibili scelte su dove vengono messi gli operatori, scandendo tutte le posizioni rimaste da testare (riga 28): per ogni possibile scelta si inserisce un segno + in quella posizione (riga 30), si procede in maniera ricorsiva sulle cifre rimaste, e poi si toglie il segno + (riga 32) per provare le altre possibilità.

10.8   Anno luce (annoluce) - OIS 2015/2016

Anno luce (annoluce)

Grazie ad una recente ricerca che ha confermato l'esistenza delle onde gravitazionali, sempre più persone si stanno interessando allo spazio. Purtroppo però, lo spazio è ancora una realtà poco accessibile alle persone comuni. Sebbene sia un po' demoralizzato da questo fatto, William è convinto che sia possibile sfruttare la recente attenzione mediatica delle onde gravitazionali per pubblicizzare un business: ha deciso infatti di aprire una startup di viaggi interstellari. C'è da dire però che, a parte il Sole che è la stella a noi più vicina, le altre stelle sono piuttosto distanti. Proxima Centauri, la "seconda stella più vicina", dista dal Sole ben 4.24 anni luce: questo vuol dire che sarebbero necessari più di quattro anni per raggiungere questa stella! (supponendo di poter viaggiare alla velocità della luce).

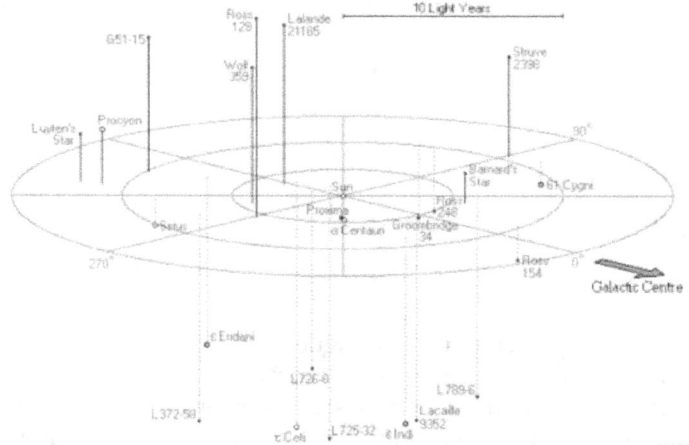

William pensa di riuscire a costruire un'astronave in grado di viaggiare alla velocità della luce (ha trovato un tutorial su YouTube che gli sembra piuttosto convincente) e ha perciò acquistato un telescopio per tracciare una mappa 3D della Via Lattea. Ogni stella è indicata nella mappa 3D mediante un punto (x, y, z) dello spazio. Il Sole è sempre presente nella mappa ed è sempre identificato dal punto (0, 0, 0). Scrivi un programma che data la mappa stellare sia in grado di rispondere a Q query: ogni query fornisce un numero intero D e chiede quante sono le stelle raggiungibili avendo a disposizione D anni di viaggio.

Dati di input

Il file input.txt è composto da N + Q + 2 righe. La prima riga contiene l'unico intero N . Le successive N righe contengono le coordinate X_i , Y_i , Z_i dell'i-esima stella, separate da spazio. La successiva riga contiene l'unico intero Q. Le successive Q righe contengono i valori di D delle relative query.

Dati di output

Il file output.txt è composto da Q righe contenente un intero ciascuna: la risposta alla relativa query.

Assunzioni

- $1 \le N, Q \le 100\,000$.

- $0 \le X_i, Y_i, Z_i < 2^{30}$ per ogni $i = 0 \dots N - 1$.

- L'unità degli assi x, y, z è l'anno luce.

- $0 \le D < 2^{31}$ per ogni chiamata a query(D).

- Il valore D è espresso in anni luce.

Assegnazione del punteggio

Il tuo programma verrà testato su diversi test case raggruppati in subtask. Per ottenere il punteggio relativo ad un subtask, è necessario risolvere correttamente tutti i test relativi ad esso.

- **Subtask 1 [10 punti]:** Casi d'esempio.

- **Subtask 2 [20 punti]:** $Y[i] = Z[i] = 0$ per ogni i. Invece che nello spazio tridimensionale, le stelle sono tutte su una retta!

- **Subtask 3 [20 punti]:** $Z[i] = 0$ per ogni i. Invece che nello spazio tridimensionale, siamo su un piano bidimensionale!

- **Subtask 4 [10 punti]:** $N, Q, D \le 10$.

- **Subtask 5 [10 punti]:** $N \le 100$; $D < 10\,000$.

- **Subtask 6 [10 punti]:** $Q \le 100$; $D < 10\,000$.

- **Subtask 7 [20 punti]:** Nessuna limitazione specifica.

Esempi di input/output

Input	Output
3	1
0 0 0	1
1 1 1	2
2 2 2	2
5	3
0	
1	
2	
3	
4	

Input	Output
5	5
1 2 3	3
4 5 6	4
0 0 0	
9 9 9	
7 1 1	
3	
20	
8	
9	

Spiegazione

Nel **primo caso di esempio**, le 3 stelle distano dal sole rispettivamente: 0 anni luce, $\sqrt{3}$ anni luce e $2\sqrt{3}$ anni luce.

Nel **secondo caso di esempio**, le 5 stelle distano dal sole rispettivamente: $\sqrt{14}$ anni luce, $\sqrt{77}$ anni luce, 0 anni luce, $9\sqrt{3}$ anni luce e $\sqrt{51}$ anni luce.

10.8.1 Aspetti interessanti

Parole chiave: ordinamento, ricerca binaria, upper_bound, interi lunghi, teorema di Pitagora, subtasks.

Questo problema ha una soluzione ovvia che però non permette di prendere l'intero punteggio, implementando invece la soluzione che prevede l'ordinamento e la ricerca binaria è possibile ottenere il punteggio massimo e se si utilizzano gli algoritmi della Libreria Standard del C++ bastano poche righe di codice. Un'attenzione particolare va poi posta nei calcoli perchè i numeri possono diventare molto grandi.

10.8.2 Soluzione

La soluzione banale al problema consiste nel calcolare la distanza[4] di ogni stella dal centro e poi, per ogni singola query, scorrere le distanze delle stelle e confrontarle con il valore D di ogni query. Chiaramente questo approccio richiede un costo di N confronti per ogni query (uno per ogni stella) e siccome le query sono Q il numero totale di confronti risulta essere NxQ. Dati i limiti sui valori di N e Q, entrambi con un massimo di 100000, risulta evidente che non è possibile con questo approcio fare punteggio pieno, anche se comunque si possono fare un bel po' di punti. In questo esercizio difatti, a differenza dei normali problemi delle territoriali, nel testo vengono

---

[4]Per calcolare la distanza si usa il teorema di Pitagora, che vale in qualsiasi spazio n-dimensionale.

descritti dei sottocasi con limiti che semplificano la soluzione del problema (ad esempio garantendo che in alcuni sottocasi N e Q siano minori di 10): in questo modo anche soluzioni semplici possono far guadagnare diversi punti[5].

Una soluzione migliore prevede che si proceda ordinando le stelle in base alla loro distanza: una volta ordinate è possibile effettuare una ricerca binaria per trovare velocemente la prima stella con una distanza appena superiore alla distanza D assegnata nella query: siccome tutte le stelle con distanza minore nell'array ordinato saranno prima di essa, l'indice di questa stella equivale al numero di stelle per cui la distanza è minore di D e quindi alla risposta cercata.

In questo modo si ha un costo di $N \log_2 N$ per l'ordinamento, che viene effettuato una volta soltanto all'inizio di ogni test, e un costo di $\log_2 N$ per ogni query, quindi il costo totale risulta di $N \log_2 N + Q \log_2 N$, che con N e Q entrambi pari a 100.000 fornisce un valore di circa 3.3 milioni contro i 10 miliardi della soluzione banale.

Applicando quest'idea si ottiene il seguente codice:

```
1   long long int distanza[100000];
2   int pianeti;
3
4   void mappatura(int N, int X[], int Y[], int Z[]) {
5       pianeti = N;
6       for (int i = 0; i < N; i++)
7           distanza[i] = (long long int)X[i]*X[i] +
8           (long long int)Y[i]*Y[i] + (long long int)Z[i]*Z[i];
9       sort(distanza, distanza + N);
10  }
11
12  int query(int D) {
13      return upper_bound(distanza, distanza + pianeti,
14          (long long int)D*D) - distanza;
15  }
```

Pur essendo composto sostanzialmente da 4 linee di codice ci sono una serie di aspetti interessanti che vale la pena notare:

- negli ultimi anni è stata inserita in alcune competizioni una "nuova" modalità di scrittura delle soluzioni, che prevede vengano forniti dei template (modelli) di soluzione, in cui il codice per l'acquisizione dell'input e la stampa dell'output siano già presenti e lo studente debba solo scrivere il codice dentro ad alcune funzioni, che verranno chiamate nel main, anch'esso già presente. Il vantaggio è che non bisogna preoccuparsi di input/output, con un certo risparmio di tempo ed evitando la possibilità di commettere errori banali, in cambio bisogna "adeguarsi" alle modalità pensate dagli autori del template per l'utilizzo delle funzioni. Premesso che comunque rimane la possibilità di scriversi il codice da zero, l'utilizzo del template è in effetti molto comodo e potrebbe diventare una modalità standard anche alle selezioni territoriali (lo è già ad esempio alle selezioni nazionali e nelle Olimpiadi di Informatica a squadre). Un'altra novità presente da qualche anno alle nazionali e che potrebbe arrivare alle territoriali, è la presenza esplicita nel testo di una serie di sottocasi, di difficoltà crescente, in cui viene garantito il guadagno di una serie di punti alla soluzione di tutti i casi di test dello specifico sottocaso[6].

- come si può vedere nel testo della soluzione è stato usato un tipo, il *long long int*, che non appare nei problemi precedenti, di cui si era discusso brevemente solo nel paragrafo sulla ricorsione (si veda 6.2). Il problema in questo caso è dovuto al fatto che le coordinate possono assumere valori fino a 2^{30}, il che, una volta che vengono elevate al quadrato per calcolare la distanza con il teorema di Pitagora, porta a dei valori massimi di 2^{60}, che non possono essere memorizzati all'interno di un int normale senza una drammatica perdita di precisione (tutti i bit che si trovano oltre il 32-esimo bit vengono eliminati). Si potrebbe pensare di risolvere il problema considerando che una volta applicata la radice quadrata il numero tornerà ad avere un valore compatibile con la memorizzazione all'interno di un numero intero a 32 bit,

---

[5]A mio avviso può essere che nelle edizioni future questa diventi la modalità standard
[6]Per una discussione più approfondita si veda 2.2.4

ma, riflettendo un attimo, ci si accorge che comunque la somma dei quadrati dovrà essere memorizzata da qualche parte prima di poter calcolare la radice quadrata, quindi in ogni caso bisogna passare dalla trasformazione in long long int. Questo viene fatto utilizzando il *casting*, cioè scrivendo davanti al nome della variabile una coppia di parentesi tonde che contengono il tipo di dati che si intende utilizzare, in modo da dire al compilatore che tipo di operazione svolgere, in questo caso di usare interi a 64 bit. Un'altra soluzione che poteva venire in mente era quella di fare un casting verso il tipo double. Mentre questo tipo è adatto per memorizzare numeri grandi (tra 10^{-308} e 10^{308}), la sua possibilità di rappresentare esattamente i numeri è limitata alla quantità di cifre della mantissa, e quindi potrebbe introdurre errori di approssimazione che renderebbero scorretto il risultato. Per chi fosse interessato al perchè i double non sono precisi come gli interi si rimanda alla voce di wikipedia (`https://en.wikipedia.org/wiki/Double-precision_floating-point_format`)

- guardando il codice si può notare che in effetti, pur parlando del teorema di Pitagora per il calcolo della distanza, non compare la funzione sqrt, che in C viene utilizzata per ottenere il valore della radice quadrata di un numero. Siccome interessa solamente verificare se una certa quantità positiva è minore di un'altra, non è necessario calcolare davvero la radice quadrata, è sufficiente confrontare tra loro i quadrati delle distanze, evitando così l'operazione di estrazione della radice quadrata.

- infine nel codice sono state usate due funzioni della Libreria Standard del C++, *sort* e *upper_bound*. Mentre la prima è già stata utilizzata in molti problemi e spiegata in 4.4.2, la seconda serve quando si ha la necessità di trovare, all'interno di un vettore ordinato, la posizione del primo numero che è maggiore del numero passato come parametro. Il costo di questa operazione è garantito essere logaritmico in media (si basa essenzialmente sulla ricerca binaria) ed è molto comoda perchè, a differenza della ricerca binaria, non cerca un numero all'interno di un vettore, ma il primo numero maggiore del numero cercato. I parametri passati sono tre:

  - un iteratore alla posizione del vettore dalla quale si intende partire: quando il vettore è un array standard del C e si vuole partire dalla prima posizione, allora basta inserire il nome dell'array, in questo caso *distanza*

  - un iteratore alla posizione finale dell'intervallo in cui si intende fare la ricerca: quando il vettore è un array standard del C basta sommare alla posizione di partenza la lunghezza dell'intervallo, in questo caso *pianeti*

  - infine il terzo parametro è il valore con il quale si vuole fare il confronto, in questo caso D*D, poichè come detto in precedenza viene fatto un confronto con il quadrato della distanza

Il valore di ritorno non è una posizione in senso stretto, cioè un numero, ma un iteratore. Anche in questo caso, avendo usato un array standard, il valore di ritorno è sostanzialmente un indirizzo, per trasformarlo in un indice viene sottratto l'indirizzo di partenza dell'array, cioè *distanza*. Esiste anche una funzione *lower_bound* che trova la posizione del primo valore non minore del valore passato come parametro.

Capitolo 11

Appendice

11.1 Classificazione dei problemi

I problemi territoriali dal 2005 fino al 2011 sono stati classificati dai referenti con la supervisione del prof. Roberto Grossi per poter impostare degli allenamenti articolati per argomento. Questa classificazione non è l'unica possibile, in quanto alcuni problemi permettono più di una strategia risolutiva: in generale si è privilegiata la soluzione più lineare e semplice da implementare. La classificazione si trova nella tabella 11.1 in fondo al capitolo.

11.2 Suggerimenti per le gare

In questo paragrafo ho inserito, in ordine sparso, dei suggerimenti che sono frutto della mia personale esperienza come partecipante di gare online e di quanto mi è stato riferito dai ragazzi nel corso degli anni come referente alle Olimpiadi.

- provare sempre un piccolo esempio di test, anche per cose banali: può capitare ad esempio di fare degli errori in lettura e quindi non avere i dati corretti (e quindi essere nell'impossibilità di arrivare alla soluzione corretta). A volte una stampa veloce di un vettore a video può garantirci la correttezza di quanto stiamo facendo (ricordarsi poi di toglierla nella versione finale...);

- alle territoriali viene data una mezz'ora prima della competizione per testare le postazioni di gara: può essere una buona idea scrivere già gli header comuni (stdlib.h iostream, ecc.), il main e la parte sull'apertura dei file e fare un piccolo test su un file di prova per vedere se tutto va bene, in modo da potersi concentrare sui problemi una volta finito il test delle postazioni;

- come già detto, usare senza parsimonia le variabili globali: non è un esercizio di ingegneria del software, è una gara in cui bisogna scrivere codice molto intelligente in un tempo molto limitato. Le variabili globali sono automaticamente inizializzate a zero, possono avere la dimensione desiderata (nei limiti imposti dal problema) e non hanno il problema di dover essere passate alle funzioni avendo visibilità globale;

- evitare l'allocazione dinamica di memoria, può solo creare problemi: usare solo vettori statici dimensionati al massimo input possibile e nel caso si abbia la necessità di strutture dinamiche (vedi ad esempio le liste) usare i contenitori standard del C++, che garantiscono una gestione corretta della memoria;

- scrivere esempi su carta e fare esperimenti: questa parte è estremamente importante, soprattutto se non si ha molta esperienza. Poter vedere attraverso tabelle, schemi, grafici e quant'altro dei dati di esempio ci permette di ragionarci sopra meglio e spesso porta a vedere delle regolarità o delle caratteristiche del problema che possono aiutare nella soluzione dello stesso e che sarebbero altrimenti sfuggite;

- leggere molto bene il testo, anche più volte, per comprendere a fondo ciò che vi è scritto. Attenzione a non "inventarsi" cose non scritte, solo perchè sembrano plausibili: se nel testo è scritto che A implica B, non è necessariamente vero che B implichi A;

- non basarsi sul contesto della storia per dedurre false assunzioni: le uniche assunzioni valide sono quelle esplicite, che si trovano nell'apposita sezione. Se nella storiella si dice che uno scalatore deve salire su una montagna, non si può dedurre che la montagna al massimo sarà alta 8848 metri solo perchè nella realtà è così: se le assunzioni scritte nel testo portano ad avere montagne alte 100 km e che possono andare nel sottosuolo per altri 100 km, allora quelli sono i dati con cui avrà a che fare il programma risolutivo, indipendentemente da ciò che succede nella realtà;

- utilizzare dei nomi di variabili uguali a quelli usati nel testo del problema: se nel testo una variabile è chiamata N, è inutile chiamarla numeroDiHamtaro poichè un bravo programmatore la chiamerebbe così (forse), in questo caso N è una scelta migliore;

- a volte è comodo adattare gli indici dei vettori ai dati del problema, per evitare confusione: se gli oggetti sono numerati da 1 a N può essere meglio usare gli indici del vettore da 1 a N (e quindi avere un vettore di dimensione N+1), ignorando l'elemento di indice 0, piuttosto che partire da zero e rischiare di dimenticarsi di aggiungere 1 nel risultato;

- a volte, per fare dei test aggiuntivi oltre a quelli proposti nel problema, si aggiungono nuove righe al file di input, dimenticandosi di aggiornare il valore nel numero di righe da leggere, di solito posto a inizio file. Questo causa delle discrepanze nel risultato finale, apparentemente incomprensibili, che possono far perdere anche molto tempo. Attenzione dunque nella creazione di nuovi casi di test che i dati di input siano corretti;

- se si realizza una soluzione che funziona su alcuni casi ma ha dei problemi su altri, farne una copia da usare in caso di emergenza. Se si modifica l'originale e poi si ottiene un risultato ancora peggiore, può essere difficile tornare alla soluzione precedente (CTRL + Z aiuta, ma a volte non è facile identificare il punto in cui la nostra soluzione funzionava);

- attenzione agli errori "stupidi": questo consiglio è piuttosto inutile, poiché gli errori stupidi sfuggono al controllo per il fatto di essere tali, però non sarei a posto con la coscienza se non ve lo dicessi. Il classico esempio di errore stupido è l'incremento nel ciclo *for*: di solito si è così abituati a inserire *i*++, che le volte che facciamo un ciclo al contrario, da N a zero, possiamo inserire automaticamente *i*++ al posto di *i*-- e questo può richiedere un sacco di tempo per essere rilevato, perché difficilmente cercheremo l'errore in quel punto. Un altro esempio classico è quando si hanno due cicli *for* uno dentro l'altro, il primo controllato da *i* e il secondo da *j* e si confondono gli indici, inserendo ad esempio nel secondo una condizione contenente *i* e non *j*. Penso che ognuno abbia avuto esperienza di errori stupidi che hanno richiesto una notevole quantità di tempo per essere scoperti e che una volta individuati hanno fatto esclamare "Che stupido errore!" (oppure "Che stupido che sono!", dipende da come siete fatti). Porre molta attenzione a ciò che si scrive e non avere troppa fretta sono i modi migliori per evitare questo tipo di errori, che in gara possono avere effetti disastrosi;

- vale la pena imparare le funzioni per l'ordinamento offerte dal linguaggio e l'uso dei container standard del C++: con un sforzo minimo di apprendimento di possono ridurre, in alcuni casi di parecchio, i tempi di scrittura di un programma.

11.3 Tecniche comuni di problem solving

La tabella 11.2 in fondo al capitolo riassume alcune indicazioni che possono indirizzare sulla buona strada nella ricerca della soluzione a un problema. Le indicazioni sono poste sotto forma di domande che permettono di esplorare velocemente le varie possibilità di soluzione, e dovrebbero essere usate nella risoluzione di ogni problema per abituarsi a ragionare sulle caratteristiche che accomunano problemi simili e che potrebbero non risultare evidenti ad un esame superficiale.

La tabella è stata usata dalla dott.ssa Valentina Ciriani durante gli allenamenti per la fase nazionale ed è parzialmente tratta da Aziz e Prakash, "Algorithms For Interviews".

11.4   Breve bibliografia

Questa bibliografia serve per chi ha interesse ad approfondire le proprie conoscenze indipendentemente dalle gare ed è necessaria per chi supera il livello delle territoriali e vuole avere dei buoni risultati nei successivi livelli.

- **Crescenzi, Gambosi, Grossi.** STRUTTURE DI DATI E ALGORITMI, *Addison-Wesley Pearson,* 2006. Ispirato dall'esperienza didattica sperimentata durante le olimpiadi di informatica. Pone attenzione alla programmazione e alla visualizzazione delle tecniche algoritmiche di base. Un ottimo compendio al libro è il programma ALVIE, liberamente scaricabile dal sito www.algoritmica.org, che permette di visualizzare in tempo reale il comportamento degli algoritmi fondamentali trattati in questo manuale e molti altri.

- **Skiena, Revilla.** PROGRAMMING CHALLENGES: THE PROGRAMMING CONTEST TRAINING MANUAL, *Springer-Verlag New York Inc, 2003.* Concepito appositamente per le gare delle ACM e delle olimpiadi. Altamente consigliato. Scritto in inglese.

- **J. Bentley.** PROGRAMMING PEARLS, seconda edizione, *Addison Wesley, 2000.* Realmente una perla su come programmare gli algoritmi nella pratica. Scritto in inglese.

- **R. Sedgewick.** ALGORITMI IN C, *Addison-Wesley Pearson 2002.* Tratta gli algoritmi e le strutture di dati tenendo presente la loro efficiente programmazione. Istruttivo perché collega la teoria alla pratica.

- **Cormen, Leiserson, Rivest, Stein.** INTRODUZIONE AGLI ALGORITMI E ALLE STRUTTURE DATI, *McGraw-Hill, 2005.* Enciclopedico e impiegato in moltissime università italiane e straniere. Segue un approccio teorico e descrive gli argomenti classici dell'algoritmica. Non può mancare in biblioteca.

- **Demetrescu, Finocchi, Italiano.** ALGORITMI E STRUTTURE DATI, *McGraw-Hill, 2005.* Testo di estrema chiarezza e sintesi. Valida alternativa al Cormen, Leiserson, Rivest, Stein.

- **Dasgupta, Papadimitriou, Vazirani.** ALGORITHMS, *McGraw-Hill, 2005.* Testo interessante per completare la propria preparazione culturale, con un punto di vista alternativo a quello dei libri precedenti. In inglese.

- **Gritzmann, Brandenberg.** ALLA RICERCA DELLA VIA PIÙ BREVE, *Springer-Verlag Berlin* 2002. Un'introduzione divulgativa alla teoria dei grafi sotto forma di romanzo-racconto.

- **Peter M. Higgins.** LA MATEMATICA DEI SOCIAL NETWORK, *Edizioni Dedalo 2012.* Nonostante la pessima traduzione dei titolo (*Nets, Puzzles and Postmen, an exploration of mathematical connections* nell'originale), il libro, pur rimanendo un testo divulgativo, presenta in maniera chiara e comprensibile la teoria dei grafi.

- **B. W. Kernighan, R. Pike**, PROGRAMMAZIONE NELLA PRATICA, *Addison-Wesley 1999.* Simile come tipologia al libro di Bentley, offre una serie di spunti su come programmare bene anche in contesti più ampi di quelli delle Olimpiadi.

- **B. W. Kernigham, D. M. Ritchie**, LINGUAGGIO C, *Pearson, 2004.* Il manuale sul C scritto dall'inventore del linguaggio. Un modello di chiarezza, utile per una panoramica sul linguaggio C. É il manuale di riferimento del linguaggio.

- **B. Stroustrup**, C++ LINGUAGGIO, LIBRERIA STANDARD, PRINCIPI DI PROGRAMMAZIONE, terza edizione, *Addison-Wesley, 2000.* Scritto dal creatore del C++ approfondisce ogni aspetto del linguaggio, molto tecnico. É il manuale di riferimento del linguaggio.

- **Deitel & Deitel**, C, CORSO COMPLETO DI PROGRAMMAZIONE, *Apogeo, 2007.* Un manuale didattico, ricco di esempi e di semplice comprensione anche per chi non conosca questo linguaggio.

- **Deitel & Deitel**, C++, FONDAMENTI DI PROGRAMMAZIONE, *Apogeo, 2005.* Come il precedente per il C++, con lo stesso taglio didattico.

Titolo	Strutture dati	Algoritmi	Note
Territoriali 2011			
Nanga	Vettori mappe	Ricerca elemento più frequente	
Galattici	Matrice	Navigazione in un grafo	Automa a stati finiti
Domino	Vettori grafi	Permutazioni / cammino più lungo	Ricorsione
Territoriali 2010			
Tamburello	Vettori	Ripetizioni / combinatoria	
Quasipal	Matrici	Permutazioni / Branch and Bound	Ricorsione con taglio
Sbarramento	Matrice - array	Ordinamento	Greedy
Territoriali 2009			
Depura	Grafo diretto aciclico	Colorazione di un grafo diretto aciclico	Visita di grafi
Essenza	Vettori	Massimizzazione vettore	
Treno	Vettori	Ricorsione	
Territoriali 2008			
Mappa	Matrice	Programmazione dinamica	Ricorsione controllata
Missioni	Tabella	Programmazione dinamica	Greedy su intervalli
Pizzini	Vettori	Trasformazioni di chiavi e ordinamento	
Territoriali 2007			
Lino	Vettori	Programmazione dinamica	Ricorsione
Nimbus	Tabella	Greedy	
Torero	Grafo diretto aciclico	Visita grafo	Ricorsione
Territoriali 2006			
Bilancino	Grafo diretto aciclico	Visita grafo	Ordinamento parziale
Brambillia	Vettori	Ricerca	Calcolo incrementale del minimo in array circolari
Serie	Vettori	Selezione e ordinamento	
Territoriali 2005			
Chimico	Vettore	Ordinamento	
Codice	Stringhe		
Korrot	Tabella	Gestione casi particolari	Automa deterministico a stati finiti
Sunny	Vettori	Navigazione grafo	

Tabella 11.1: Classificazione problemi territoriali

Tecnica	Descrizione
Piccoli esempi	Puoi trovare una soluzione a piccole istanze del problema e costruire una soluzione che può essere generalizzata per un'istanza qualsiasi?
Ordinamento	Ordinando i dati del problema puoi trovare una soluzione più efficiente? Oppure puoi sfruttare l'eventuale ordinamento dei dati?
Divide et impera	Puoi dividere il problema in due o più sottoproblemi più piccoli e indipendenti, in modo da risolvere il problema originale usando le soluzioni dei sottoproblemi?
Ricorsione e programmazione dinamica	Se hai la soluzione di istanze più piccole di un problema, puoi facilmente ricostruire la soluzione del tuo problema?
Caching	Puoi memorizzare alcuni risultati intermedi per ridurre il lavoro complessivo?
Analisi dei casi	Puoi suddividere l'input o l'esecuzione in alcuni casi da risolvere separatamente?
Greedy	Riesci a dimostrare che le decisioni per trovare un ottimo locale portano anche ad una soluzione ottima globale?
Generalizzazione	Esiste un problema che generalizza il tuo e può essere risolto più facilmente?
Strutture dati	Esiste una struttura dati che si mappa direttamente al tuo problema?
Modellazione con grafi	Puoi descrivere il tuo problema con un grafo e utilizzare un algoritmo noto?
Riduzione	Puoi usare la soluzione di un problema noto come subroutine?
Uso di equazioni	Puoi esprimere le relazioni del tuo problema in forma di equazioni?
Elementi ausiliari	Puoi aggiungere qualche nuovo elemento al tuo problema per avvicinarti alla soluzione?
Varianti	Puoi risolvere un problema leggermente diverso e mappare la sua soluzione sul tuo?
Simmetria	C'è una simmetria nello spazio di input o della soluzione che può essere utilizzata?

Tabella 11.2: Tecniche risolutive